JN087219

BUSINESS
AND
SOCIETY

企業と社会

サステナビリティ時代の経営学

早稲田大学教授
谷本寛治 著
TANIMOTO KANJI

中央経済社

はしがき

　本書は，企業と社会の関係，社会における企業の役割や機能について考える
テキストである。そもそも企業は社会の中に存在し活動しているにもかかわら
ず，この領域の議論は必ずしも古くからなされてきたわけではない。「企業と
社会」論は1970年代頃からアメリカで本格的な議論が始まったが，経済活動が
グローバル化し，その環境・社会に対する影響が大きくなるに伴い，2000年前
後から世界的に急速に議論が広がっている。持続可能な発展を求める動きは活
発になり，「サステナビリティ革命」といわれる時代に入っている。企業はこ
のような潮流の中，社会的に責任ある経営活動を行い，社会的課題に取り組ん
でいくことが求められるようになってきた。さらに政府，国際機関，NGOと
ともに，行動規範や基準を策定する動きも活発になっている。こういった動向
を受けて，ビジネス教育においても企業の社会的責任（CSR）やサステナビリ
ティ概念の重要さが認識されている。企業と社会，CSRまたはサステナビリ
ティ・マネジメントといった領域が1つの独立した科目として開講されるだけ
ではなく，こういった概念がカリキュラム全体に組み込まれていくことが必要
とされ，大学・実務界において責任あるビジネスリーダーの育成が求められて
いる。

　責任ある企業活動をリードしていくビジネスリーダーを育てるための国際的
な「責任ある経営教育原則（PRME）」が2007年からスタートしている。これ
は国連のグローバルコンパクトなどが唱導している責任ある経営に関する教
育・研究を支援するプラットフォームである。国連グローバルコンパクトは
1999年に始まったCSRを推進するための行動規範（人権・労働・環境・腐敗防止）
であり，企業に自発的な取り組みを促してきた。その上で責任ある企業経営を
行っていくビジネスリーダーの育成が求められ，ビジネス教育において持続可
能な企業と社会の関係を考えていくことが課題となっている。PRMEには現在
700を超える大学やビジネススクールが調印しており，持続可能な発展を担う
次世代のリーダーを育てていくよう関係するステイクホルダーと対話・協働し
ながら取り組んでいる。さらにビジネススクールの国際認証AACSBでは，

2013年からその認証基準としてCSRに関連する課題をカリキュラムや研究活動に組み込むことを義務づけるようになっており，急速にその重要性が認識されてきている。しかしながら日本ではまだ十分理解されているとは言えない。

　ところで，「企業と社会」という科目は，企業と経済・環境・社会といった複数の領域にかかわる多様なテーマを扱い，トータルに企業活動のあり方を理解していくことを目標としている。サステナビリティ革命の時代において企業に求められる役割は何か，どのような取り組みが行われているのか，その時々の流行りのテーマを個別に追うのではなく，企業経営の新しいスタイルを市場・社会との関係から考えていく。本テキストは全9章，各3節から構成され，各テーマにおける基本的な論点と，現状・課題について検討していく。アメリカの大学で使われている一般的なテキストは，概念整理の後，個別の課題：環境，従業員，消費者問題や国際化，ガバナンスなどを取り上げ，アメリカでの背景，制度や課題について概論的な説明とともに，ケーススタディを入れているものが多い。本書はそのような構成ではなく，グローバルな背景・議論を踏まえ，日本の企業と社会の関係に焦点を当てながら，企業経営を考える際の重要な課題をまとめている。責任ある経営とは企業組織の様々な領域がかかわる内容を含んでおり，その課題は関連する科目にわたって広がっている。その意味で「企業と社会」論は応用の学問であり，経営学・商学の基礎的な学習を踏まえた学生が，学部専門課程，修士課程においてこのテキストを利用することが望ましい。あるいはすでに実務の現場にいる人々が，個別の事象の解説にとどまらず，そのグローバルな背景，理論的に捉える視点，また企業と社会の関係をトータルに捉える視点を得るために本書を利用することができる。理想的には，この科目をベースとし，主要科目ごとに（経営戦略，経営組織，人事，マーケティング，財務，会計など）CSR，サステナビリティの概念をそれぞれの体系に組み込んで捉え直し，カリキュラム全体を通して学生に提供していくことが期待される。欧米ではそういったビジネススクールも現れ始めている。

　本書は，筆者がこれまで国内外の大学で行ってきた講義内容をベースにまとめている。講義ではこれまで発表した著書や論文などをベースに組み立てられていることから，テキストとしてまとめると既出の論考と重なる部分も多い。個別のテーマについては，それぞれの著書や論文を参照していただければ，よ

り深く理解することができよう。講義においては，受講生によるショート・プレゼンテーションやグループ・ディスカッションを行うことを勧めたい。それは一方的な講義にとどまらず，受講者同士の議論を通して理解を深める良い機会となる。独習者の場合は，テキストをベースに，テーマごとに国内外の具体的な動きを調べ，学びを深めていくことを期待したい。

　さて，テキストをまとめることは容易な作業ではなかった。「企業と社会」という近年変化の大きい領域においては，何が理解しておくべき基本的な内容なのか。ブームの移り変わりの激しい日本の経済社会において，時々に消費される言説から一定の距離を置きつつ本質的な問題を考え，グローバルな議論や動向を理解すると同時に，企業経営の現場の動きを踏まえて考えることが重要である。理論的・実証的裏付けのない時事解説だけでは大学の講義として不十分である。また現状分析を欠いた学説紹介も同じである。毎年試行錯誤を重ねてきたことであるが，テキストとしてまとめるにあたって改めてその難しさを痛感している。本書の構成・狙いなどは第1章にまとめている。ここから順に読み進めていかれることを推奨する。

　最後に，中央経済社から本テキストを依頼されてからもう5年の歳月が経ってしまった。様々な仕事が入ってなかなか集中して執筆する時間が取れなかった。しかしこの間複数の海外の大学で客員教授として授業を担当し，多様な学生たちと議論したことは，本書を作成する上でプラスになっている。長い間原稿を待っていただいた中央経済社の山本継社長と学術書編集部の納見伸之編集長，市田由紀子副編集長に感謝の意を表したい。原稿の整理や校正を手伝ってくれた谷本研究室の森塚真美さんや笹森友香さんにも感謝したい。本書が「企業と社会」の基本テキストとして読まれることを期待している。

　2020年1月　大寒　款冬華　研究室にて

谷 本 寛 治

目　　次

第3章　「企業と社会」論の背景と動向　　　55

第1章

「企業と社会」論の対象と視点

第1節　「企業と社会」論とは

1．社会における企業

　企業は社会の中に存在し（business in society），活動している。企業は経済的な活動を通して利益を追求していく主体であると同時に，その活動を通して意図的にあるいは意図せざるとも，社会や環境に正または負の影響を与える主体でもある。「企業と社会」論は，企業活動と市場社会が相互にかかわる幅広いテーマを扱う。ここでは，経済のみならず社会・環境にも大きな役割と影響力をもつようになった現代の企業を，関係するステイクホルダーや制度との関係の中で捉え，解決が求められる経営課題について考えていく。とくにサステナビリティ革命（Edwards, 2005など）の時代において，企業の役割・責任は変化している。企業と社会は，例えば投融資や雇用を通して，そして調達，製造，流通，消費を通して，また事業所のある地域社会において，様々な局面で相互にかかわっている。そこでは，労働・人権の問題，ローカルまたグローバルな環境問題，消費者問題（安全・健康），廃棄物の問題など，持続可能な発展にかかわる様々な課題への取り組みが求められている。これらは広く企業の社会的責任（Corporate Social Responsibility：CSR）の問題として議論されてきているテーマである。

　本書でみていくように，企業と社会が相互にかかわる領域は広く，企業に期待される役割も広がっている。近年では，持続可能な発展目標（Sustainable Development Goals：SDGs）がグローバルに共通の課題として取り組まれており，

企業にもその資源を活用してかかわっていくことが期待されている（第3章）。CSRは様々に定義されているが，第3章でみていくように，企業の経済・社会・環境的課題を広い視点から捉え議論されている。

　また消費者においても，自らの消費生活が地域社会や地球に影響を与えていること，さらに消費行動が企業の活動を変えていくことができると意識するようになっている。この商品は誰がどこでどのようにつくったのか，そのプロセスでどれだけエネルギーが消費されCO_2が排出されているのか，廃棄されたゴミはどのように処理されているのか。これらのプロセスが循環していくシステムのあり方も問われている（循環型経済：サーキュラーエコノミー）。企業は責任ある事業活動を行い，地球にやさしい商品を提供し，持続可能な発展に貢献することが期待されている。企業はCSRを果たし，ステイクホルダーにアカウンタビリティ（説明責任）を果たすことによって，市場社会から信頼を勝ち得，長期的なパフォーマンスを高め，ビジネスの成功につながると理解され始めている。

　ここで企業と社会・ステイクホルダーの基本的な相互関係性を図1-1のように整理し，順番にみていこう。

❶　企業の社会的影響力

　企業は経済活動を通して社会，ステイクホルダーに対して正の影響のみなら

図1-1　企業と社会の相互関係

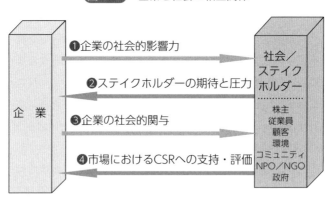

出所：谷本編（2004），p.7；谷本（2006），p.63.

ず，負の影響も与えている。ステイクホルダーとは，株主・投資家，従業員・労働組合，消費者／顧客，サプライヤー，競合企業，業界／経済団体，政府，NPO／NGO，さらに地域社会，環境などを指す。

　企業はステイクホルダーとの間に経済的・社会的な関係を継続的にもち，相互に影響を与え合う集合体として企業社会システムを形成している（本章第3節）。現実には第2章で検討していくように，企業がステイクホルダーに対して大きな影響力をもち企業社会を構成してきたと言える。

❷　ステイクホルダーの期待と圧力

　ステイクホルダーの中でもコアメンバーとして位置するステイクホルダーは，企業の経済活動に共にかかわり，経済的・社会的な共通利益を追求し適切に配分されている。一方周縁や外部に位置するステイクホルダーは，必ずしもその配分には与かれない。例えば日本では主要な法人株主や従業員（企業内労組）はコアメンバーとして企業システムに組み込まれ共通利益を得てきたが，独立した立場から企業活動をチェックすることはほとんどなかった（第2章，第5章参照）。

　近年グローバルには企業活動を監視，批判し，情報を提供するNGOが社会からの支持を得て影響力をもつようになってきたが，日本ではこのセクターはまだ弱い。また政府が社会・環境問題に対する制度的かかわりが強いか（ドイツなど大陸ヨーロッパ），市場メカニズムに依存し制度的かかわりが弱いか（アメリカなど）によって，CSRの発展度合いも変わってくる。CSRへの取り組みは，ステイクホルダーによる圧力が強いか，あるいは政府による規制が強いかによって異なってくる。さらにセクターを越えた協働関係を構築していくことで課題解決に取り組む動きも広がっている（第9章参照）。

❸　企業の社会的関与

　企業はステイクホルダーからの期待・圧力が強まるに応じて，CSRを考慮する，あるいは考慮せざるを得ないという状況が現れてくる（social responsiveness）。もし市場社会から企業にCSRが求められることがなければ，企業はそれを重要な経営課題とは認識しないであろう。企業からみた場合，従来CSRにかかわる問題はリスク対応として捉えられてきた。

　日本におけるCSRのブームは，第5章でみるように，グローバルな潮流から影響を受けたものであり，業界・企業による認識の差は大きい。CSRは形式的な対応ではなく，経営プロセスに組み込まれることが求められる（第3章，第4章参照）。さらに近年持続可能な発展を求める声を受けて，企業が社会的課題に対応し，イノベーションを生み出していくことも期待されている（第6章，第7章参照）。

❹　CSRへの支持・評価
　社会的に責任ある企業活動を評価する動きが市場社会に広がっていくことによって，そこに新しい規範が生まれてくる。CSRが消費市場，金融・証券市場，労働市場などにおいて企業評価の基準として組み込まれていくと，社会的に責任ある企業の評判が向上し，顧客や投資家を引きつけたり有能な人材が集まるようになり，CSRへの取り組みは企業にとって避けられない経営課題になってくる。社会的に責任ある経営や，SDGsに貢献するイノベーションが新しい価値を生み出し評価されるようになる（第8章参照）。

　以上のように，企業は社会との相互関係の中で経営のあり方が問われ，CSRへの対応が求められてきた。企業は多様なステイクホルダーと相互に関係し，その関係の集合として企業社会システムを形成している。その構造は固定的なものではなく，時代とともに変化している。本書の課題は，なぜそのような変化が起きたのか，新しい企業社会がどのようにつくられていくか，にある。企業経営の立場から環境変化にどう対応するかという視点だけでは，なぜそのような社会的変化が起きたかわからず，従来のリスク管理あるいはコーポレート・ブランド論にとどまる。逆に，社会の側から企業批判を行うという視点だけでは，企業経営にどのような問題があるのか説明できず，責任ある企業経営の設計について提言できない。CSRは企業活動と社会・ステイクホルダーの相互関係から生じる課題であり，双方向の視点から考えていく必要がある。

2．テキストについて
　新しい研究領域が発展し，1つのパラダイム，学問体系として成立し，アカデミックなコミュニティのみならず，社会から正統性を得ていくことを，学問

が制度化すると言う。ただ社会科学のパラダイムは自然科学ほど厳密ではなく，またさらに「企業と社会」論には必ずしも共有された理論体系があるわけではない。一般に学問の制度化は次の点から理解することができる。1）その学問が時代から必要とされていること。2）社会的有用性が認められ，公的・私的な研究費が支給されること。3）国際的な会議や学会が設立されること。4）専門のJournalが発行されること。5）大学に関連した科目，また学部・研究科，研究機関が設立されること。6）教科書がつくられること，またその専門領域の辞書や辞典などが編纂されることなど。「企業と社会」の領域も，この意味で学問としての制度化が定着している。さらに「はしがき」にも示したとおり，今ではすべてのビジネススクールにCSRに関連するテーマをカリキュラムや研究に組み込むことが求められるようになっている。

　中でも教科書がつくられることは，当該学問が広がっていく上で重要なポイントである。教科書は，時代が共有する考え方を体系的にまとめ，新しく学ぶ人々に提供するものである。アメリカの多くの大学では「企業と社会」に関する授業があり，標準的な分厚いテキストが存在している。しかし経済学のように概念や方法について標準化がなされているとは言えず，準拠するディシプリン（学問分野）が異なればその体系も異なっている。その意味でこの領域には必ずしも定番となるテキストがあるというわけではないものの，アメリカでは70〜80年代に生まれ，今も版を重ねているものがある。例えば，Carroll, A. B., Brown, J. and Buchholtz, A. K., *Business & Society : Ethics, Sustainability, and Stakeholder Management*, South-Western Cengage Learning（第10版, 2017年），Lawrence, A. T. and Weber, J., *Business and Society : Stakeholders, Ethics, Public Policy*, McGraw-Hill Irwin（第15版, 2017年），Steiner, J. F. and Steiner, G. A., *Business, Government, and Society : A Managerial Perspective Text and Cases*, McGraw-Hill Irwin（第13版, 2012年）など。

　例えば，Lawrence and Weberの*Business and Society*は表1-1のように6部19章構成になっており，基本概念を説明した後は，個別の課題：政府，環境，消費者，従業員の問題などを扱っている。アメリカにおけるトピックス，歴史，法規制，今後の課題，そしてケースも含め丁寧に網羅的に書かれており，アメリカの企業社会における課題を知るには良いが，日本の学生が利用するには必ずしも適切なテキストとは言えない。そこで本テキストでは，グローバルな動

6

表1-1 Lawrence and Weberのテキスト*Business and Society*，2017の目次

I	社会におけるビジネス	V	ビジネスと技術
1	企業とステイクホルダー	11	技術の役割
2	公共的問題の管理とステイクホルダー関係	12	ITの規制と管理
3	企業の社会的責任と企業市民	VI	ビジネスとステイクホルダー
4	グローバル社会におけるビジネス	13	株主の権利とコーポレート・ガバナンス
II	ビジネスと倫理	14	消費者保護
5	倫理と倫理的思考	15	従業員と企業
6	組織の倫理	16	多様な労働力の管理
III	ビジネスと公共政策	17	ビジネスとサプライヤー
7	ビジネスと政府の関係	18	コミュニティと企業
8	政治的環境への影響	19	企業の評判
IV	ビジネスと自然環境		ケース
9	持続可能な発展とグローバルビジネス		用語集
10	サステナビリティのマネジメント		参考文献
			索引

向，その背景や議論を踏まえ，日本の企業と社会の関係に焦点を当てながら，重要な経営課題を取り上げていく。経営の中に「企業と社会」，「サステナビリティ」という視点をどのように組み込んでいけばよいか，より良い企業社会をどのように構築していくことができるか，ということを考えていく。

3．学習の目標と本書の構成

「企業と社会」論を学ぶことの目標は，企業の経済活動が環境・社会の領域と広くかかわっていることを知り，持続可能な経済社会づくりに向けた企業やステイクホルダーの新しい役割や責任，イノベーティブな取り組みについて理解する視点を身につけていくことにある。企業が社会・ステイクホルダーとの関係の中で存在すること，社会的な課題にビジネスとして取り組むこと，さらに企業価値・評価のあり方が変化していることの基礎的な理解を得ることを目指している。将来，企業セクターにおいて（市民・政府セクターにおいても），ビジョナリーで責任あるリーダー，異なるセクターをつなげていくリーダーを育てていくための基礎的知識や考え方を提供するものである。

本書は9章で構成されており，各章では次のような狙いを設定している。

第1章「『企業と社会』論の対象と視点」では，まず「企業と社会」論が問

われるようになった背景を説明した上で，「企業と社会」論は何を対象とするのか，どのような視点から捉えているのか，その学問的な立場を理解することから始める。

　第2章「企業とステイクホルダー」では，そもそも会社は誰のために何のために存在するのか，企業とステイクホルダーの関係はどのように捉えられてきたかを学ぶ。その上で，日本では企業とステイクホルダーの関係はどのように構造化されてきたか，そして近年それがどのように変化しつつあるかについて考える。

　第3章「『企業と社会』論の背景と動向」では，なぜいま「企業と社会」の問題が問われているか，グローバルな動向を理解する。企業に期待される役割・責任が変化していると同時に，ステイクホルダー側の役割の変化も重要である。その上でCSRをどのように捉えればよいかについて考える。

　第4章「責任ある経営のプロセス」では，CSRをマネジメント・プロセスに組み込んでいく際の課題について整理する。CSRやサステナビリティの考え方が，形式的な制度化にとどまるのではなく，従来の経営戦略やコーポレート・ガバナンスにどのように組み入れられていくか。さらに，国際的な企業行動基準をどのように理解し取り入れていけばよいかについて考える。

　第5章「日本における『企業と社会』の議論」では，この問題が日本ではどのように捉えられてきたか，その現状と課題について検討する。2000年代のCSRブーム後，日本企業はCSRをどのように理解し，CSR経営にどう対応しているか，具体的な経営課題から考えていく。

　第6章「戦略的フィランソロピー」では，まず企業はなぜ本業と離れた社会貢献活動に取り組むのかについて考える。さらに社会から企業に期待される役割・責任が変化する中，社会的課題：SDGsの解決に取り組むに当たって，近年本業と社会貢献活動の境界線上に新しい取り組みが生まれている。また企業とNPOが協働して社会的課題に取り組む動きも広がっており，その可能性と課題について考えていくことにする。

　第7章「ソーシャル・ビジネスとイノベーション」では，社会的課題の解決にビジネスとして取り組んでいるイノベーティブな動きを取り上げる。近年様々な取り組みが台頭しており，多様な形態によって取り組まれているこの事業体をどのように理解するか。さらにステイクホルダーとの協働関係から創出

されるソーシャル・イノベーションのプロセスについて考えていく。

　第8章「企業価値と評価」では，企業を財務面と非財務面のトータルから評価する仕組みについて考える。まずCSRと財務的成果の関係についてこれまでの議論を整理する。基本的にCSR活動を評価する市場が成熟していなければこの議論は成り立たないことを考える。消費者，金融機関，投資家がどのように企業を評価し行動するか，さらに企業側がCSR活動をどのように捉え開示しているかが本章の論点となる。

　第9章「公共政策：自発か規制かを越えて」では，個々の企業によるCSRへの取り組みが社会全体の持続可能な発展につながるのか，という根本的な問題を取り上げる。ミクロレベルでの経営戦略のみならず，市場社会においてどのような調整が必要かを考える。とくに政府による取り組みのみならず，各主体がセクターを越えて自発的に協働しあう新しいガバナンスのスタイル，マルチ・ステイクホルダー・プロセスについて考える。

　「企業と社会」論は，経営組織論，戦略論，コーポレート・ガバナンス論，マーケティング論，国際経営論，起業家論，会計学など，周辺領域との関係が深いので，広い知識が求められる。したがってこの科目は，学部専門課程，修士課程において学ぶ方がより理解ができるであろう。また本書は，実務の現場にいる人々には，個別の経営課題にとどまらず，トータルに企業活動のあり方，その課題を捉える視点を提供する。

第2節　「企業と社会」論は何をどのように理解するのか

1．企業に求められる新しい役割・責任

　「企業と社会」の問題として早くから議論されてきたのは環境問題である。日本では，高度経済成長期の60年代頃から公害問題が顕在化し，その甚大な被害が大きな社会問題となった。今では環境問題は一地域，一国の問題にとどまらず，地球温暖化，海洋ごみのように国境を越えて広がる問題になっている。また労働・人権問題などの社会問題も，自国内にとどまらず，経済活動のグローバル化とともに，サプライチェーンが展開する国・地域においても問われるようになっている。これらの問題は，企業の経済活動のプロセスでまたその結果生じたものであり，経済・環境・社会の課題は別々に議論されるものでは

なく，トータルに捉えていく必要がある。2000年前後からサステナビリティ革命の時代において，「トリプルボトムライン」（企業活動の評価を経済・環境・社会の3つの側面から行うこと）の問題として理解されるようになっている（第8章）。生産活動と消費は持続可能性（サステナビリティ）をベースに組み立て直すことが求められている。持続可能な発展とは，基本的に将来世代の能力を低下させることなく，現在のニーズを満たすよう発展していくことである（第3章）。この持続可能性という概念は，価値と戦略の2つの側面からなる（Hemmati, 2002）。価値とは，共に実現するために平等性，正義，民主主義などが求められることで，決定のプロセスが透明で，自由に参加でき，情報へ平等にアクセスし，コミュニケーションでき，合意形成するといったことが問われる。戦略とは，環境を保全しながら健全な経済成長を目指す創造的な方法を考えること，経済・環境・社会のコンテキストを踏まえながら，ステイクホルダーの積極的なコミットメントを組み込んでいく方法を考えていくことである。持続可能な社会を実現するために企業は何ができるのか，それぞれの領域において企業の役割が問い直されている。

　持続可能な発展を考えるに当たって，例えばEU（European Union：欧州連合）では，これら3つの問題領域をトータルに捉えていく視点が必要であると理解されている。2001年に持続可能な発展のための国家戦略を初めて策定し，「EU諸国が，経済的繁栄・環境保護・社会的統合を確かにするため，環境的・社会的イノベーション能力を高め，資源を有効に活用する社会の構築を行い，現在と将来世代の生活の質を向上していけるよう，行動を確認し発展させる」と記している。その際，具体的課題を図1-2のように位置づけ，経済的繁栄，社会的統合，環境保護という3つの課題をトータル，かつ長期的に捉えることが持続可能な発展にとって必要であると指摘している。

　そのプロセスで，企業に期待される役割や責任の範囲も広がり，その流れの中でCSRも理解されるようになってきている。企業はその本来の事業，さらに新しいソーシャル・ビジネスやインクルーシブ・ビジネス（貧困層やマイノリティを巻き込むビジネスを通してコミュニティ全体の発展を目指す）などを通して持続可能な発展に取り組んでいくことができると期待されている。

　次に企業と社会がかかわる領域は非常に広範囲にわたるが，主なものを列挙

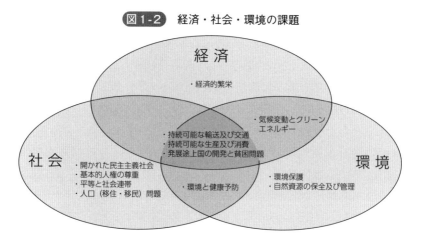

図1-2 経済・社会・環境の課題

出所：EC, A Sustainable Europe for a Better World : A European Union Strategy for Sustainable Development, COM（2001）264などより作成。

しておこう（表1-2）。

　こういった「企業と社会」の問題は，次の3つのレベル：マクロ，インターミディアリー，ミクロから取り組まれると言える。マクロ・レベルとは政府や国際機関による政策（規制，支援），インターミディアリー・レベルとは企業と企業や他のセクターとの協働による社会的課題への取り組み，行動規範の策定などを指す。そして個々の企業が社会的な批判・要請や期待を受け止め，自発的に社会的に責任ある経営を行い，社会的課題に取り組んでいくことがミクロ・レベルの課題である。個々の企業がマネジメント・プロセスにCSRを組み込み，ステイクホルダーにアカウンタビリティを明確にし，信頼を得ていくことが期待される。

　CSRはこのように基本的に自発的に取り組んでいくべき課題であるが，しかし個々の企業がそれぞれにCSRを果たしていくことの限界も存在する。第9章でみるように，政府が持続可能な発展の方向性を示す国家戦略を立てたり，そのための公共政策を実施することによって，企業活動を規制したり，支援したりしていくことも求められている（マクロ・レベル）。さらにCSRの取り組みを自発か規制かという二者択一の問題としてでなく，企業も含め関連するステイクホルダーが協働し（マルチ・ステイクホルダー・イニシアチブ），共に指針や基準をつくるインターミディアリー・レベルでの取り組みも広がっている。表1

表1-2　主な研究領域

❶	マネジメント・プロセス，戦略
	・CSR／サステナブル経営，経営戦略，コーポレート・ガバナンス ・ビジネス倫理 ・企業評価，企業価値，レピュテーション ・CSR教育／研修 ・国際比較，制度・組織文化，社会構造・政治環境の影響
❷	ステイクホルダー関係
	・ステイクホルダー・マネジメント，ステイクホルダー・エンゲージメント ・情報開示／レポーティング（統合報告書）
❸	個別課題
	・環境保全，気候変動，環境管理，環境会計 ・消費者問題，安全・健康，労働・人権，地域社会との関係 ・サプライチェーン・マネジメント ・フィランソロピー活動（企業市民），NPO／NGOとのパートナーシップ ・ソーシャル・マーケティング，CRM，社会的商品，ソーシャル・コンシューマー ・社会的責任投資／ESG投資，社会的インパクト・ファンド
❹	持続可能な発展
	・SDGs ・セクター間の協働，国際協力 ・マルチ・ステイクホルダー・イニシアチブ，グローバル・ガバナンス ・国際規準／規格 ・ソーシャル・ビジネス，社会的企業（家），ソーシャル・イノベーション ・公共政策（マクロ／インターミディアリー・レベル），規制（ハード／ソフト）

-2にある個々の課題に取り組むに当たって，政府の規制やマルチ・ステイク
ホルダーによるガイドラインなどを踏まえることになる。

2．サステナビリティ概念の組み込み

　1990年代後半から2000年代にかけてCSRがブームになり，グローバルに活発
な議論が始まった。しかし形式的な取り組みにとどまったり，専ら消費者への
訴求効果を狙いグリーン・ウォッシュ（greenwash）と呼ばれる形だけの環境
対応，SDGs対応にとどまる企業も少なくない。CSRとは，第3章第3節でみ
るように，企業の社会的・環境的な影響に対する配慮をビジネス・プロセス全
体に取り込んでいくことを指す。そのためには形式的な取り組みにとどまらず，
組織的な変革が求められる。

　まずCSRを経営組織のプロセスに組み込むこと，コーポレート・ガバナンス

12

のフレームワークの中に行動規範を組み入れていくこと（hardwriting）が求められる。関係する部署間の連携も重要である。しかしそれだけでは形式的な取り組みで終わることも多い。さらにCSRの考え方を組織文化，能力，評価に組み込んでいくこと（softwriting）が求められる。CSR制度の導入やマニュアルの設定にとどまるのではなく，それを個々のメンバーがそれぞれの担当部署においてしっかりと受け止めることがなければ組織において機能していかない（de Wit, Wade & Schouten, 2006）。CSR経営とは，担当部署だけの課題ではなく，すべての部署においてその活動プロセスに組み込まれていることである。

　経営教育においても，サステナビリティ革命の時代に入ってCSRやビジネス倫理という科目が単体としてあるだけではなく，すべての主要科目の中にその発想が組み込まれていく必要がある。企業経営の現場において，CSRへの取り組みがCSR部だけの問題ではなく，関連する各部署において求められているように，伝統的な経営学もその体系を見直していく必要がある。経営戦略，経営組織，人事管理，マーケティング，財務管理，会計など，それぞれの領域においてCSRやサステナビリティの視点を組み入れて捉え直していくことが求められている。

　近年欧米の大学では，ビジネス教育の中にCSRやサステナビリティの概念をどのように組み込み，カリキュラムとして体系化していけばよいかという議論がなされている。サステナビリティ・マインドセットをもったリーダー，経済・環境・社会をトータルに理解し取り組むリーダーを育てていくことが，ビジネス教育の大きな課題となっている。図1-3はその教育プログラムの発展プロセスを示している。ステージ1「上乗せ」：現在ある科目の中でそれぞれこの概念について言及する。ステージ2「単体」：新しい独立した科目（企業と社会，CSR，ビジネス倫理など）を設置する。ステージ3「組み込み」：関連するビジネス科目の中にこの概念を取り込んでいく。既存の科目はサステナビリティの概念を組み込み再構築されていくことが求められる。ステージ4「包括」：ビジネス以外の領域も含めトータルなカリキュラム体系をつくる。多くの大学ではまだ1から2の段階にあるが，ヨーロッパのビジネススクールの中には，3の段階においてサステナビリティ概念を各科目の中に組み込んだ経営教育体系をつくり，少人数教育の中で責任ある次世代のリーダーを育てていく動きも増えつつある。

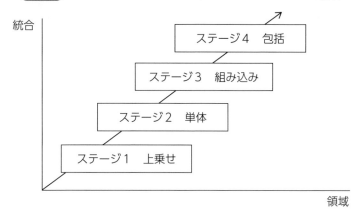

図1-3　CSR／サステナビリティ概念のカリキュラムへの統合

出所：Molthan-Hill（2014）；Kolb et al.（2017）；谷本（2018a）など参照。

　ステージ4では次のようなカリキュラム体系が考えられる（イギリスPlymoutH大学の例より）。［環境サステナビリティ］自然資源管理，エコロジーシステム，生物多様性，気候変動など。［経済サステナビリティ］CSR，リーダーシップ，グローバル経済，消費者行動，倫理など。［社会サステナビリティ］サステナブル・コミュニティ，文化多様性，市民社会・民主主義・人権など。

　サステナビリティ教育において大事なことは次の5点が挙げられる（Alcaraz & Thiruvattal, 2010；Weybrecht, 2017；谷本，2018a他より）。1）総合的な思考・分析を行うこと，2）批判的視点をもつこと，3）経験学習を行うこと，4）未来へのシナリオをもとに考えること，5）インターディシプリナリーで協働的な学習を行うこと。こういったことはこれまでのビジネスのあり方を大きく変えていくことにもなる。

【補足】

　　ここで大学の社会的責任（USR）について触れておこう。3つのレベルで理解することができる。

❶組織の社会的責任：ISO26000で指摘されているように（p.66），大学組織の責任ある運営（ガバナンス，労働・人権，キャンパスの環境など）が求められる。

❷社会貢献活動：大学がその資源，技術などを活用し，社会の発展に関与する

こと。企業や政府，NPOなどと共同して取り組むこと。
❸サステナビリティ教育：教育体系の中にサステナビリティ，社会的責任・倫理の考え方を組み込んでいくこと。
これらのことが全体として戦略的に取り組まれることが求められる。

3．研究の視点

「企業と社会」というテーマが本格的に議論されるようになったのは，1970年代以降のことである。それまで，企業が社会の中で存在し活動していることが，経済学や経営学ではほとんど議論されてこなかった。「企業と社会」という問題を，どのようにアカデミックに捉えていけばよいか。このことを少し考えておこう。

「企業と社会」論は，応用の学問である。この領域は広くみれば，経営学，経済学，社会学，政治学，法学などの分野と密接にかかわっている。経営学においては，伝統的な様々な学問領域において，経済分析，制度分析，歴史分析，心理・行動分析など，特定のディシプリン（学問分野）に基づいて分析が行われている。個々の研究者が各々の専門のディシプリンに基づいて研究していくことは基本である。同時に「企業と社会」という領域における複雑な現象を捉えるに当たって，それぞれの知見を寄せ集めるだけでトータルな理解を得ることができるというわけではない。具体的な社会的・環境的問題は，様々な要素が複雑にかかわりあって存在しており，特定のディシプリンの学問対象に合わせて問題が存在しているわけではない。この点Myrdal（1972）は次のように指摘している。「現実には経済学的な，社会学的な，あるいは心理学的な，という問題が存在するのではなく，単に問題があるのであって，しかもその問題は全て複雑なものだ」。そういった現象を分析するに当たって，研究者（グループ）が関連する分野と対話をしながら広い文脈の中に複雑な企業活動を捉え，その意味を探り出していくようなアプローチ＝トランス・ディシプリナリーな方法が求められる。

次に「良い理論ほど実践的である」と言われている（心理学者Kurt Lewin）。それは実務的なノウハウのことを指すのではなく，経営方針や戦略を立てていく際のベースにある考え方を提供している，ということである。またそれはどの立場から実践的なのかという問題もある。「企業と社会」という分野では，

企業経営者の視点のみならず，消費者，労働者，地域住民など，それぞれの立場から実践的な議論が必要であり求められると言える。

　さらに「役に立つ学問」が求められているとも言われている。社会から解決が求められ期待される領域の研究をすることは大事であるが，社会や時代の要請や期待は常に移ろう。ブームのただ中では，すぐに役に立つ情報や簡便な解説が求められる。専らそのような動きに応えているだけでは，社会科学としての存在意義は薄い。学問は時代や社会とのかかわりの中で存在するのであるが，変動する動きの背景や，時代の潮流を捉え，現象の本質を解明しようとする学問姿勢が大切である。「企業と社会」の分野に限らず，現象の分析力，理論の妥当性や説明力がアカデミックの世界でも，現場においても問われる。重要なことは，研究者が現場での経験・調査を理論化していくこと，そしてその研究成果を課題解決につなげていくこと。学問と現場の相互の関係を理解し，理論的貢献への想いと，社会を良くしたいという想いの両立が必要である。

　ところで，社会科学には常に「事実の理論負荷性」（Hanson, 1958）と逆に「理論の事実負荷性」という問題が存在している（谷本，2002b）。「事実の理論負荷性」とは，観察者が対象をどのような理論的枠組みから認識するか，事実はその枠組みによって意味が与えられる，あるいはつくられる，ということである（村上，1979）。ある事象がどのような意味をもった事柄として存在するか，同じ事実に対しても異なる理解が存在する。現場にのみ意味があるとする「現場主義」だけでは，この理解に欠ける。

　「理論の事実負荷性」とは，理論は普遍のものではなく，時代のコンテキストによって規定され変化しているということである。とくに社会科学者が依拠しているパラダイムは，時代の価値規範によって影響を受け変化する（佐和，1982）。佐和は，社会科学の基盤にある価値規範の転換は，数十年に一度くらいの割合で比較的頻繁に起きていると指摘する。時代が何を求めているのかによって，学問の規範も変化する。例えば企業に期待される役割も時代と共に変化しており，それを捉える理論も変化している。社会科学のパラダイム転換は，新しい観測データによって旧来の理論が反証され新しい理論に変わっているというわけではなく，常に複数の学説が共存し，その時代や社会をより説得的に説明できる学説がより強い影響力をもつと言える。

　変化の激しいグローバル社会において，持続可能な発展のため，研究者は企

図1-4 研究者の立ち位置

出所：谷本（2017），p.151.

業と社会の関係性をどのように理解していくか，理論と現場の間に立ち，歴史的なまたグローバルな視点を踏まえて考えていくことが求められる（Steiner & Steiner, 2012）。

　最後に研究者の立ち位置についても考えておこう（谷本，2017）。研究を行うという場合，研究者が研究対象の外からアプローチするという図1-4の［A］のスタイルが一般に理解されている。しかし社会科学とくに「企業と社会」論においては，［B］のように，研究者も社会の一員として存在していることを理解する必要がある。地球温暖化問題や消費者問題のように，研究者は研究対象から離れて存在しているのではなく，自らの問題としても考えていくことが必要である。また研究者は［C］のように，アカデミックな世界と企業・社会の現場との間に位置し，それらをつないでいくことが重要な使命であると言える。社会科学に求められることは，社会的な課題をアカデミックに分析し建設的なインプリケーションを示し，共に考えていくことである。

第3節　「企業と社会」論はどのような視点から捉えるのか

1．市場社会の捉え方

　本節では，企業と社会の関係を捉える基本的な視点を確認しておこう。伝統的な経済学では，企業は市場において効用の最大化を目指し，合理的な経済活動を行う主体として捉えられている。しかしながら，現実の企業は経済的な活動を通して利益を獲得していく「経済的な主体」であると同時に，その活動を通して意図的にあるいは非意図的に社会に影響を及ぼすあるいは受ける「社会

的な主体」でもある。企業が市場と相互に影響を与え合う関係性を捉えるにはシステム論の視点が有効である。企業をシステムとして捉える視点を考える前に，まず企業が活動する場である市場概念について確認しておこう。

　市場を経済学の教科書にあるようなモデルとして理解していては，企業と社会の相互関係性を捉えることはできない。つまりそこでは経済的な主体である生産者，消費者の経済合理的な行動を描いており，そのベースにある社会的・政治的な動きや価値観の変化が主体に影響を与えるという関係性を捉えるものではないからである。現実の市場は経済的要因のみならず，社会的，政治的な要因とも密接にかかわりあって存在し変動しており，「真空状態」の中で経済メカニズムだけが機能しているわけではない。

　市場は，時には経済のロジックとは無関係な国内的・国際的政治要因によって制約を受け，その機能や構造が変化することもある。また市民社会からの批判運動や，新しい価値や規範を求める動きにも影響される。図1-5のように，市場はその国・地域の社会，政治，文化・慣習，国際関係などの領域と常に相互に作用し合い変化している。市場における規範やルールは，社会的な領域と相互に関係しながらつくられ，そしてつくりかえられ，ダイナミックに変動している。市場は社会，政治，文化・慣習，国際関係といった領域との相互作用によって「市場社会」を構成していると理解することができる。したがって市

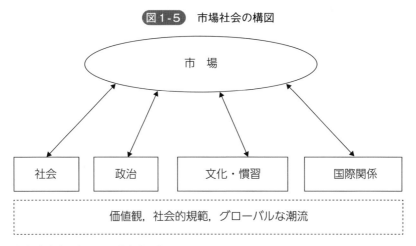

図1-5　市場社会の構図

出所：谷本（2006），p.104；谷本（2013），p.48.

場の構造やメカニズムは，国・地域によって多様である。例えばアングロサク
ソン系の市場社会と，日本のそれとは異なる部分が大きい。中国やアジアの
国々においても，異なる構造や規範が存在する。それは政府の権限・役割や，
消費者・投資家の行動様式，さらに市民社会組織の成熟度，その社会的影響力
が異なるからである。政府や企業の活動を監視したり調査したりするNGOの
存在，その情報分析・提供，政策提言は，社会に大きなインパクトを与える。
　グローバル化の時代においては，一国内の市場ではコントロールできない問
題も広がっている。地球環境問題，国際的に広がるサプライチェーンにおける
労働・人権の問題など国境を越えて広がる課題への対応が求められるように
なっている。それは一国政府の規制だけでは対応しきれない問題であり，政府
の代表が集まる国際機関のみならず，関係するセクターが協働して取り組むこ
とが求められている（第9章参照）。
　市場社会というシステムの理解は，企業システムの理解ともかかわり，経済
的な要素と社会的な要素との関係から捉えていく視点を与えている。次に企業
システムがこのような市場社会においてどのように存在し，変化していくかに
ついて考えていこう。

2．企業社会システムの構造化

　企業は，市場社会において事業活動を行い，その結果経済的・社会的成果を
生み出している。そのプロセスにおいて，企業の活動が外部環境に正あるいは
負の影響を与えると同時に，環境の変化が企業活動に影響を与えている。こう
いった関係の相互性は，システム論の視点から捉えることが有効である。シス
テム論は，システムを構成する主体がどのように位置づけられるか，そしてそ
の構造がいかにつくられ，つくりかえられるかを考える視点を提供してくれる。
企業というシステムの構造や境界線，さらにその期待される役割は固定的なも
のではなく，環境との関係の中で常に変化するものである（システム論の考え
方については谷本，1993：2002bを参照のこと）。
　企業システムは，様々な内外の主体（ステイクホルダー）とかかわりをもち
（第2章），その関係の集合として「企業社会システム」を形成している。そこ
には基本的に次の3つの方向性がみられる。❶環境変化に企業が適応していく
こと，❷企業が環境に働きかけその構造をつくりかえていくこと，❸双方向の

働きかけとして，協働的な行為関係を通して新たなシステムをつくり出していくこと。

　まず❶について。企業が市場環境の変化や制度的枠組みの変化に適応してシステムをつくりかえていくこと。環境の変化に対して，システムの安定性を維持しようと対応するにとどまらず，企業はそこから新しい可能性を生み出そうと戦略的な対応を行う。これは経営組織論において組織の環境適応として伝統的に議論されてきたところである。またCSR論においても，基本的には，社会から責任が求められそれに戦略的に対応することが出発点である。

　❷は，企業が環境に対し能動的に働きかけ，新しい市場環境をつくっていくこと。1つは，企業がステイクホルダーや制度をシステムの領域内に包摂すること（territorialization）によって安定的な関係をつくっていくこと。ステイクホルダーをシステムの内部に取り込み，リスクを軽減し経営の安定化をはかること，また市場社会の制度を企業がコントロールしやすいように再編成することを意味する。例えば典型的には，下請系列システムにおいて親会社とサプライヤーとの間で相対取引が行われ管理された市場をつくっていること，また安定株主が長期的な持株関係あるいは持ち合い関係をつくることによって，安定的な経営者支配の体制を構築・維持してきたことなど。日本の企業社会における動きは第2章第3節で扱う。こういった活動によってシステムの境界線を外に押し広げ，内部に領域化している。つまり企業システムはステイクホルダーの経済的・社会的機能，役割，資源を取り込み，内部化していくプロセスを通して，ステイクホルダーに影響力をもつと同時に，その境界線を書き換えながらシステムの領域を拡張していく。

　もう1つの方向性は，企業がイノベーションを生み出すことによって市場や社会を変えていくことである。企業システムは，内部・外部からの変動要因を受けて新たな知識を創造し，環境に働きかけていく。イノベーションは，経営学の重要なテーマの1つである。Schumpeter（1926）は，イノベーションを技術的な革新にとどまらず次の5つの組み合わせで捉えている。1）新商品の開発，2）新しい生産方法の導入，3）新しい市場の開拓，4）新しい原材料の開発・発見，5）新しい組織形態の構築。近年では，新しいマーケティングの仕組みやビジネスのモデルも含めて捉えられている。またイノベーションが人々のコミュニケーションやライフスタイルを変え，大きな社会的インパクト

を与えている側面も重要なテーマである。さらに社会的課題の解決を事業として取り組み，新しい仕組みや社会サービスを提供することを通して社会変革を進めていくソーシャル・イノベーションが注目されている。ソーシャル・イノベーションは，関係する様々なステイクホルダーとのオープンで協働的な相互行為を通して生み出されること（次の❸とつながる），そしてステイクホルダーがそのプロセスにかかわることで，またソーシャル・プロダクツを購入・利用したことで社会や環境に対する意識が変わっていくことが重要である（詳しくは第7章）。こういった企業の活動を通して経済的・社会的成果が生み出され，これまでの企業と市場，社会との関係をつくり直していくことになる。

　❸は，企業と関係するステイクホルダーとの相互行為関係を通して，協働的に新しいシステムをつくり出していくことである。企業はイノベーションを生み出していくまた社会的課題に取り組んでいくプロセスで，ステイクホルダーとオープンに連携し協働している。ここではステイクホルダーとのエンゲージメントが重要なモーメントとなる。対話を通して学び合い，新しい仕組みをつくっていくプロセスである。企業が社会的・環境的な課題に直面した際，関係するステイクホルダーとの協働を通してイノベーティブな取り組みを行い，新しいシステムを構築していくことが期待される。例えば，企業は途上国における労働・人権問題について，国際機関やNGOとともに新しい行動規範をつくったり，解決の仕組みを構築することによって，市場社会からも支持される。企業とNPOが協働し社会的課題に取り組む動きについては第6章第3節で，また多様なステイクホルダーが協働し共通の行動規範などをつくっていくマルチ・ステイクホルダー・イニシアチブについては第9章にて扱う。

　企業システムに取り込まれ領域化されてきたあるいはこれまで影響力のなかったステイクホルダーが，経済的・社会的環境の変化を契機に，それぞれの権利を主張したり，従来の制度的枠組みを問い直すようになってくる。次項で検討するように，企業は従来のシステムに対する批判，問いかけに対して，新たな秩序化を常に試みる。企業システムは既存の構造を維持しようと環境の不確実性をできるだけ縮減させるのみならず，ステイクホルダーとの協働行為によって従来のシステムをつくりかえ，新しい可能性をつくり出していく。企業システムの境界線，ステイクホルダーとの関係性は固定的なものではなく，時

代とともに問い直され，常に（再）規定されている。

3．企業社会システムのつくりかえ

　企業システムは環境との相互関係を通して，常にその関係性を変化させてい
く。以下では広く社会運動との関係から考えていこう。これまで企業社会シス
テムの周縁に位置するステイクホルダー，すなわち必ずしも経済活動の成果を
共有し得ない，あるいはネガティブな影響を受けているステイクホルダーが，
環境変化の中で反発や対立を生んでいく。持続可能な発展が求められる時代に
おいて，企業はこうした動きを無視することはできず，新たな対応が求められ
るようになっている。社会運動が目指すことは，既存のシステムを見直し，オ
ルタナティブな可能性を示し，システムを再構築していくことである。労使関
係に限定された従来の労働運動の限界を超え，日常の生活，地域社会における
社会・環境問題に目を向ける運動は「新しい社会運動」と呼ばれ，1970年代頃
から欧米を中心に広がってきた。反戦運動，反原発運動，消費者運動，環境保
護運動，人権運動，女性運動など。新しい社会運動のポイントは，問題の解決
を政府・行政に要請するだけではなく，自らの問題として関与しようとする動
きであり，それが多方面で広がっている。

　このような運動は，伝統的な政治システムや制度に単純に重ね合わせること
はできない。Melucci（1989）は，この新しい社会運動を次のように特徴づけ
ている。1）対象とする問題は永続的なものであり短期的なものではない。
2）運動は日常の生活局面に根ざした人々のネットワーク関係に基づいている。
3）問題の性質から従来の参加形態や政治的組織では対応しきれない側面を
もっている。さらにその対象は90年代頃から地域社会の問題にとどまらず，グ
ローバル社会における問題に広がっている。運動の原点は，コミュニティにお
いて持続可能な発展を求め，オルタナティブなライフスタイルを実践していこ
うとする人々の経験の中やそのネットワーク関係の中にある。80年代から90年
代以降，市民社会組織（CSO：Civil Society Organization）が形成され，環境，
貧困，人権，健康，地域再開発などといった課題について，政府や国際機関そ
して企業を批判するだけでなく，自らも直接・間接にかかわり取り組もうとし
ている。CSOは，政府の組織ではないという意味でNGO（Non-Governmental
Organization：非政府組織），営利企業とは異なるという意味でNPO（Non-Profit

Organization：非営利組織）とも呼ばれる。社会的な課題の解決に取り組む自発的で自律的な組織である。それは社会からの支持を得て，イノベーティブな取り組みによって社会変革を生み出す。とくに90年代以降のインターネットの急速な広がりはこういった運動を飛躍的に拡大させ，組織のネットワークを広げてきた。さらにそれらの運動は，企業を外から批判するだけでなく，市場メカニズムを通した新たな展開となっている。例えばグリーン・コンシューマリズム（第6章）や社会的責任投資（第8章）のように，従来の消費や投資のスタイルではなく，環境や社会の視点も組み込んだ新しい市場行動のスタイルとなってきている。こういった動きを通して，人々は共通の社会的課題・運動の意味を知り，ネットワークを通して広げていくという行為関係によってシステムの構造を問い直し，つくりかえていく契機を得ることになる。（社会的責任投資：SRIは，その後メインストリーム化する中で，責任投資：RI，あるいはESG投資と呼ばれている。その定義については，第8章第2節参照。）

　新しい社会運動以降の運動は，権力関係をひっくり返してその地位につくこと（パワーシフト）を目的とするものではない。その目的は共生的で持続可能なシステムにつくりかえていくことにある。絶えずシステムの構造を問い返し，市場社会における行為関係を通してつくりかえていく努力を継続して行うこと。こういった運動のスタイルは，従来の政治的な運動や政治制度（普通選挙に基づく代表民主制）によっては代表することが難しくなってくる。新しい社会運動は，Melucci（1989）が指摘しているように，より日常生活の経験とそのネットワークに基づくという意味でいわばプレ・ポリティカル（pre-political）な特徴をもち，また既存の政治的な勢力は完全に彼らを代表できないという意味ではメタ・ポリティカル（meta-political）な特徴をもつといえる。そもそも社会問題そのものが既存の枠組みでは収まらない展開になっている。地域社会において，一国政府という枠組みで扱うには小さすぎる問題に対しローカルでマイナーな取り組みが求められている。例えば，障害者に対して施設に「措置」する従来の制度的対応のみならず，個々多様な希望と価値にどう対応するかが問われている。同時にグローバル社会において，一国政府という枠組みでは扱えない大きすぎる問題，例えば国境を越えて広がる地球温暖化問題などに対する取り組みが求められている。複雑な社会的課題は1つの組織だけで対応できず，セクターを越えた協働によって取り組むことが必要になっている。企業と

NPOの協働や，複数のステイクホルダーが協働しあう取り組みは重要な動きである。

　このような環境的・社会的問題に対して，どのように持続可能な社会をつくっていくか。人々の意識の高まりを背景に，様々な情報提供，政策提言型のNGOが近年台頭し，多様な組織形態や戦略をもってローカル／グローバルに運動を展開している。さらにセクターを越えて協働する新しいガバナンスのあり方が模索されているのである。

第2章

企業とステイクホルダー

第1節　会社は誰のために存在するのか

1. 会社は誰のためのものか

　「会社（株式会社）は誰のものか」，「誰のためのものか」という問いかけは，古くから繰り返しなされてきた。とくに消費者利益を損なう企業の不祥事が続いたり，日本ではあまり一般的ではなかった敵対的買収などが起こると，改めて会社とは何かが問われ議論される。会社は誰のものかという場合，一般に誰が会社を所有しているのか，誰が支配しているかという問いであった。所有権から会社は株主のものであるという議論，さらに株式所有が分散することによって所有と経営が分離し，実質的な経営権を行使しているのは経営者であるという分析・議論がBerle & Means（1932）以来なされてきた。日本では会社は誰のものかという問いかけを行うと，次のように多様な回答がみられ，必ずしも株主のものとは考えていないことがわかる。日本能率協会が2012年新入社員に行ったアンケート調査によると，株主33.7％，従業員28.3％，顧客22.2％，経営者9％となっている。Yahoo! が2005年に一般の人に対して行った調査では株主31.6％，社員25.2％，経営者15.6％，社会全体15.3％と似たような回答を得ている。

　そもそも，会社は誰のものかというのは，議論する学問によって違いがみられる。「商法」による理解は，資本提供に関する権利・義務，所有権を問う次元から株主（＝社員）が所有者と捉える。これが最も一般に共有されてきた視点であろう。標準的な「経済学」における理解は，株主・投資家のものと考え

ている。出資者である株主の利益の最大化（利潤極大化）が前提となっている。投資家・株主（principal）→取締役（会）→専門経営者（agent）という関係の中で，エイジェンシー・スラック（プリンシパルの利益に反してエージェントの利益を優先すること）を回避するためのインセンティブ・システムを考える。「組織論」においては，働く人々，従業員のものと理解している。組織は共通の目的をもって働く人々の協働によって成果が生み出され，それが公正に配分されることが前提にある。努力に応じた報酬（金銭的・非金銭的）がモチベーションとなって組織にコミットしていく。そこでは組織は働く人々のものであることが前提として理解されている。最後に「企業社会システム論」における理解は，前章でみたように，企業活動にかかわるすべてのステイクホルダーのものと考える。企業システムは社会の中に存在し，多様なステイクホルダー（株主／投資家，従業員／労組，顧客／消費者，関係会社，政府，NPO／NGO，地域社会，環境）との経済的・社会的関係の中で成り立つ。この企業とステイクホルダーの関係性は，国・地域，時代，業界などによって異なってくる。

　ところで，近年商法学者の中には従来の商法的理解の限界を指摘し，株主という場合，市民全体を射程に置くことになると主張する意見もある（上村，2009）。これまでのコーポレート・ガバナンスの議論は，出資し株式を取得した株主だけを前提にしてきたが，公開会社の場合，将来の株主・投資家になる可能性のある人たちに正しい情報を伝えることが必要であり，彼らは一市民であり，労働者であり，消費者でもある，と主張している。

　一点つけ加えておくと，一般的に株式会社はそもそも社会的なものであると理念的に捉える考えもある。社会から法的人格（juridical personality）として承認されている会社には，1）利益追求を超えた，また法的義務を超えたCSRがそもそも求められており，2）CSRは得にはならないが社会的存在としては当然である，と理解する。しかしながらこのようなプリミティブな議論では，なぜ今CSRが求められているのか，なぜCSRは当然なのかについては何も説明できない。企業の社会的役割や責任の変化を考えて行く上で留意すべきことは，次の点にある。

- 市場のグローバル化，そしてベースにある価値規範（とくにサステナビリティの追求）がこの20〜30年の間で大きく変化していること。
- ステイクホルダーの範囲，企業とステイクホルダーの関係性が変化している

こと。とくにNPO／NGOの影響が大きくなっていること，協働による取り組みが増えていること。
● 従来の企業観や市場観が変化し，企業に期待される役割や責任も変わりつつあること。

2．良い会社とは

　ところで一般に「良い会社」とはどのような企業のことを指すのか。企業は事業活動を通して，人を雇用し，製品・サービスを提供し，納税することによって社会に貢献していると言える。とくに日本では戦後から高度成長期の頃，雇用を維持し成果をできるだけ公平に配分することが社会への責務と理解されてきた。したがって，経営者の中にはフィランソロピー活動など基本的な事業活動以上のことをとくに行う必要はない，また不景気になるとCSRなど行う余裕はない，という発言もあった。

　日本では一般にどのような会社を「良い会社」と理解しているのであろうか。表2-1を参照。この調査によると，この20年ほどの間に多少の変動はあっても基本的に「高い質の商品・サービスの提供」，「企業倫理の確立・遵守」，「雇用の維持・創出」に高いポイントが置かれていることがわかる。これらは企業にとって基本的なことであるが，CSRで問われているのはこれらをいかに責任あるものにするかである。どのように商品・サービスが製造・販売されているか，人の採用・評価はどのように行われているか。環境への配慮，社会的公正性，透明性など，企業に求められているのは，マネジメントのあり方そのもの

（表2-1） 生活者の企業に対する認識（企業が果たす役割・責任）

非常に重要であると答えた％

主な項目	2000	2007	2014	2019
・高い質の商品・サービスの提供	68.0%	64%	82%	81%
・企業倫理を確立・遵守する	54.2%	55%	53%	55%
・雇用を維持・創出する	41.1%	28%	46%	43%
・環境問題に積極的に取り組む	54.9%	45%	31%	32%
・業績が良く株主に還元する	11.4%	25%	14%	18%
・社会貢献活動に取り組む	8.5%	17%	5%	6%

出所：経済広報センター「生活者の“企業観”に関する調査報告書」，2000, 2007, 2014, 2019より作成。

である。グローバルな課題も広がり，企業のあり方，期待される役割や責任は大きく変化しており，この表のような質問では良い会社像の変化を捉えることは難しい。地球社会，地域社会の持続可能な発展のために，ビジネスの新たな可能性に関心が集まっている。さらに社会的課題に取り組むことをミッションとして事業を展開するソーシャル・ビジネスといった新しい動きも広がっている。第7章で取り上げるように，ソーシャル・ベンチャーのみならず，既存の大企業，中小企業の中にも地域社会の抱える様々な問題に積極的に取り組んでいる事例も増えている。このようなビジネスの動きは，会社は誰のために，何のために存在するのか，という問いに新しい答えを与えるようになっている。会社の役割・責任，良い会社の意味は時代の変化とともに問い直されている。

　ところで，企業による不祥事，経済犯罪はいつの時代でも存在する。2000年代に入って以降CSRの議論が広がる中でも問題は絶えない。例えば，食品安全・衛生問題，偽造ラベル，製品・環境データ改ざん，原発管理不備，談合，インサイダー取引，個人情報流出，粉飾決算等々。とくに近年社会からの目が厳しくなり，こういった問題を引き起こしたことによって，市場における評判の低下にとどまらず，事業撤退，倒産，他企業による買収など厳しい結果がみられる。不祥事が発覚すると，株価が急激に落ち込むようになっている。不祥事を起こした企業の記事が出て以降，50の企業は5日で株価を平均11％落とし，中でも4社は35％以上も下落させている（朝日新聞，2008年2月3日）。このように市場は不祥事に対して敏感に反応している。

　企業犯罪・不祥事に対するマスコミからの批判でよくみられるパターンは，次の2つである。1）過度な利潤追求の姿勢への批判，2）経営者・担当者の倫理観欠如への批判。

　しかし適正な利潤とは何か。また不祥事はトップや担当者個人の倫理観だけの問題であろうか。日本では組織ぐるみの不祥事が多く，第5章でみていくように，企業社会の構造や組織風土を見直していく必要がある。2006年の経済同友会のアンケート調査によると，企業不祥事の主たる原因は「経営者」（69％）や「社内体質（風土）」（56％）にある，という認識は高い。ガバナンスが機能しない組織構造，さらに内向きの組織文化自体が問い直される必要がある。さらに企業組織には，意図せずとも非倫理的な結果を招く構造的な問題も存在する。そこでは非倫理的な意図はなくとも，非倫理的な行動をしてしまうギャッ

プ（限定された認識，限定された倫理性）が存在する（Bazerman & Tenbrunsel,
2011）。

　さらに日本では，ステイクホルダー側から企業に事業活動のアカウンタビリ
ティ（説明責任）を求める声はこれまで弱かった。したがって企業サイドもア
カウンタビリティを意識し，透明性を高めようとはしてこなかった。今後は情
報開示において，社内の視点にとどまらず，それが社会からみた場合どのよう
に理解されるかという視点を常にもつことが求められている。

3．企業とステイクホルダー

　企業システムは市場社会の中に存在し，多様なステイクホルダーとの相互関
係の中で成り立っている。ここで改めてステイクホルダーの定義を確認してお
こう。ステイクホルダーとは，株式を所有している株主にとどまらず，企業活
動によって影響される，あるいは企業活動に影響を与える主体（従業員，消費
者，顧客，政府，NPO／NGO，さらに地域社会，環境など）を指す。企業とステ
イクホルダーの関係は，第1章第1節でみたように双方向の視点で捉える必要
があり，企業が重要と考えるステイクホルダーを指すだけではなく，ステイク
ホルダー側から企業にかかわる多様な方向性も理解する必要がある。

　これまで企業はステイクホルダーとの関係を部門ごとに個別に捉えてきた。
図2-1のように，労働者・労働組合とのインダストリアル・リレーションズ
（人事・労務部），主要株主とのインベスター・リレーションズ（IR部），顧客／
消費者とのカスタマー・リレーションズ（マーケティング部），主要取引先との
サプライヤー・リレーションズ（製造部，調達部）などと，基本的に市場にお
ける主要な主体との経済取引上の関係から個別に対応してきた。これまで各部
署が個別にステイクホルダーに対応してきたため，トータルに捉える視点は抜
け落ちていた。さらに本社・グループ会社にとどまらず，進出先の国，サプラ
イチェーンにおける複雑な関係も考慮していく必要がある。企業とステイクホ
ルダーの関係をどのように捉えていけばよいかが問われている。

　ところで，企業と社会，CSRの議論が本格的に展開されるようになるのは，
1970年代のアメリカである（第3章参照）。その頃から経営学の中にステイクホ
ルダーとの関係を組み入れた発想が求められ始めていた。経営戦略論において，
ステイクホルダーを位置づけた戦略経営モデルを初めて提唱したのは，

図2-1 企業とステイクホルダーの基本的な関係性

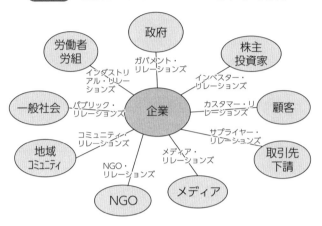

出所：谷本（2006），p.168より一部修正。

Edward Freemanである。彼はその著書『戦略経営：ステイクホルダー・アプローチ』（Freeman, 1984）において，ステイクホルダーを考慮した戦略経営の再構築が必要と考え，組織の存続，成功にとって不可欠な存在であるステイクホルダーを組み込んだ倫理的経営が求められると主張した（Freeman & Gilbert, 1988）。そこでは，ステイクホルダーを考慮しないマネジメントのリスクを強調している一方，CSRに対する理解は社会貢献的であり，またステイクホルダーとの双方向性を捉えているわけではなかった。

　ところで企業とステイクホルダーの関係は，次のように大きく3つの段階を経て展開してきたと言える。

❶ステイクホルダーの包摂　❷ステイクホルダー・マネジメント　❸ステイクホルダー・エンゲージメント

❶　ステイクホルダーをシステムに取り込む関係。そこでは，コア・ステイクホルダーとは共同関係を構築し共通の利益を追求していく一方，周縁ステイクホルダーはそこから排除される。第1章第3節でみたコア・ステイクホルダーを包摂（領域化）する関係である（図2-12も参照）。

❷　ステイクホルダーを考慮したマネジメントを提起するもの。規範的倫理の視点，あるいはリスク管理の視点である。CSRの議論とともに，それぞれの

利害を主張するようになったステイクホルダーの台頭を無視できなくなり，戦略的な対応が求められるようになった。

❸　ステイクホルダーをコントロールするという発想ではなく，対等な関係から建設的なエンゲージメントを行うもの。単にtalk and listenの関係ではなく，そこでの議論や提案を経営活動に反映させていくこと。ステイクホルダーとの対話を通して，イノベーションを生み出す新たな協働システムの構築が求められるようになっている。

次節では，この❷の段階から❸の段階への展開に沿って代表的な議論をみていくことにしよう。

第2節　企業とステイクホルダーの関係はどのように捉えられるか

1．ステイクホルダーの理解

Freemanの議論以降，80〜90年代にかけて，ステイクホルダーを様々な視点から捉える議論が展開している。企業とステイクホルダーとの関係を理解する代表的なモデルとして，次の3つを取り上げよう。

❶企業を中心に置き車軸のようにステイクホルダーを周りに配置するモデル。これは伝統的に企業の周りに多様なステイクホルダーを並列的に置くものである（図2-2）。もっとも実際の企業とステイクホルダーの関係は，このように並列的・一元的に存在するわけではない。企業とステイクホルダーごとの制度的関係性は異なる。法的な規制があるものないもの，業界による違い，同じステイクホルダーの中でも中心的な存在と周縁的な存在がある（例えば正規労働者と非正規労働者）。さらにステイクホルダー間の関係において利害が対立する場合もある。全体として企業と多様なステイクホルダーとの関係性を捉える視点を定めることが重要である。

Freeman（1984）は，ステイクホルダーを単に並列するだけではなく，分析し，特定化し，位置づけていく視点を示した。それは次の3つのレベルから捉えられる。合理性のレベル（誰がステイクホルダーかマッピング），プロセスのレベル（内部・外部の環境の分析，組織とステイクホルダーとの関係），取引のレベル（ステイクホルダーとの相互関係，ステイクホルダー・マネジメントの能力）。企業が積極的にステイクホルダーの満足度を高めていく努力が重要であると指

図2-2 ステイクホルダー・アプローチ

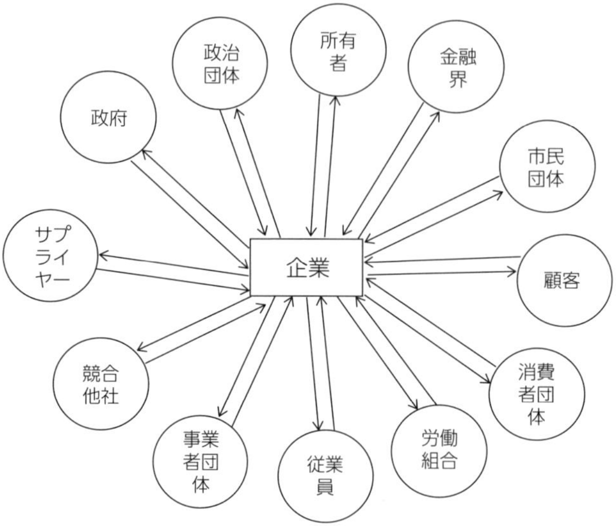

出所：Freeman（1984），p.55.

摘する。

❷企業とステイクホルダーのパワー関係から捉えるモデル。Steiner &
Steiner（2012），Gable & Shireman（2004）らは，影響力の違いから一次，二
次と階層性をもって捉える。ステイクホルダーの企業に対する影響力から，関
係性が強いか弱いかによって，ステイクホルダーを区分している。Steinerた
ちは，図2-3のように，第一次ステイクホルダーとして，株主，従業員，顧
客，政府，コミュニティ，第二次ステイクホルダーとして，競争企業，サプラ
イヤー，労働組合，メディアなどを位置づけている。この図はアメリカ社会を
前提としているが，こういった関係性は国・地域によっても，時代によっても
変わってくる。

❸企業とステイクホルダー間の資源取引関係とそれに影響を与える関係から
ステイクホルダーを位置づけるモデル。伝統的には内部ステイクホルダーと外
部ステイクホルダーに区分する見方がある。内部には労働力と資本を提供する
従業員と投資家，外部にはその他のステイクホルダーが存在する。Lawrence
& Weber（2017）は，市場取引と非市場取引関係からステイクホルダーを次の
ように区分する。市場で資源を交換する従業員，株主，サプライヤー，顧客，

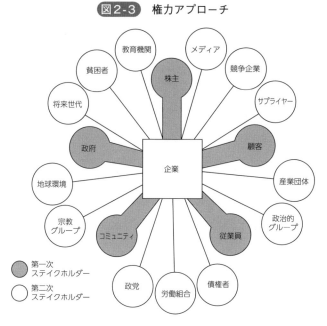

図2-3 権力アプローチ

出所：Steiner & Steiner（2012），p.14.

そういった資源取引に影響を与える／受ける地域社会，政府，市民団体などを位置づけている。Post, Preston & Sachs（2002）は，図2-4のように，「資源基盤」（従業員，投資家・株主，金融機関，消費者など），「産業構造」（取引先，規制当局，提携企業など），「社会・政治的舞台」（政府，地域社会，市民団体など）という3段階の枠組みを示している。

　ただ現実にはステイクホルダーとの関係性を，内部・外部と明確に区分することは難しい上に，取引関係は産業や企業規模によっても，国・地域によっても異なるので，より具体的な分析が必要となる。Carroll, Brown & Buchholtz（2017）は，伝統的な生産プロセスからみるステイクホルダーとの関係から，経営プロセスの視点さらにステイクホルダー側から企業活動を広くみていく視点へと変化してきたと説明する。

　次に，一般的な位置づけではなく，個々の企業にとって戦略的に重要なステイクホルダーをどのように特定し対応していくか，企業にとっての優先度を見

34

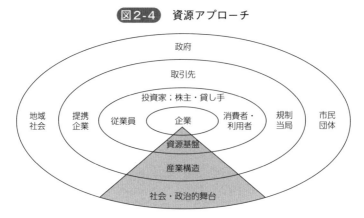

図2-4　資源アプローチ

政府
取引先
投資家；株主・貸し手

地域社会　提携企業　従業員　企業　消費者・利用者　規制当局　市民団体

資源基盤
産業構造
社会・政治的舞台

出所：Post, Preston & Sachs（2002），p.55.

極める視点を取り上げよう。

❶明確性アプローチ。多様なステイクホルダーの中から重要度の高いものを特定し，そのステイクホルダーとの関係構築を優先させていくことは，経営戦略を立て実行していく上で重要な取り組みである。Michell et al.（1997）は，ステイクホルダーを権力・正統性・緊急性から分類し説明している（図2-5）。3つの属性からステイクホルダーの存在の明確性を明らかにし，企業の戦略的対応を考える。「権力」は，企業活動に影響を与えるパワーをもっていること。「正統性」は，その存在が社会的に認められていること。「緊急性」は，ステイクホルダーからの要求が差し迫ったものであること。この3つの属性をすべて

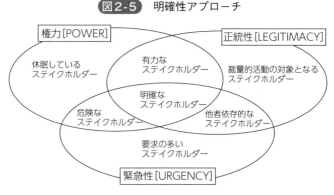

図2-5　明確性アプローチ

権力[POWER]　正統性[LEGITIMACY]

休眠しているステイクホルダー　有力なステイクホルダー　裁量的活動の対象となるステイクホルダー

明確なステイクホルダー

危険なステイクホルダー　他者依存的なステイクホルダー

要求の多いステイクホルダー

緊急性[URGENCY]

出所：Michell et al.（1997），p.874.

もつステイクホルダーが明確性の高いものであり，企業の対応は優先される。2つ重なる，あるいは重なりのない部分のステイクホルダーについては，それぞれの特性に応じた対策が求められる。

❷相互関係アプローチ。これは，企業とステイクホルダーの関係を自社にとって協力的な関係か脅威的な関係かによって位置づけるモデルである。Savage et al.（1991）は，ステイクホルダーを「協力者となる可能性」（縦軸）と「脅威者となる可能性」（横軸）に位置づけ，図2-6のように区分している。ステイクホルダーがどのような位置づけにあるのかによって，企業の戦略的対応は異なってくる。

　企業にとって図中①のステイクホルダーとの関係は重要であり，安定的なつながりが期待できる。②のステイクホルダーは当面関係の薄い存在であり，働きかけは必要としない。③のステイクホルダーに対しては防御が求められ，何が問題か明確にしていく必要がある。④のステイクホルダーは，状況によっては脅威者とも協力者ともなりうる。常にその動向を注視する必要がある。

　ステイクホルダー・マネジメントには，いずれのアプローチにおいてもステイクホルダーが企業経営上のリスク要因となるかどうか，できる限りそのマイ

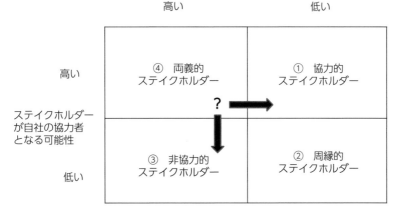

図2-6　相互関係アプローチ

出所：Savage et al.（1991），p.65.

ナス要因をコントロールするという視点がベースにある。ただステイクホルダーの影響力を客観的に判断することや，どのステイクホルダーが協力者となるか否かを見極めることは，情報の制約性や経営者のバイアスなどにより容易なことではない。経営者は常に変動する市場環境において，様々なステイクホルダーからの要請や期待を無視したり見落としたり，合理的な判断ができない場合が少なくない（Tashman & Raelin, 2013）。また重要性が認識できていても，これまでの経営方針や企業文化を変えることは容易ではなく，ステイクホルダーからの期待や要請に対応しきれないこともある。企業にとって何が重要な経営課題か，ステイクホルダーが何を求めているのか，多様化したステイクホルダーとの対話を通して重視すべき優先課題（マテリアリティ）を検討していくことが必要である。ステイクホルダーとのエンゲージメントは，経営者のバイアスやこれまでの発想の限界を超える契機を与える。

　企業はその事業活動の各プロセスにおいて，様々なステイクホルダーとかかわっている。どのプロセスでどのようなステイクホルダーとかかわるかを捉え，その上でステイクホルダーごとの課題に対応していかねばならない。それを確認し位置づけていくことを「ステイクホルダー・マッピング」と言う。
　製造業を例に位置づけてみよう。図2-7にみるように，バリューチェーンに沿って様々な課題があり，関係するステイクホルダーが位置づけられる。バリューチェーンのあり方は，産業，企業によって異なってくる。製造業では一般に，原材料などの調達から始まって，生産，販売，そして最終的にエンドユーザーにつながっていくプロセスにおいて，何が重要な課題か，それぞれの局面においてどのようなステイクホルダーとかかわり，何が求められているのかについて考えていくことになる。グローバルに事業が展開している場合，進出先で要請されるまた期待される課題や，現地のステイクホルダーの特性について理解していく必要がある。情報が不十分であれば大きなリスクとなるし，逆にステイクホルダーとの信頼関係から新しい可能性を生むこともできる。
　このような考え方を早い段階から取り入れている企業の1つに，スイスに本社を置く製薬メーカーNovartisがある。同社は，2000年代の初めから研究開発からエンドユーザーの患者に至るまでのプロセスを，図2-8のように捉えている。バリューチェーンの各プロセスで検討しなければならない主な課題を明

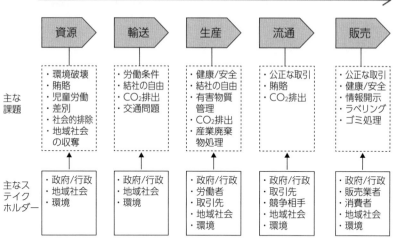

図2-7 製造業におけるバリューチェーンとステイクホルダー

出所：谷本（2013），p.250.

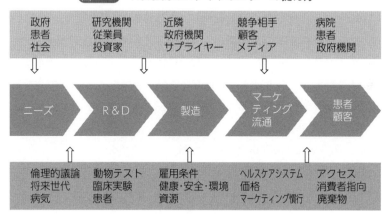

図2-8 Novartisのステイクホルダーの捉え方

出所：NOVARTIS, Corporate Citizenship at Novartis, 2001／2002, p.11.

確にし，関係するステイクホルダーを位置づけている。製薬会社においては政府との関係性は強く，薬品の扱いについても国ごとに規制や文化が異なってくる。動物実験についてもEUでは規制がなされ，研究開発の倫理的なチェック

も厳しい。また難病への偏見や対策，患者グループとの関係づくり，社会貢献活動への取り組みなど，社会的課題に対する姿勢も国によって異なってくる。Novartisは世界各地域において，ステイクホルダーの声を聞きながら課題を探り出す努力をしている。

２．ステイクホルダー・マネジメントとステイクホルダー・エンゲージメント

　これまで企業と主なステイクホルダーとの関係は，先に指摘したように（図2-1），市場における事業活動上重要な取引先との関係であったり，マーケティングにおける消費者との関係であったりと，個別に捉えられトータルに捉える発想はなかった。

　それぞれの関係性には，制度化されたものと，制度化されていないものが混在している。例えば，労使関係では，経営者側と労働者（労働組合）側が労働条件を巡る交渉を行うが，基本的に労働関係や労働契約に関する法律があり，その関係は制度化されている。株主／投資家との関係は，機関投資家からの強い要請を受け，経営者との対話，エンゲージメントがなされるようになっており，法律による規制ではない制度化された関係がみられる。地域社会との関係は，地域の環境問題（公害・環境法による規制）から社会貢献活動まで（基本的に自発的なものであるが，インドのように法律によって一定の資金の拠出を決めている国もある）多様である。多くの企業はこれまでステイクホルダーごとに個別に対応してきた。ステイクホルダー論では，これまでステイクホルダーとの関係性を考慮した経営戦略はなかったと指摘し，労働者や株主のみならず，政府・政府機関，地域社会，市民組織など様々なステイクホルダーの存在を確認し，それぞれの経済的・政治的な影響力，関係性を踏まえて経営戦略の立案，実施，モニターしていくことを提唱している。

　こういったステイクホルダー・マネジメントにおける基本的発想は，企業経営を行っていく際にステイクホルダーの動きを無視できなくなっており，いかに管理していくかという理解がある。もっともそこでは企業と社会を相互関係的には捉えておらず，CSRとは何か良いことをすることという理解がベースにあった。さらに，コア・ステイクホルダーのみならず，周縁的な存在を考慮する必要がある。NPO／NGOとの積極的な関係づくり，協働的な事業活動の構

築も模索される必要がある。

　2000年代前後からCSRの議論において，ステイクホルダーに対してアカウンタビリティを果たし，いかに信頼関係を構築していくかが重要な課題となっている。様々なステイクホルダーの存在とその関係性を理解し経営を行うこと，さらに社会的・環境的な課題の解決に当たってステイクホルダーと対話し，協力することが求められている。それはステイクホルダー・エンゲージメントと呼ばれる。そこではステイクホルダーを管理しようという発想ではなく，ステイクホルダーと対話し協働することを通して，そこから新しいアイディアや取り組みが生まれてくることを期待するものである。

　後段に取り上げるISO26000 社会的責任のガイダンスでは，ステイクホルダー・エンゲージメントとは組織の決定に関する基本情報を提供する目的で，組織とステイクホルダーとの間に対話の機会をつくり出すために試みられる活動，と定義している。イギリスのAccountAbility社では，組織の活動や意思決定プロセスにステイクホルダーがどのような関心をもっているかを理解すること，さらにサステナビリティの課題を理解し，対応していく際にステイクホルダーとかかわり，その決定・行動・成果についてステイクホルダーに報告・説明すること，ともう一歩踏み込んで捉えている（AccountAbility, 2011）。ステイクホルダー・エンゲージメントにおいて大事なポイントは，一方的に情報を提供することではなく，企業とステイクホルダーがそれぞれの考え方や期待についてコミュニケーションを図り，そこでの議論や提案を受けて，経営活動に反映させ，問題解決，信頼関係の構築を目指すことである。さらにエンゲージメントとは対話するだけではなく，双方が特定の問題に積極的にかかわり，新しいアイディアを生み出していくこと，そのプロセスを経営活動に組み込んでいくことが重要である。

　ステイクホルダー・エンゲージメントを，実効性をもって行っていくことは安易な作業ではない。専ら友好的なステイクホルダーを選び，都合の悪いことは議論しない形式的な意見交換会にとどまっていては問題である。なぜ，誰と，何を，どのように議論し経営に生かしていくか，が問われる（図2-9）。

　AccountAbility（2011；2018）は，ステイクホルダー・エンゲージメントにおいて次の4点が重要であると指摘している。1）包括性（Inclusiveness）：当該問題に関係するステイクホルダーが参加すること。2）重要性（Materiality）：

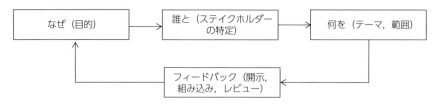

図2-9 ステイクホルダー・エンゲージメントの考え方

テーマは組織やステイクホルダーにとって重要な問題であること。3）反応性（Responsiveness）：議論した問題について意思決定，実施，成果開示，コミュニケーションを行うこと。4）インパクト（Impact）：企業の活動が外部環境にどのような影響を与えたか，モニターし，測定し，アカウンタビリティを明確にすること。

　ステイクホルダーを特定し，位置づけ，エンゲージメントを行い，そしてレビューする。そのプロセスにおいて，上記の4点を明確にしていくことで，ステイクホルダー・エンゲージメントの成果が期待される（ステイクホルダー・エンゲージメントをどのように行うか具体的な取り組みについては第4章第2節で，さらに日本企業におけるその課題は第5章第3節で扱う）。

3．市民社会組織の役割

　ステイクホルダーという場合，消費者や地域の人々の利害を代表する市民社会組織（Civil Society Organization：CSO）の役割が重要になっている。企業ではない市民による非営利組織（NPO），そして政府ではない非政府組織（NGO）の役割である。市民社会組織は，経済・環境・社会の問題について，企業や政府を批判したり，調査・分析したり，政策提言を行い，市場社会において発言力を増してきており，企業は丁寧な対応が求められている。経営学のテキストでは，こういった組織のことはほとんど触れられないので，ここで少し説明しておくことにしよう。

　まず，営利企業との対比からNPOの特徴を説明していこう。NPOは，環境，人権，少子高齢化，貧困，社会的排除など様々な課題に関して，政府や企業を批判するだけではなく，直接かかわり問題解決に取り組んでいる組織である。とくに近年では，一国政府が対応しきれないローカルでマイナーな地域の福祉

問題，あるいは国境を越えて広がる地球環境問題など，多様な課題が存在している。また一般企業では対応しきれない収益性の乏しい社会的事業の領域に対して，NPOが慈善活動として取り組むにとどまらず，社会的なサービスや商品を提供していくソーシャル・ビジネスに取り組むケースも増えている（第7章）。

　NPOを規定する要件は様々に議論されているが（Salamon, 1997など），ここでは基本的な3つの要件を指摘しておこう（谷本, 2002b）。

❶　自発的組織（voluntary association）：市民の自発的・自律的な組織であり，政府から独立していること。

❷　社会的ミッション（social mission）：ローカルあるいはグローバルな社会的課題の解決に取り組むことを使命としていること。

❸　非配分原則（non-distribution principle）：事業で得た収益はメンバー間で配分するのではなく，事業目的達成のために使うこと（収益事業を禁じるものではない）。

　NPO活動には次のような活動が期待される。1）社会的課題に柔軟に対応することができる。2）政府や企業と協働することによって，新しい取り組みを模索することができる。3）ソーシャル・イノベーションを生み出すことによって社会にインパクトを与え，社会を変革していくことができる。

　次に，NPOの基本的なタイプを機能面から大きく3つに分けて考えよう（谷本2002a；2002b）。チャリティ活動を行う伝統的な「慈善型」NPOのみならず，70〜80年代になると欧米を中心に政府・企業の活動を監視・調査・政策提言を行う「監視・批判型」NPOの運動が広がり，80〜90年代以降になると社会的サービスや商品の提供，情報提供を社会的な事業として行う「事業型」NPOが台頭している（表2-2参照）。この3つのタイプ分けは，企業との関係性からみた典型的なタイプであり，現実には複数の機能を担うNPOが存在している。このようなNPOが様々な領域で活動を広げており，組織化・専門化・ネットワーク化が進んでいる。

　ところで，NPOの正統性はどこに求められるであろうか。NPOは政府とは異なり，代表民主制による信任を受けているわけではない。あくまでNPOの活動に対して社会の人々から支持・支援があって初めてその存在が成り立つ。NPOは人々から一般に，実利的（利己的な計算），道徳的（規範的判断），ある

42

表2-2 NPOの３つのタイプ

	慈善型NPO	監視・批判型NPO	事業型NPO
登場時期	伝統的	主に70〜80年代以降	主に80〜90年代以降
活動内容	慈善事業	企業・政府活動の監視・批判，政策提言	社会的商品・サービスの提供，調査・情報提供
主な資金源	寄付・会費	寄付・会費	事業収益
企業との関係性	独立・協働	独立	競争・協働

出所：谷本，田尾編（2002），p.17；谷本（2002a），p.181より一部修正。

いは認識的（理解，当然とみなす）な正統性（Suchman, 1995）を獲得すること
が重要な課題となる。そのことによって資源や信頼を得ることができ，組織と
して成り立つことができる。

　NPOの限界も理解しておく必要がある。伝統的NPOはあらゆる社会的課題
に取り組めるわけではない。政府でなければ対応できない問題も多い。さらに
地域によって組織の力や支援する力は違っている。Salamon（1987）が指摘す
る「ボランティアの失敗」，つまり資源の不十分さ，フィランソロピーの個別
性，パターナリズム，アマチュアリズムを踏まえながら，NPOのもつ可能性
を広げていく必要がある。そもそも政府でなければできないことも多いが，さ
らにビジネスによる取り組みの可能性もそこから生まれている（第6章，第7
章）。

　NPOの限界を乗り越える1つの方法は，セクターを越えた協力，協働関係
をつくっていくことである。現在われわれが直面している社会的課題には，1
つのセクターだけで対応しきれない問題が多い。表2-3のように，企業と
NPOの基本的な関係を分類しておこう。❶企業→NPO：企業によるNPO支援，
寄付など。❷NPO→企業：NPOによる企業活動の監視，批判，評価など。❸
企業⇄NPO：社会的事業において競争・協力すること。

　近年，企業とNPOの間では，社会的課題に取り組む新しい仕組み，スタイ
ルや事業モデルが次々と生まれており，この表の基本関係タイプに収まらない
動きが出ている。政府や国際機関などを巻き込んだマルチ・ステイクホルダー
の仕組みも広がっている（第6章，第9章参照）。

　ところで，企業がどのNPOに寄付するか，どのNPOと協働すればよいか，
という課題がある。NPOを評価し選択するに当たって，組織の経営状況を

表2-3　企業とNPOの関係

企業とNPOの関係		NPOタイプ	活動
❶ 企業によるNPO支援	企業→NPO	慈善型NPO	慈善活動
❷ NPOによる企業監視・批判	NPO→企業	監視・批判型NPO	批判運動
NPOによる企業評価		事業型NPO	調査，情報提供，評価，コンサルティング
❸ 企業とNPOの競争・協力	企業⇄NPO		ソーシャル・ビジネス，慈善活動

出所：谷本（2002b），p.209より一部修正。

チェックする標準的な基準がある。アメリカのBBB Wise Giving Allianceは，NPOを評価する基準として次の4点を示している。1）組織のガバナンス：理事会の機能，報酬など，2）活動評価：政策，報告，3）財務：資金状況，監査，財務報告書など，4）資金調達と情報開示：ドナーに対する情報提供など（詳しくはhttps://www.give.orgを参照）。NPO側もこういった基準から評価されることを踏まえ，マネジメント体制を整えていくことが求められる。さらに社会的事業の成果・影響について「社会的インパクト」を評価することも重要になっている。

　最後に，日本における課題を概観しておこう。日本でのNPOの歴史は浅い。市民が自由に社会的課題に取り組むNPO法人をつくれるようになったのは1998年である（特定非営利活動促進法）。2018年には50,000団体を超えているが，その過半数は収入規模が年間500万円以下の小規模な団体であり（全国NPO財務データベース），多くのNPO法人の経営基盤は弱く，人材・資金などの資源も十分ではない。アメリカでよくみられる経営支援を行う組織も発達していない。日本では福祉系の支援を行うNPOが多い一方，調査，情報提供，政策提言を行うNPOは少ない。現状では第三のセクターを形成しているとは言い難い状況にある。アメリカと比べその未成熟さを指摘されることが多いが，そもそもアメリカとは社会の成り立ち，市民意識，中央・地方政府の位置づけや役割に大きな違いがあり，単純に比較することには注意が必要である。それでもこの10〜20年余りの間で，市民意識，企業社会の構造変化，いくつもの災害復興支援などの契機もあり，少しずつその活動は広がり，認知度も必要性も高まっている。世論調査によると，NPO法人への信頼度は約65％，世の中の役

に立つ活動をしているは約50％であり，人と人との新しいつながりをつくる，市民の自主性を高めるなどの役割が期待されている（2013年内閣府NPO法人に関する世論調査）。地域の課題（地域再生，環境，少子高齢化など）に地道に取り組むNPOの活動や，企業や行政，地域の組織などとの連携も広がり支持されている（谷本編，2015参照）。また寄付支援，金融機関によるNPOへの資金貸付の仕組みも広がり，定着しつつある。

第3節　日本企業とステイクホルダーは　　　どのような関係にあるのか

1．これまでの企業とステイクホルダーの関係

　日本において，企業とステイクホルダーの関係はどのように描けるか。アメリカのテキストに一般的にみられる図2-3のように，独立したステイクホルダーが企業と対置し相互牽制的な関係にあるのだろうか。あるいは，Dore（2000）などが指摘してきたように，日本の企業社会は株主を中心とするアングロサクソン型のモデルと異なり，ステイクホルダーを重視するモデルなのか。日本がステイクホルダー型だという議論は，CSRの議論と重なるものであるのか。以下，日本の企業社会における企業とステイクホルダーの関係性はどのようなものであったか，そしてどのように変化してきたかについて概観しておこう。

　日本における企業とステイクホルダーの関係は，戦後から高度成長期にかけてコアのステイクホルダーを中心に形づくられてきた。その基盤にあったのは，法人株主間の安定的・閉鎖的な関係であった。戦後日本では企業間で株式を相互に持ち合う関係がつくられてきた。複数の企業間で株をお互いに保有することにより相互に支配と承認を与え合い，閉じたネットワーク関係において「相互所有－相互支配」の関係を構築してきた。こういった関係は，典型的には6大企業集団（三井，三菱，住友，芙蓉，三和，第一勧銀）において形成され，戦後の財閥解体後，さらに60年代のOECD加盟を契機とした外資からの自己防衛策として形成・強化されてきた（奥村，1984ほか）。相互持ち合いされた株はピーク時の1987年に全体の18.4％，安定保有株は45.8％に達していた。

　日本の主要企業には，大きな影響力をもつ個人投資家も機関投資家もいな

（表2-4） 戦略的に重要な経営目標（1988年）

	日本	アメリカ
新製品・新事業比率の拡大	60.8	11.0
マーケットシェアの維持・拡大	50.6	53.4
ROIの維持・向上	35.6	78.1
売上高の最大化	27.9	15.1
株主のキャピタルゲイン	2.7	63.0

出所：経済同友会，昭和63年度『企業白書』より。

かった。株主間で白紙委任状がやり取りされていたため，多くの場合，株主総会は形骸化し，実質的な議論が行われることはなかった。そこに「経営者支配」が成立していた。株主志向の経営を求める要請は弱く，経営者は，短期的に株主を配慮しなければならないプレッシャーはなく，中・長期的な経営戦略を立て，新製品開発，マーケットシェア拡大といった経営目標に集中することができたのである（表2-4）。経営者は安定的な支配の下，主要ステイクホルダーと安定的な関係を構築してきた。

　例えば，企業とコア労働者の間には長期的な雇用関係がつくられてきた。新卒者を一括採用し，中・長期的視点で企業内で教育し，配置転換し，人事考課を行う「内部労働市場」が形成されてきた。そこでは，一生懸命に働けば会社は長期的に適切に処遇してくれると期待し，組織に忠誠心をもってコミットし，企業側も中・長期的な視点で従業員を雇用し，処遇するようコミットしてきた。（外部）労働市場は未発達で中途採用は一般的ではなかった。福利厚生制度が企業内で確立され，企業規模が大きいほど充実しており，いわゆる経営家族主義が形成された。労働組合は基本的に個別企業内においてその正規労働者によって構成され，経営者との協調関係が維持されてきた。労使協議制は，多くの場合すでに決定された事項を報告する場であり，経営権を問うような労働争議に発展することはほとんどなかった。労働組合は企業のガバナンスへのチェック機能を果たし得なかった。経営者は正規労働者と協働して長期的に利益を上げ，それをできるだけ公平に分配する，という共通の目的をもつ関係にあり，長期の安定した雇用関係がつくられてきた。一方，女性，障害者，外国人など周縁労働者は，こういったシステムから排除されてきた。さらに関係会社，下請会社などにおける労働・人権問題は議論の対象にもならなかった。

46

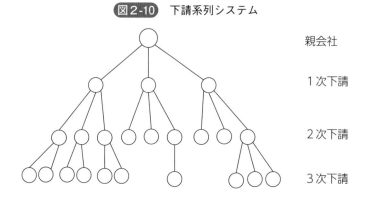

図2-10　下請系列システム

親会社

1次下請

2次下請

3次下請

　日本では製造業者はサプライヤーと閉じた下請系列システムを構築し，市場を内部化してきた。このシステムは，サプライヤーが第1次・第2次・第3次と連なるピラミッド構造を形成し，閉じたネットワーク関係であった。開発からモノづくりにおいて，親会社から第1次下請，第1次下請から第2次下請へと，タテの強い関係性が長期にわたって形成されてきた（図2-10参照）。

　さらに，例えば自動車産業A社の系列企業とB社の系列企業との間では，取引は行われなかった。系列内の閉じた「内部市場」においては，メーカーとサプライヤーは，長期継続的な取引を行うことで取引コストを節約することができ，合理的なシステムをつくり上げてきたと言える。しかし下位の下請企業は景気の調整弁として利用されてきたことも事実である。市場は内部化され，親会社によって管理されてきたと言える。

　消費者は大量生産–大量消費の社会において，その豊かさを享受し，企業はそこに常に新しい価値を提供してきた。消費者は専ら商品の機能・価格や社会的象徴性に関心をもつ一方，それがいかなるプロセスでつくられてきたか，企業は責任ある経営を行っているかといったことへの関心は低かった。企業活動をチェックするNGOなどは求められず育ってこなかった。そもそも一般的に日本では政府への依存（お上意識）が強く（社会的問題への関心の低さ），アカウンタビリティを求める動きは弱く，市民社会組織は未成熟であった。さらに地域コミュニティは，急速な産業化，都市化（さらに東京一極集中）によって伝統的な共同体は解体し，個人や企業と地域社会との結びつきは希薄化していった。地域の問題を自らの課題として取り組む市民の意識は弱くなっていた。一

方で企業と地域の行政府との関係は，〈誘致↔雇用機会の提供・納税〉を中心に相互依存的であり，また企業にとって地域社会は商圏，開発の対象であり，企業市民的発想は非常に弱かった。

2．コア・ステイクホルダーとの共同関係

　このように，企業と社会の関係は〈会社の成長→社会の繁栄〉に集約され，それを支えるコアのステイクホルダーが企業システムと強く結びついてきた。〈良いものを安く生産・販売し，雇用を維持すること，その結果豊かな社会を実現すること〉社会の企業に対する期待，そして企業の社会に対する責任は基本的にこの次元に集中し，コアのステイクホルダー→企業→社会の利害がストレートに結びついてきたと言える。この局面に焦点を当て，企業を中心にステイクホルダーが協力し合う「ステイクホルダー型」の企業社会像が描かれてきた。このようなシステムを支えてきたのが政官財のトライアングルであり，政府−行政−企業の相互依存関係は強固であった（図2-11）。

　日本の企業社会システムは，コアのステイクホルダーが価値を共有し共通利益を追求してきた。一方，周縁のステイクホルダーはシステムから排除され，必ずしもその利益を享受できたわけではなかった。したがって，これはコアのステイクホルダーを中心としたモデルとは言えるが，CSRを踏まえたモデルとは言えない。これまで企業はステイクホルダーから，経営活動にかかわる社会的公正性や環境への配慮といったことについてアカウンタビリティを求められることはなかった。

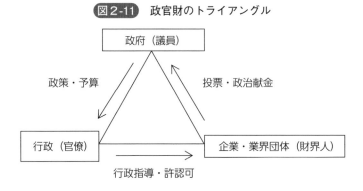

図2-11　政官財のトライアングル

図2-12 日本におけるこれまでの企業とステイクホルダーの関係図

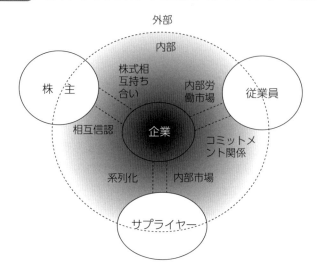

外部

内部

株式相互持ち合い

内部労働市場

株主

従業員

相互信認

企業

コミットメント関係

系列化　　内部市場

サプライヤー

出所：Tanimoto（2009b），p.55；谷本（2014），p.17より一部修正。

　高度成長期から低成長期において，日本は格差を生みながらも，全体としてのパイを大きくし経済的に豊かな社会を現実に達成することができた。日本の企業社会は，図2-3のようにステイクホルダーが独立し，企業活動に対しチェック機能を果たすような関係にはなく，図2-12のようにコアのステイクホルダーは企業システムの内部に組み込まれ，周縁のステイクホルダーは外部に位置するような関係で，さらにその内部と外部の境界線は固定的ではなく，変動的である。これまでの企業とステイクホルダーの関係を表2-5にまとめておこう。

表2-5　これまでの企業とステイクホルダーの関係・まとめ

株主	法人間の株式相互持ち合い→内向きのネットワーク，相互信認の獲得（株主総会の形骸化→経営者支配）
従業員	企業内労働市場；長期的な雇用関係→強いコミットメント関係（内部：コアの労働者⇔外部：社会的マイノリティの排除）
サプライヤー	閉じた下請け系列システム（長期・固定的な相対取引−管理された内部市場）
消費者／市民	豊かさの追求，モノの消費を通した自己表現（自己責任の回避−政府・行政への依存）
コミュニティ	地域共同体の解体（地縁→社縁），地域＝市場，開発の対象（フィランソロピー活動は不活発：一部陰徳，社会還元として）
環境	環境＝所与，環境対策＝コスト，公害・直接被害に対する訴訟，法律による規制
政府	政府（政治家）−行政（官僚）−企業・財界（経営者）の相互依存の閉じたネットワーク

出所：谷本（2006），p.23より一部修正。

3．90年代以降の変化

　バブル経済崩壊後，90年代前半から企業社会の構造が変化してきた。日本の企業社会における変化の要因を4つにまとめておこう。❶株式所有構造の変化，❷グローバリゼーションの進展，❸CSRのグローバルな広がり，❹市民意識の変化・市民社会組織の台頭。

❶　株式所有構造の変化

　バブル崩壊後，相互持ち合い株の売却が進み，とくに銀行−企業間での持ち合い関係の流動化が進んでいく。持ち合うだけで利益を生まない固定した保有株は大きな負担になっていた。企業集団・企業グループにおいても持ち合いが崩れ，相互持ち合い株は1987年の18.4％から2002年に7.4％に，安定保有株は1987年の45.8％が27.1％と大きく減少した。それに対し外国人（機関投資家）持ち株比率は急増し，1990年の4.0％から2000年代に入って20％を超え，2010年代には30％を超えている。それに伴って，株主重視の政策，戦略的IR（インベスター・リレーションズ）の必要性が叫ばれ，コーポレート・ガバナンスのあり方が大きく変化してきている。さらに近年では，機関投資家から責任投資（ESG投資）のプレッシャーも大きくなっている。

❷ グローバリゼーションの進展

　80年代以降アメリカ市場への直接投資が急増し，90年代に入ると海外市場での生産・販売拠点が広がっていく。とくに製造業全体の海外生産比率は2016年度に35％（2001年，24.6％），海外売上比率は38.5％に達している（国際協力銀行の調査より）。例えば村田製作所，TDK，ヤマハ発動機のように90％を超えている企業もある（2017年度）。また北米，EU市場において資金調達を行うに当たっては，それぞれの地域において求められる上場規定や様々な規制，さらに社会的な役割や責任を理解し対応していかねばならなくなっている。

❸ CSRのグローバルな広がり

　グローバル化に伴い多くの日本企業が90年代以降北米・EUにおいて社会・環境問題でNGOや現地政府から批判されている。同時に，国際的にCSRの議論が広がる中，新しい行動規範や基準が生まれ，日本企業もCSRへの対応が求められるようになっている（詳しくは第3章，第5章でみていく）。社会的責任投資が広がり欧米の評価機関が日本企業にも質問票を送ってくるようになるとこれまで不十分だった非財務情報の開示も求められるようになる。それらを無視すると透明性のない企業だと評価されてしまうため，その体制づくりが迫られた。

❹ 市民意識の変化，市民社会組織の台頭

　日本社会においては，長らく社会的・公共的問題は政府の仕事と認識され，市民が積極的にかかわっていこうという意識は弱かった。しかしバブル経済が崩壊する前後から，これまでの働き方や会社人間への反省，豊かさとは何かという問いがなされ，さらにボランティア活動への関心も広がり始めていた。その頃，阪神・淡路大震災（1995年）があり，これまでにない多くのボランティアが全国から集まり，日本人の公共への意識は大きく変化し始めた。これを契機に98年にNPO法が制定され，市民のボランタリーな活動が広がっていくことになる。2000年代に入ってCSRの議論が広がり始める中，企業の社会的・環境的課題への取り組みも少しずつ変わり始めてくる。企業は地域の課題への社会貢献活動の取り組みに，NPOとの連携も模索し始める。

　バブル経済の崩壊によって，従来の雇用慣行（長期雇用，企業内教育，内部配

置転換・昇進，企業内組合など）も変化し始め，会社人間への反省が広がり始めていた。当時会社への帰属意識も変化し，「帰属意識が薄い」と答えた人は1995年に19.4％，2000年には23.7％。「もともと薄い」と答えた23.1％と合わせると，55.9％が会社との関係性に一定の距離を置くようになっていた（日本経済新聞日経リサーチの調査）。もっとも日本人の帰属意識（組織へのコミットメント）は制度の面から一般に受動的であった（谷本，1993）。帰属意識が薄くなったからといって，労働移動が高まったということにはならなかった。日本はOECD諸国の中でも失業率も就業率も低い（つまり失業するリスクは比較的低いものの，一度失業すると労働市場が未発達で，長期化しやすいということ）。この数字は景気によって変動する。さらにCSRの議論がグローバルに広がるに伴って，本社・グループ会社のみならず，サプライチェーンにおける労働・人権問題への理解も求められるようになる。グローバル化の急速な拡大によって，北米・EU市場を中心に，直接投資が拡大し，生産体制（従来の系列関係）が急速に再編成されていく。変化してきた企業とステイクホルダーの関係を表2-6にまとめておこう。

　CSRブームが広がっていくことで，企業のステイクホルダーへの視線も変化

表2-6　変わりつつある企業とステイクホルダーの関係・まとめ

株主	株式相互持ち合いの解消，外国人（機関投資家）の持ち株増加，SRIの広がり・その影響
従業員	日本的雇用慣行の変化（しかし組織への受動的なコミットメントは大きく変わらず。社会的マイノリティへの対応の遅れ，グループ会社での対応の遅れ）
サプライヤー	閉鎖的な下請系列システムの変化，オープンなグローバル・ソーシング，CSR調達の動き
消費者／市民	消費者意識の変化（ただし個々人の意識がつながらない，監視・調査するNGOの未成熟）
コミュニティ	企業市民として地域社会にかかわる動き：フィランソロピー活動の広がり，NPO／NGOとのコラボレーションの試み
環境	環境対策の伸展，ISO14000認証，環境マネジメントの整備，環境報告書，サステナビリティ報告書発行企業の増加
政府	NPO／NGOセクターを交えた新しい関係の模索，CSRへの支援の動き

出所：谷本（2006），p.44より一部修正。

している（詳しくは第5章）。これまで企業はコアのステイクホルダーとの共同関係を構築するにとどまっていたこと，そこからアカウンタビリティを求める厳しい声はなかったことを指摘した。しかしCSRの議論が広がる中，日本企業は周縁のステイクホルダーを含め広くステイクホルダーとの関係を見返すことが求められ，対応せざるを得なくなってきた。経済同友会の2004年の報告書（「日本企業のCSR：現状と課題－自己評価レポート2003」）においても，「社会的責任経営とは，様々なステイクホルダーを視野に入れながら，企業と社会の利益を高い次元で調和させ，企業と社会の相乗発展を図る経営のあり方」と理解し，ステイクホルダーとの関係から経営を組み立て直す方策を提示している。経団連の2005年「CSR 推進ツール」においても，ステイクホルダーごと（消費者・顧客，取引先，株主，社員，政治・行政，コミュニティ，NPO／NGO，途上国）に，6つの基本項目（コンプライアンス・企業倫理，情報，安全と品質，人権・労働，環境，社会貢献）に関する課題を示している。実際その後多くの企業が発行しはじめたCSR報告書においては，ステイクホルダーごとに活動内容をまとめるスタイルが増えていた。経営活動をこのように捉える視点は，以前にはなかったことである。2015年には社内規定等にステイクホルダーの立場に関する規定がある企業は60.1％に達している（「コーポレート・ガバナンス白書」2015より）。

　また2015年の金融庁と東京証券取引所「ガバナンス・コード」の中でも，株主のみならずステイクホルダーとの関係性も重視することを指摘している。コーポレート・ガバナンスにおけるステイクホルダーの役割を理解した「OECDコーポレート・ガバナンス原則」を踏まえて，日本においても株主との関係のみならず，ステイクホルダーとの良好な関係を構築していくことの重要性を示している。日本版の5つの基本原則（1．株主の権利・平等性確保，2．株主以外のステイクホルダーとの適切な協働，3．適切な情報開示と透明性の確保，4．取締役会等の責務，5．株主との対話）のうち，第2の原則において次のように規定している。「上場会社は，会社の持続的な成長と中・長期的な企業価値の創出は，従業員，顧客，取引先，債権者，地域社会をはじめとする様々なステイクホルダーによるリソースの提供や貢献の結果であることを十分に認識し，これらのステイクホルダーとの適切な協働に努めるべきである。取締役会・経営陣は，これらのステイクホルダーの権利・立場や健全な事業活動倫理を尊重する企業文化・風土の醸成に向けてリーダーシップを発揮すべきであ

る。」そこでの考え方は，次のとおりである。上場会社は持続的な成長と中・長期的な企業価値の創出を達成するためにステイクホルダーと適切に協働していくことが重要であること。そしてESG（環境，社会，ガバナンス）問題への積極的な対応も求められている。上場会社がこうした発想をもって活動を行うことは，社会・経済全体と同時に会社自体にも利益がもたらされる，と捉えている。

　ここでは以前のように，コアのステイクホルダーとの関係にのみ焦点を当てるのではなく，周縁及び進出国でのステイクホルダーを含めトータルに企業とステイクホルダーとの関係を捉えていくことが求められるようになってきたと指摘できる。NGO，消費者団体，周縁の労働者（女性，障害者，外国人労働者），サプライチェーンにつながる下請企業などとの従来の関係を見直し，それぞれの要請や期待に応える経営を行うこと。企業経営の現場でどのように取り組まれているかについては，第5章で検討していこう。

第<big>3</big>章

「企業と社会」論の背景と動向

第1節　なぜ「企業と社会」が問われるのか

1．グローバリゼーションの光と影

　経済のグローバル化が80年代後半から急速に広がっていく。当初は安価に製品が生産−供給され，途上国にも雇用が生まれ，技術も移転され，国際的な連携によって豊かな社会がつくられる，と考えられてきた。しかしながら，先進国においては豊かな社会がつくられる一方，途上国との経済的格差が拡大し，労働・人権問題や環境問題が広がるなど，ネガティブな影響が広がっている。途上国の犠牲や環境破壊を放置し先進国が豊かさを享受しているシステムは，持続可能と言えるだろうか。こういった問題はCSRの議論の根底にある。1つ典型的な事例を紹介しよう。先進国の企業が主導するサプライチェーンにおいて，途上国の下請け工場では劣悪な労働環境において厳しい労働が強いられ，いわゆるスウェット・ショップ問題が顕在化している。Nikeは，この問題で1997〜8年にかけて全米でボイコット運動を受けた。

　1997年Nikeのベトナム，ホーチミン市郊外にあるタエクァンビナ工場（労働者9,200人）では，発ガン物質のトルエンが工場内で現地基準の177倍も検出され，全労働者の77％に呼吸器系の疾患があったと報告された。さらにベトナムの国内法違反の1週間あたり平均65時間労働がなされ，給料も10ドルしか支払われていなかった。労働管理や工場管理が不十分なスウェット・ショップに対し，当時はアメリカではWalmartやKmart，Toys"R"Us，Reebokなどといったグローバル企業が，厳しい批判やボイコットを受け，社会的評価，売上や株価の下落に直面し，

その対策を迫られた。Nikeのケースでは，アメリカの企業監視NGO（TRAC）が問題のある内部文書（Ernst & Young社による労働・環境条件に関する内部監査報告書）をリークし，詳細な調査を行い，インターネット上にベトナム工場の現状を公表した。それをニューヨークタイムズ紙（1997年11月8日付）が取り上げ，大きな社会的批判が広がった。公表前からあったスウェット・ショップ問題疑惑に対し，当時のフィル・ナイト会長兼CEOはその事実を全面否定し，素晴らしい工場であると発言していたため，厳しい批判にさらされることになった。Nikeは有名アスリートをCMに起用し，当時から学生に人気のブランドであっただけに，大学キャンパスを中心にボイコット運動（Nike：Just Don't Do Itキャンペーン）が全米に広がった。翌1998年4月，弁護士グループがサンフランシスコ高裁に提訴したことを受けて，5月には株価が前年比60％にまで下落している。このような事態に至り，Nikeはスウェット・ショップを認め，その改善策と根本的なCSR対策に取り組むことや，NGOによる工場のモニターを認めるなどの声明を出さざるを得なくなった。

ここでのポイントは，インターネットの広がりと共に企業活動を監視・調査し，情報を提供するNGOが台頭し，国内外にネットワークを広げていること。そして企業は途上国での社会的・環境的な問題を隠すことができなくなってきたことである。80年代後半から90年代以降，こういった活動を行うNGOは欧米社会において急速に支持を得て広がっており，CSRを求める市民の意識を企業は無視することはできなくなった。企業はグローバル・ソーシングの展開に当たって，進出国のサプライヤーにおける労働・人権問題についても社会的に責任ある取り組みが求められるようになってきたのである。表3-1にまとめておこう。

（表3-1） グローバリゼーションの進展

グローバリゼーションの進展→ポジティブな面＋ネガティブな面の顕在化

NGOによる監視・調査，情報提供－労働・人権問題，環境問題，汚職問題などへの厳しい批判 消費者・市民意識の変化－持続可能な生産・消費を求める動き

企業に期待される役割・責任の変化，責任ある競争力の構築

以下ではまず持続可能な発展を求めるようになってきた国際的な議論の流れ

を概観したあと，CSRに関するグローバルな行動規範や基準をみていこう。国連や国際機関，経営者ネットワーク，NGOなどによって策定された新たな規範や基準の意義と課題について説明する。企業は，CSR経営を構築すること，そしてサステナビリティ課題に本業として取り組むことが期待されており，積極的な取り組みが今後のビジネスにとって重要な課題になっている。2010年に行われたグローバル企業に対する調査（UNGC-Accenture, CEO Survey）によると，多くの経営トップ（93％）が，環境・社会，ガバナンスに関する課題は，ビジネスの将来の成功と大きくかかわると認識している。

2．持続可能な発展に向けたグローバルな動向

　持続可能な発展を求めるグローバルな潮流において，企業に責任ある経営を求める声が広がっている。そこでまず持続可能な発展とは何かについて確認しておこう。次の定義が広く共有されている。「将来の世代の能力を低下させることなく現在のニーズに沿って発展させること」。これは，国連の環境と開発に関する委員会（WCED）が1987年にまとめた報告書Our Common Future（通称「ブラントラント報告書」）において示されている。ここでのポイントは現在と将来という時間軸であるが，さらに持続可能な発展の課題には，先進国と途上国という軸，環境面のみならず社会面という軸も考えられる。とくに80年代後半からは，環境問題（温暖化，資源，廃棄物問題など），そして90年代半ばからは，社会問題（貧困，人権，社会的統合など）が広く議論されるようになっている（図3-1）。

図3-1　持続可能な発展とは

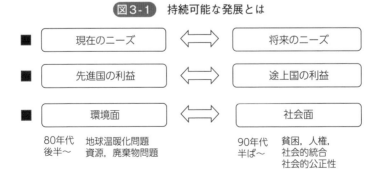

出所：谷本（2006）。

58

　持続可能性を求める社会では，「健康で持続可能な環境，健全で包括的な社
会がなければ，ビジネスも成り立たない」という理解が定着しはじめている。
企業は経済活動において，環境・社会から様々な資源を獲得し，製品・サービ
スを供給していると同時に，その活動を通して大きな影響を及ぼしている。企
業はそこに様々な責任が求められており，持続可能な社会の構築に取り組んで
いくことが期待されるようになっている。
　ここで持続可能な発展を求める主な国際的な議論の流れをまとめておこう。
2015年に国連でSDGsが策定，採択されて以降，日本でも急にブームになって
いるが，そもそも持続可能な発展を求める議論や取り組みは，過去20〜30年に
わたってグローバルに展開されてきた。1992年にエポック・メイキングな国際
会議がブラジルのリオデジャネイロで開催されている。国連環境サミット
(United Nations Conference on Environment and Development, UNCED)　は，
1972年ストックホルムでの人間環境会議から20周年の年に開催された。国境を
越えて広がる地球環境問題のネガティブな影響が大きくなり，リオの会議では
環境問題の解決には経済問題も考慮しなければならないこと，さらに先進国と
同時に途上国の抱える課題について議論することの重要性が指摘された。

- 先進国の課題：大量生産 – 大量消費 – 大量廃棄型のライフスタイルの見直し，
  地球環境問題の解決への取り組み
- 途上国の課題：貧困 – 人口増 – 環境破壊 という循環の克服への取り組み

　さらにこの環境サミット以降，気候変動枠組み，生物多様性，持続可能な森
林管理などといった問題について，国際的な議論と運動が広がっていくことに
なる。会議では「リオ宣言」が採択され，その行動計画「アジェンダ21」にお
いて持続可能な発展に関する国家戦略を定めることも提起されている。この会
議以降，環境面のみならず，社会面も含めて持続可能な発展について本格的に
議論されるようになっていく。例えば，1995年の世界社会開発サミットの「コ
ペンハーゲン宣言」では，社会的公正と人権に基づいた人間中心の社会開発を
進めていくためには，貧困，雇用，社会的統合といった問題をトータルに議論
していくことの重要性が指摘された。
　EUではリオの環境サミット以降，持続可能な発展に関する戦略を策定し，
2001年にEuropean Union Sustainable Development Strategyを発効している

（06年改訂，08年最終版）。そこでは，基本的人権，民主主義社会の原則，世代
内と世代間の連帯を踏まえて，持続可能な発展のため経済発展，環境保護，社
会的統合をトータルに捉えている（第1章p.10参照）。「EU諸国が経済的繁栄・
環境保護・社会的統合を実行していくため，環境的・社会的なイノベーション
能力を高め，資源を有効に活用する社会の構築を行い，現在と将来世代の生活
の質を向上していけるよう，行動を確認し発展させる」と宣言している。

　この戦略における主要課題は，1）気候変動とクリーンエネルギー，2）持
続可能な交通，3）持続可能な消費と生産，4）自然資源の保存と管理，5）
健康，6）社会的統合，7）貧困，の7つである。EU各国における事情，制
度的差異を配慮しながら各課題のプライオリティを考えており，関係するステ
イクホルダーの参加を政策の基本原則に入れることが提起されている。

　2000年には国連ミレニアム・サミットで採択された「ミレニアム宣言」を
ベースにミレニアム目標MDGs（Millennium Development Goals）がまとめられ
ている。MDGsでは，極度の貧困と飢餓の撲滅など，2015年までに達成すべき
8つの目標を掲げている。1）極度の貧困と飢餓の撲滅，2）初等教育の完全
普及の達成，3）ジェンダー平等推進と女性の地位向上，4）乳幼児死亡率の
削減，5）妊産婦の健康の改善，6）HIV／AIDS，マラリア，その他の疾病
の蔓延の防止，7）環境の持続可能性確保，8）開発のためのグローバルな
パートナーシップの推進，が定められた。ここでは，これまで別々に議論され
ていた課題をトータルに捉えることの重要性を示したこと，そして先進国・途
上国双方の指導者が課題ごとの達成期限や数値目標を決め，目標実現を公約し
たところに大きな意義がある。

　またこの頃，反グローバリゼーションの動きが活発になっていた。とくに
1999年シアトルで開催されたWTOの会議の際には，幅広い領域から多くの
NGOが集まり，批判運動は厳しさを増していた。2001年からは「世界社会
フォーラム」が開催された。これはグローバル・リーダーが集まる世界経済
フォーラム（ダボス会議）を批判し，反グローバリズムの旗印の下，NGOが連
携し，オルタナティブな世界の可能性を求めたものである。

　そんな動きの中，リオから10年経った2002年，ヨハネスブルグにおいて「持
続可能な発展に関する世界サミット」（United Nations Conference on Sustainable
Development：リオ+10）が開催された。これまでの議論を受けて，リオ＋10で

は環境会議という名称も変わっている。環境問題は社会的・経済的問題と深くかかわっていること，また持続可能な発展に向けて環境・社会・経済の問題を同時に考えていくことの重要性が強調された。経済成長と公平性，天然資源と環境の保全，社会開発の3つの課題について，前回とは異なり，NGOもいっしょに議論する場が設けられるようになっていったことも大きな変化である。

　さらに10年後の2012年，「持続可能な発展に関する世界サミット」（United Nations Conference on Sustainable Development：リオ+20）が再びリオにおいて開催された。ここでは企業の役割にも注目が集まり，マルチ・ステイクホルダーで議論する場となった。

　そして2015年に国連においてSDGs（Sustainable Development Goals）が採択され，具体的な取り組みがスタートしている。これは先のMDGsを引き継ぎ，2030年までに17の目標の達成を掲げている（図3-2）。貧困をなくし，地球環境を守り，すべての人が幸せに暮らせる社会づくりを目指すものである（https://sustainabledevelopment.un.org参照）。

　このような動きを受けて，企業がSDGsに取り組むことへの期待が高まっている。図3-3のサステナビリティ・リーダーに関する調査（2018）によると，持続可能な発展課題への取り組みにおいてどの主体が貢献してきたかについて，エキスパート（ビジネス，政府，NGOのリーダーや研究者など）は，NGO（54%）と社会的起業家（48%）をその推進者として高く評価しており，その順位は

図3-2 SDGs17の目標

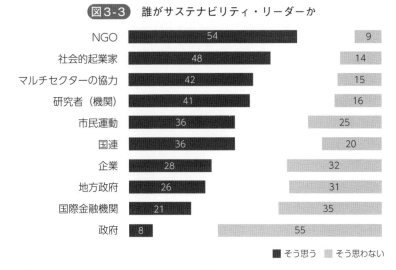

図3-3 誰がサステナビリティ・リーダーか

	そう思う	そう思わない
NGO	54	9
社会的起業家	48	14
マルチセクターの協力	42	15
研究者（機関）	41	16
市民運動	36	25
国連	36	20
企業	28	32
地方政府	26	31
国際金融機関	21	35
政府	8	55

■ そう思う　■ そう思わない

出所：GlobeScan, SustainAbility Leaders Survey, 2018.

2012年の調査以来ほとんど変わっていない。

　一方でこの調査では企業への期待は28％と低かった。これまでは企業は社会的・環境的問題を引き起こす主役として批判の対象であった。しかし，その企業自体が変わらなければ問題は解決せず，今や社会的責任ある事業活動を行うことが求められるようになっている。SDGsへの取り組みへの役割・責任も求められており，企業はその技術力，雇用，投資，マーケティング力，さらに新しいビジネスのスタイルの開発に期待が寄せられている。

　もちろん環境・社会・経済の諸課題は企業だけで解決できるわけではない。消費者，投資家，金融機関，政府，NGOなどの主体が日々の活動，市場行動において，地域社会やグローバル社会の課題を考慮し，取り組んで行くことが求められる。まとめておこう。

❶　政府やNGOのみならず，企業にも責任ある行動，マネジメントが求められている。サステナビリティ課題の解決には，あらゆる主体がそれぞれに役割を果たしていくことが求められている。

❷　消費者はどのような商品を選択し購入するか，投資家はどのような企業に投資するのか，また労働者はどの企業で働くのか，それぞれが責任ある市場行動を行うことが期待されている。その決定に必要な情報の収集，分析，評

価を行う独立した組織の存在が必要である。

❸ さらに各主体が協力して取り組む必要も出てきている。関連するステイク
ホルダーが協働して，ローカルまたグローバルな社会的・環境的課題に取り
組んだり，行動規範や基準を策定したり，モニタリングのシステムをつくっ
ていくことが期待されている。

3．CSRを求める国際基準

以上のようなグローバルな議論とともに，企業に新しい社会的役割・責任が
求められるようになってくる。CSRを求める動きが広がるとともに，グローバ
ルに企業の行動規範や基準が策定されている。それらは国際機関，経営者団体，

表3-2 グローバルな行動規範・基準

	UNGC	PRI	ISO14000	ISO26000
発効年	1999	2005	1996	2010
主旨	企業行動規範 任意	責任投資原則 任意	環境マネジメント・システム 第三者機関による認証	組織の社会的責任ガイダンス 第三者認証はない
組織	UN	UNEP FI, UNGC	ISO	ISO
カテゴリー	国連	国連	国際機関	国際機関
主な参加主体	政府，企業，NGO・労働組織，関連UN組織	機関投資家	政府，専門家，NGO（リオの環境サミットを契機に規格策定）	政府，企業，NGO，消費者団体，労組
基本内容	企業に人権，労働，環境，腐敗防止の行動規範を求める	機関投資家向けにESGへの配慮を組み込んだ投資基準の設定	組織の活動によって生じる環境への影響を持続的に改善するための環境方針，PDCAを定める	7つの中核主題：ガバナンス，人権，労働慣行，環境，公正な事業活動，消費者課題，コミュニティ参加と発展
URL	https://www.unglobalcompact.org	https://www.unpri.org	https://www.iso.org/iso-14001-environmental-management.html	https://www.iso.org/iso-26000-social-responsibility.html

	OECD多国籍企業の行動ガイド ライン	OECDコーポレート・ガバナンスの 原則
発効年	1976	1999
主旨	多国籍企業に責任ある行動を求める指針	良いコーポレート・ガバナンスに関する枠組み
組織	OECD	OECD
基本内容	情報開示，人権，雇用及び労使関係，環境，贈賄，消費者利益，科学・技術，競争，課税における責任，企業行動原則の設定。2011年の改訂で，人権デュー・ディリジェンスの規定	株主の権利，株主の公正な待遇，利害関係者の役割，情報開示と透明性，取締役会の責任など。2015年の改訂では，規制の国際協力の必要性を示した
URL	https://mneguidelines.oecd.org	http://www.oecd.org/corporate

	SA8000	GRI
発効年	1997	2000
主旨	労働条件改善に関する行動基準 第三者による認証	サステナビリティ（CSR）報告書作成ガイドライン，任意
組織	SAI	GRI
カテゴリー	NGO	NGO
主な参加 主体	企業，NGO，政府，労働組合，学界	企業，機関投資家，政府，労働組合，NGO
基本内容	9つの主要項目の設定：児童労働，強制労働，健康と安全，結社の自由及び団体交渉権，差別，懲戒的な慣行，労働時間，公正な報酬，マネジメント・システム	報告書作成の原則，経済・環境・社会の各項目開示に関するガイドライン
URL	http://www.sa-intl.org	https://www.globalreporting.org

NGOなどがそれぞれに独自のものをつくるにとどまらず，ステイクホルダーが協働して策定し，実施・モニターするものが増えている。表3-2は，代表的な企業行動規範や基準についてその概要をまとめている。

　以下では，❶国際機関，❷NGO，❸経営者団体による取り組みについて，代表的なものを取り上げよう。

❶　国際機関の取り組みとして，国連によるUN Global Compact，ISO26000，PRI，そしてOECDのガイドラインをみていこう。

　1999年1月にスタートしたUN Global Compact（UNGC）は，企業に対して人権，労働，環境さらに腐敗防止に関して10の原則を支持し実践するよう要請

している（表3-3）。国連が企業の行動原則を定めたのは
これが初めてである。多くの企業がこの規範を遵守し、
実践することで世界に変化をもたらすことが期待されて
いる。これには法的な拘束力はなく、任意の規定である
ため、各企業が自主的に実効性のあるものにしていかねばならない。そのため
にはGlobal Compactの理念とその原則を、経営戦略、組織文化、そして日常
業務に組み込み、今ではSDGsを推進する協働プロジェクトに取り組むことも
求められる。さらに毎年どのように取り組んでいるかをまとめた報告書
（Communication on Progress）を提出することが義務づけられるようになって
いる（詳しくは第4章第3節参照）。当初Global Compactに関心を示す企業は少
なく、3年たっても参加企業は100社にもとどかなかったが、CSRのブームと
ともに、2019年には160カ国から10,000社を超えている。同時に、世界各地で
ローカル・ネットワークをつくり、情報提供・研修などを積極的に行ってきた
こと、さらにサプライチェーンにおけるCSR管理が求められるようになり、企
業がサプライヤーに対してGlobal Compactへの調印を要請するようになって
きたことなどがある。もっとも形式的に調印しても、実際の経営に組み込まれ
ていないという問題は発足以来指摘されてきた。

　ISO26000は、ISO（国際標準化機構）が2010年に定めた組織の社会的責任に
関する規格である（図3-4）。ISOでは、ISO9000（品質マネジメント・システム）

表3-3 UN Global Compact 10原則

分野	原則
人権	原則1：国際的に宣言されている人権の保護を支持、尊重すること 原則2：自らが人権侵害に加担しないよう確保すること
労働	原則3：組合結成の自由と団体交渉の権利の実効的承認を支持すること 原則4：あらゆる形態の強制労働の撤廃を支持すること 原則5：児童労働の実効的な廃止を支持すること 原則6：雇用と職業における差別の撤廃を支持すること
環境	原則7：環境上の課題に対する予防原則的アプローチを支持すること 原則8：環境に関するより大きな責任を率先して引き受けること 原則9：環境に優しい技術の開発と普及を奨励すること
腐敗防止	原則10：強要と贈収賄を含むあらゆる形態の腐敗の防止に取り組むこと

出所：https://www.unglobalcompact.orgより。

やISO14000（環境マネジメント・システム）などのマネジ
メント規格がつくられてきたが，これは社会的課題をカ
バーする初めての規格である。社会的責任とは，組織の決
定と活動が，社会と環境に与える影響に関する責任で，透
明かつ倫理的な行動を通して組織が果たすべき責任である，と理解している。
社会の持続可能な発展及び社会の繁栄と調和し，ステイクホルダーの期待に応
え，適用されるべき法律を遵守し，国際的な行動規範と一致させていく。そし
てこういった活動が組織全体に統合され実施されることが重視されている。

図3-4 ISO26000の概要

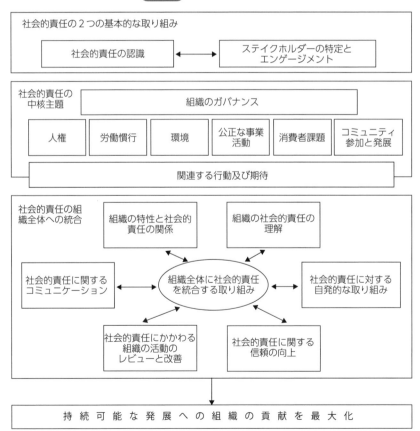

出所：https://www.iso.org/iso-26000-social-responsibility.htmlより。

図3-5 ISO26000　7つの中核主題

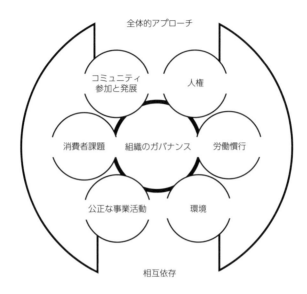

出所：https://www.iso.org/iso-26000-social-responsibility.htmlより。

ISO26000には，7つの原則と7つの主題が示されている。7原則とは，説明責任，透明性，倫理的な行動，ステイクホルダーの利害の尊重，法の支配の尊重，国際行動規範の尊重，人権の尊重。7主題とは，組織のガバナンス，人権，労働慣行，環境，公正な事業活動，消費者課題，コミュニティ参加と発展，である（図3-5）。この規格は，他の規格のような第三者認証を求めておらず，また企業のみならずあらゆるタイプの組織を対象としている。

　ISO26000の決定のプロセスは特徴的であった。ISOでは一般に各国から専門家が代表として出席するが，ここでは関連するステイクホルダー：政府，産業界，消費者団体，労働界，NGOが参画し，時間をかけて協議し策定してきた。これはISO過去最大のプロジェクトで，99カ国から450のエキスパート，210のオブザーバー，42の関係組織が参画した。

　PRI（Principles for Responsible Investment）「責任投資原則」は，2005年国連の環境計画・金融イニシアチブとUN Global Compactが中心となって立ち上げられ，機関投資家が責任ある

| (表3-4) | PRI　6つの原則 |

原則1	私たちは，投資分析と意思決定のプロセスにESGの課題を組み込みます
原則2	私たちは，活動的な（株式）所有者になり，所有方針と所有慣習にESG問題を組み入れます
原則3	私たちは，投資対象の企業に対してESGの課題について適切な開示を求めます
原則4	私たちは，資産運用業界において本原則が受け入れられ，実行に移されるように働きかけを行います
原則5	私たちは，本原則を実行する際の効果を高めるために，協働します
原則6	私たちは，本原則の実行に関する活動状況や進捗状況に関して報告します

出所：https://www.unpri.orgより。

投資を行うための原則を策定している。これはESGを投資の基準に入れる任意の規定であり，多くの投資家（アセットオーナー，運用会社，サービスプロバイダー）が参加している。ここには6つの原則が定められている（表3-4）。詳しくは第8章参照。

　OECDの「多国籍企業の行動ガイドライン」（Guidelines for Multinational Enterprises）は，1976年に策定された多国籍企業に責任ある行動を求めるガイドラインである（2011年改訂第6版）。OECDのガイドラインに法的拘束力はないが，各国政府が責任をもって支援していくことが要請されている。企業は持続可能な発展に貢献するよう，次の9つの事項に関して各国の政策，ステイクホルダーの利害を考慮して行動すべきであると規定している。すなわち，1）情報開示，2）人権，3）雇用及び労使関係，4）環境，5）贈賄の防止，6）消費者利益，7）科学・技術，8）競争，9）課税における責任，に関する企業行動原則の設定が求められている。2011年の改訂では，人権デュー・ディリジェンス（due diligence）の規定が盛り込まれている（デュー・ディリジェンスについては，p.109参照）。

　OECDの「コーポレート・ガバナンスの原則」（Principles of Corporate Governance）は，1999年に策定された良いコーポレート・ガバナンスの枠組みを考えていくガイドラインである（2004，2015年改訂）。その目的は，長期的な投資，金融の安定，そして倫理的なビジネス活動を促進していくため，企業の

信頼性，透明性，及び説明責任を高める環境を構築し，より良い社会をサポートすることにある。これも法的拘束力はないが，国ごとに異なる制度を踏まえて取り組んでいくことが求められている。基本原則として，1）有効なガバナンスの枠組みの確保（市場メカニズム，法規制，政府の規格など），2）株主の権利及び主な持分機能，3）機関投資家，株式市場，その他の仲介者（投資活動全体のプロセスを通して考えること），4）ガバナンスにおけるステイクホルダーの役割，5）開示と透明性（財務/非財務情報の開示），6）取締役会の責任を定めている。2015年の改訂では，規制の国際協力の必要性を示している。

❷　次にNGOの取り組みを2つ概観しておこう。

SAI（Social Accountability International）は，1997年アメリカのニューヨークに設立されたNGOで，その前身はCSRの評価機関CEP（Council on Economic Priorities）である（p.167。詳しくは谷本，2002b，第12章参照）。SA8000は，国際的な人権・労働に関する条約，規約などに基づいて，すべての労働者の権利を保護するためにつくられた規格である。企業は有効なマネジメント・システムをつくり，第三者認証を受ける必要がある。ここでは9つの要素が示されている。1）児童労働，2）強制労働，3）健康と安全性，4）結社の自由と団体交渉権，5）差別，6）懲戒的な慣行，7）労働時間，8）報酬，9）マネジメント・システム。SA8000は，この10年の間で認証を受ける企業が増えている。サプライチェーンのCSR理解を高め，体制を整えるためサプライヤーと契約を結ぶ際の条件となることが増えているからである。またSAIは関係するステイクホルダー：企業，サプライヤー，政府，労働組合，NGO，学界の人々とともにつくり上げ，実施している。このマルチ・ステイクホルダーの仕組みについては，第9章で扱う。

GRI（Global Reporting Initiative）は，1997年にオランダのアムステルダムに設立されたNGOであり，経済・環境・社会のトリプルボトムラインの考え方を基本としたサステナビリティ報告書の国際的なガイドラインの作成を行っている。2000年に最初のガイドラインを公表し，それ以降数年ごとに改訂を行っており，2016年にはGRIスタンダードを出している。当初自社に都合の良い情報をリストやガイドラインからピックアップしGRIに準拠していると示

したり，重要性がさほど高くない項目も含め情報量だけが増える傾向があった
ことを修正している。スタンダードは次のように構成されている。1）共通の
スタンダード（戦略，ガバナンスやマネジメント・アプローチ，ステイクホルダー・
エンゲージメントなど），2）経済のスタンダード（財務状況，腐敗防止など），
3）環境のスタンダード（エネルギー消費量，生物多様性，サプライヤーの環境ア
セスメントなど），4）社会のスタンダード（雇用，労働安全衛生，ダイバーシティ，
人権，顧客データなど）。この10年の間でGRIの基準に基づいて報告書を作成す
る企業は急増し，2017年Global Fortune 250のうち75％の企業が採用している。

❸　最後に経営者団体の取り組みについて，CRTと
　　WBCSDをみておこう。

　グローバル企業も受身でCSR／サステナビリティ
の動きに対応しているだけではない。グローバル企
業の経営者たちは，ネットワークをつくり，持続可能な発展課題について積極
的に議論している。代表的な団体の1つとして，CRT（Caux Round Table,
コー円卓会議）がある。これは1986年スイスのコーで創設されたグローバルな
経営者のネットワークであり，本部はアメリカのミネソタにある。CRTは，
企業が持続可能で社会的に責任ある活動を行うことが公正で，自由で，透明性
のある市場社会，道徳的な資本主義をつくっていくと主張している。1994年に
ステイクホルダーを意識した，責任ある行動原則を示している。そのベースに
は，法的規制や市場メカニズムだけではうまく機能しないという認識がある。
1）企業の責任－すべてのステイクホルダーを配慮する（顧客，従業員，株主
／投資家，取引先，競合他社，地域社会），2）経済的・社会的発展への貢献，
3）法文を超えた信頼の構築，4）ルールの尊重，5）責任あるグローバル化
の支持，6）環境への配慮，7）不正行為の防止。

　WBCSD（World Business Council for Sustainable
Development）は，1992年のリオの環境サミットを契
機に創設されたグローバルな経営者ネットワークであ

る。200社を超えるグローバル企業が参加し，その総収益額は8.5兆ドルを超え
る。本部はスイスのジュネーブにある。そのミッションは，ビジネスを持続可
能にしていくことによって持続可能な世界をつくっていくことにある。持続可
能な発展のために知識，経験，ベストプラクティスを共有し，政府，国際機関，

NGOなどと連携しながら，経済，社会，環境に関する具体的なテーマについて調査，提言を行っている（現在地球温暖化，循環型経済，持続可能な生産や資産などに関して34のプロジェクトに取り組んでいる）。とくにSDGsにかかわる国際的議論，活動にリーダーシップを発揮している。

第2節　議論の起源はいつどこにあるのか

1．70年代アメリカでの議論

　本節ではCSRが広がってきた背景，そこでの議論を振り返っていこう。「CSR」「企業と社会」といったテーマは，近年グローバルにそして急速に広がってきたが，本格的に議論が始まったのは，1960年代後半から1970年代にかけてのアメリカにおいてである。それまでこのテーマは少数の論者以外あまり取り上げてこなかったが，当時のアメリカ経済社会に対する批判・反省を背景に，産業界においても学界においても急速に議論されるようになった。

　当時のアメリカは，第二次世界大戦後から60年代にかけて非常に好調だった経済が陰りをみせ，20世紀型産業社会のあり方，豊かな社会への反省が広がっていた。とくに公民権運動（黒人，少数民族，障害者，女性などの地位），ベトナム反戦運動，反アパルトヘイト運動（南アフリカへの批判），カウンターカルチャー運動，消費者運動（消費者の権利保護，製造物責任），環境運動などが全米で広がり，その批判の声は大企業にも向けられた。当時企業に大きな社会的な影響を与えた1つの市民運動を取り上げてみよう。

　　1965年，若き弁護士Ralph Naderは著書『どんなスピードでも自動車は危険だ』（Unsafe at Any Speed）を出版し，自動車の欠陥（GM車コルベア）を指摘して社会に大きなインパクトを与えた。ネーダーらのグループは告発型の消費者運動を仕掛け，1970年GMに独立した株主委員会の設置と，消費者代表を取締役に参加させることを求める「キャンペーンGM」を展開した。株主総会においてこれらの提案を行い，機関投資家から委任状を獲得するキャンペーンを行ったが，賛同は得られなかった。しかし社会的な支持は大きく，その後GMのみならず多くの企業はこの動きを無視できず，黒人や女性の取締役を初めて迎え入れたり，公共政策委員会を設置するなど対応が迫られた。もっともそれらは形式的なものにとどまり（window dressing），実質的な機能は果たし得ていなかった（当時の議論は谷本，1987，第7章参照）。

　企業にCSRを求める動きは，その後大学，研究者にも刺激を与え，議論は広がっていった。70年代，全米の多くの大学で企業の社会的責任，企業と公共政策，ビジネス倫理などといった科目が設置され，新しいテキストがつくられた。

　しかしながら，アメリカは70年代末の2度目のオイルショック以降急激に不況に陥り，80年代のレーガン政権においては，経済を立て直すための市場主義，規制緩和，反環境主義の政策を進めた。当時企業にとってCSRは理念的な議論であったため，経営のプロセスに根づいたわけでもなく，景気の後退とともにブームは急激に縮小していった。

　一方で，その後市民の環境運動は活発化し，また80年代後半から90年代にかけて，インターネットの広がりとともに，NGOの運動がグローバルに広がっていく。経済のグローバル化が大きく広がり，グローバリゼーションの負の側面，とくに途上国における労働・人権問題，環境問題が広がっていた。こういった動きに対しNGOは情報の収集，分析，評価，提供をグローバルネットワークを通して展開するようになり，情報提供，政策提言型のNGOが市民から支持され，消費者，投資家の行動を支えていった。とくに環境や社会に良い消費を目指すグリーン・コンシューマー／エシカル・コンシューマーや，社会的責任投資（SRI）を行う個人投資家，機関投資家に対して情報を提供する組織（会社，NPO）が成長し，市民の支持を得て拡大していった。当時消費者への情報提供を行うCoopAmericaやCEP（Council for Economic Priorities），SRI向けの評価機関KLD（Kinder, Lyndenberg and Domini）やIRRC（Investor Responsibility Research Center），会員企業にCSR情報提供，コンサルティングを行うBSR（Business for Social Responsibility）などが代表的組織で，これらの活動はアメリカのみならず他の国にも影響を与えている（谷本，2002b）。またアメリカではローカルコミュニティの問題も抱えていた。貧富の差が広がり，マイノリティや十分な社会保障を受けられない（under-served）人々の住むインナーシティ（inner city：都市部の衰退した地域）の問題への対応も求められ，地域再開発にかかわる（事業型）NPOの活動が広がっていった。NPOセクターと政府や企業セクターとの協働関係が発展したり，また社会的ミッションをもった新しいスタイルのソーシャル・ビジネスが台頭していくのもこの時期である。

72

２．代表的議論とその後の動き

　60年代後半から70年代にかけて，アメリカで活発に繰り広げられたCSRの議論を概観しておこう（谷本，1987）。当時はCSRに賛成するか，反対するかという議論から始まった。その前提には，市場や企業をどのように捉えるかの立場の違いがあった。１つは，伝統的な市場システムを前提に，社会的厚生は市場の自由競争の結果もたらされること，さらに多元主義社会の中ではそれぞれの役割を果たすことが求められ，経済的主体である企業は社会的な責任など考慮すべきではないとする立場。もう１つは，伝統的市場システムの変化を前提に，企業が自発的・自律的にCSRを果たしていくことが重要だとする立場。つまり市場では私益と公益は自動的に一致しないこと，経営者に期待される役割が大きく変化していること，ステイクホルダーの利益を無視しては経営活動が遂行できなくなっていることが指摘されている。こういった状況において，経営者は企業に期待される役割の変化を理解し，社会的に責任ある経営を行っていくことが求められている。

　当時CSRに関して様々な議論が展開されたが，主な議論を企業と社会の相互作用の視点から，整理しておこう。❶両者の関係はどのようにあるべきかという理想状態から捉えていくアプローチ（規範論的アプローチ）。規範的な視点として，１つは，企業活動は市場における経済活動に限定されるべきだとする「基本主義」の捉え方。もう１つは，企業は社会に積極的に関与しその要請に応えることで長期的利潤の獲得につながるとする「啓発された自己利益」の捉え方，また規範的な「ビジネス倫理」の捉え方。❷企業の目的から社会とのかかわりをミクロ的に捉える：環境変化に対する企業組織の適応行動（組織論的アプローチ），また構造機能主義の視点から捉える立場。❸社会の目的から企業とのかかわりをマクロ的に捉える（制度論的アプローチ）。ここには「権力－責任均衡法則」の捉え方と，企業の権力は規制すべきとするラディカリズムの捉え方がある。以下では代表的な議論を確認しておこう（表3-5）。

❶　規範論的アプローチ

　市場メカニズムをベースに置く「基本主義」の考え方は，企業は基本的な経済活動に専念すべきであり，企業が社会的な役割を担うことを反対する。典型的な論者として，自由主義思想家のHayek（1960）は，経営者の権力は，株主

表3-5 CSR論の分類（60～70年代）

アプローチ	中心概念	社会的責任の方法	課題
❶規範論的アプローチ	基本主義	他律的	資本主義市場の変化への無理解
	啓発された自己利益，ビジネス倫理など	自律的	具体的な行動指針の欠如，ステイクホルダーとの関係分析の欠如
❷組織論的アプローチ	経営者の役割・期待など		
❸制度論的アプローチ	権力―責任均衡法則など		
	権力規制	他律的	

によって委託された資本の利益を生むためだけに制限すべきであり，その目的のために資源を使うことによって企業は公共の利益に奉仕することができると理解する。したがって，それ以外の目的のために資源を使うことには反対しており，経営者が理性的に社会的課題に取り組むことは，その権力を拡大させてしまい，企業が公共の利益の代表によって統制されかねないと批判する。

また市場原理主義者であるFriedman（1962）は，企業が基本的な市場経済活動を超えた活動を行うことを次の4点から批判する。1）経済的効率の低下，2）経営者の社会活動への不適応性，3）政治的合法性はない，4）多元主義への脅威。当時Friedmanの考え方は，CSR反対論として大きな影響力をもった。しかしながらその後，ベースにある市場自体に大きな変化がみられ，次のような構造，機能の変化が指摘されている。1）市場の失敗。とくに資源やパワーは各主体に均等に配合されていないし，また等しく市場に参加できているわけではない。2）市場のグローバル化。一国内の規制や規範を超えて経済活動が広がっている。3）大企業のパワー。企業は意図せざるとも社会・環境・政治に大きな影響力をもつようになっており，その責任が問われている。4）市場の規範・ルールの変化，関係するステイクホルダーの期待・要求を無視できなくなっており企業に求められる役割・責任が変化している。5）企業の価値は経済的指標のみならず，社会的・環境的指標を含めてトータルに評価する流れが広がっていった。

これらとは反対に，CSRを積極的に果たすべきである考える立場として，経営者の（非）倫理的行動に焦点を当てる「ビジネス倫理」の考え方がある。規

範的な倫理論はその後広がっていくが，非倫理的な意図がなくとも非倫理的な結果を引き起こすことを説明する「行動倫理学」が注目されるようになる。また当時よく言われたのは，「啓発された自己利益」（Enlightened Self-Interest）の考え方である。これは，社会にとって良いことをすれば回り回って企業にとってもプラスになるという考え方である。社会的責任を果たすことは長期的な利益に結びつくというイメージで受け止められたが，しかしどのように回り回るのか，どのように測定し評価するのか具体的な説明はなく，ここから企業行動の具体的な指針を示すことはできない。余裕があればできる限りのことはするが，そうでなければ無理をすることはない，という社会貢献的位置づけとも言える。そのような捉え方では企業は持続可能な発展を求める市場社会の変化に対応することはできない。

❷　組織論的アプローチ

　Petit（1967）は，企業の行動組織的アプローチをベースに，社会環境と企業組織の相互作用性から，経営者はCSRを自発的に応えていくべきだと捉えている。「社会的に責任あるということは，経営者の地位に付与された様々な責務を果たすことによって社会の指図に従うことである」と理解している。経営者は社会から求められる役割・期待に，自らの道徳的・倫理的な価値判断に基づいて自発的に応えていく必要性があると言う。経営者は社会的役割・期待を受け，また組織内での利害も含め，対立する様々な価値を調整し，意思決定を行わなければならない。そのためには，経営者は社会の動きに敏感に反応し，道徳的・倫理的価値判断が求められると指摘する。Petitはこのような理想の経営者像を描くが，社会から求められる期待にどう対応するかは経営者個人の価値判断に委ねられ，その裁量に帰せられるところに限界がある。

❸　制度論的アプローチ

　Davis & Blomstrom（1971）は，巨大なパワーをもつ企業の経営者は，それに見合う責任を果たすことが求められていると指摘する。いわゆる「権力－責任均衡の法則」（Power-Responsibility Equation）であり，それは2つの命題から成る。1）権力には責任が伴う，2）責任の鉄の法則：責任を回避すれば権力を失う。経営者は利害の調整者であり，企業の権力に見合う責任を果たすこ

とでのみ社会から支持が得られる，と捉えられる。この議論は，企業のもつ社会や市場への権力を前提としてその裁量権の行使をできる限り望ましいものにしようとする考え方である。しかしながらここでは大きな権力がもたらす問題自体を問うてはいない。企業のもつ権力を市場社会において，誰が，どのようにコントロールするのか，より広い視点からの議論が必要である。

　権力自体を規制する立場は，Naderらラディカリズムである（Nader et al., 1976）。企業のもつ大きな権力を問題視し，そこから生じる経済的・社会的問題を解決するためには権力を規制しなければならないと主張する。経営者の裁量に基づくような社会的責任論には否定的であり，法規制の強化（会社法の連邦法化，独占解体，取締役会への市民代表の参加，従業員の権利拡大など），またステイクホルダーによる経営政策のチェック・システム（民主的規制）の構築などを提言した。こういった考え方は当時少数派で現実的ではないとの批判は多く，経営者がCSRのイニシアチブをとるべきだという考え方とは対立していた。この議論においては，企業はどのように権力を獲得し問題を生じさせたのか，法的規制の限界，さらにどのようなマネジメント体制が求められるのかという議論はなく，課題も多かった。

　当時のCSR論が抱えていた基本的なポイントをまとめておこう。1）CSRは社会からの批判・要請が無視できない段階になって社会問題化した。2）ラディカリズムを除き，CSRは政府が規制するべき問題ではなく，経営者が社会からの期待に応え自律的・裁量的に対応すべきものとして理解されていた。3）なぜこのような問題が生じたのか，社会的・環境的な問題が問われてきた背景を捉える視点，企業と社会の双方向の関係性を捉える視点が弱かった。それはCSR反対論者においても同じであった。4）CSRをどのようにマネジメント・プロセスに組み込み，どのような体制をつくっていくかという具体的な議論はなかった。5）市場はCSRを評価するまで成熟しておらず，CSRに取り組むことのメリットは企業側にはみえなかった。

3．90年代以降EUの動き

　90年代以降になると，CSRの議論はアメリカのみならず，経済のグローバル化とともに広く世界に共通のテーマとして認識されていく。とくにEU圏では活発な議論が展開されている。このあたりの動きを概観していこう。

　1992年リオの環境サミット以降，先にみたようにEUでは持続可能な発展を求める議論が広がり，持続可能な発展に取り組む国家戦略がグローバル／ローカルレベルで考えられてきた。また80年代から90年代にかけての不況によって，ヨーロッパでは失業・雇用問題が大きな課題であった。旧社会主義国の崩壊，地域紛争などもあり，移民・難民が急増。労働力確保として必要な面と同時に，地域において社会的排除の問題が深刻化していた。さらにグローバリゼーションに伴う途上国での労働・人権問題，環境問題などへの対応も市民社会から求められるようになっており，こういった大きな潮流の中で企業に新しい役割・責任が求められるようになってきた。ミレニアムの2000年に，EUは次の10年を見据えたビジョン「リスボン宣言」を出している。ここでは，「よりよい雇用と社会的統合を伴う持続可能な経済成長を可能にする競争的でダイナミックな知識ベースの経済を2010年までに目指す」と宣言し，持続可能な発展に向けた戦略的目標にCSRは貢献するという理解がなされた。それ以降CSRは重要な政策アジェンダの1つとして掲げられている。

　EC（European Commission：欧州委員会）では，CSRを促進するため政策的な対応を積極的に行っている。2001年に発表したグリーン・ペーパー（Green Paper：Promoting a European Framework for Corporate Social Responsibility）において新しい施策の方針を示し，パブリック・コメントを受けた後，翌2002年ホワイト・ペーパー（White Paper：Communication on Corporate Social Responsibility Business Contribution to Sustainable Development）を発行し，CSRへの取り組みを本格的に各国に促した。新しい試みとして，関係するステイクホルダーがECに集まり，CSRにかかわる諸問題の現状と課題，今後の方針を議論する初めての試み，Multi-Stakeholder Forumがスタートした。2002年から3年間，産業界・経営者団体，ビジネス・ネットワーク，労働組合，NGO（環境，社会問題，人権，消費者問題，フェアトレード，開発の領域）から18団体がコア・メンバーとして，また欧州議会や関係するECの部局の他，OECD，ILO，UNEPなど11団体がオブザーバーとして参加した。そこでは，具体的な課題に対する取り組み方，施策・規則に対する考え方について対立や隔たりが明らかとなったが，NGOも含め関係するステイクホルダーが一堂に会し，CSRについて議論しあうことはこれまでなかったことであり，このプロセス自体に大きな意義があった。その後EUの景気も必ずしも上向きにならず，失業率も改善

されない状況が続き，2008年には金融危機が起こった。しかしCSRの議論はすでにグローバルに広がっており，1970年代のオイルショックの時とは異なり，ブームが消失することはなかった。その後のECでの議論は，CSRはEUの経済成長や労働の問題に対する戦略に貢献するという理解が強くなり，企業サイドがリードする形になっていった。ECでは2010年に「ヨーロッパ2020戦略」を提示し，スマート（知識，イノベーションをベースとする経済の促進），サステナブル（資源効率的で競争力のある経済の促進），インクルーシブ（排除せず受容し，高い雇用を促進する経済をつくる）な成長を目指す戦略を示している。ここでは，持続可能な成長を続けていく戦略の中にCSRを重要な要素と位置づけている。翌2011年にCSRコミュニケーション・ペーパーが発表された（A renewed EU strategy 2011-14 for Corporate Social Responsibility）。そこではCSRを評価する市場を高めていくこと（とくに消費，政府調達，責任投資），環境・社会に関する情報開示のあり方を改善していく，教育，研修，研究にCSRを組み込んでいく，ヨーロッパとグローバルなCSRへの取り組みを一致させるように進めていくことなどを重要なアジェンダとして示した。

　またECは2008年の「競争力レポート」（European Competitiveness Report：毎年マクロ，ミクロのレベルから各国の競争力を分析し政策課題を提示）において，CSRは企業の競争力に積極的なインパクトを与えており，その関係性は強くなっていると分析し，積極的な取り組みを奨励している。また，CSRとイノベーションのポジティブな関係を指摘し，グローバルな社会的課題に取り組んでいくに際し，イノベーションを生み出すことが，新しい企業価値の創造につながるとしている。

　2000年前後以降学界の動向も活発になっている状況を少しみておこう。第1章で指摘したように，新しい学問領域が広がり定着してくると，新しい学会や会議，研究所や学部が設立され，専門的なジャーナルやテキストがつくられていく。欧米の主要な大学やビジネススクールに，企業と社会の研究領域にかかわる新しい研究機関が次々と設立されている。アメリカではBoston College Center for Corporate Citizenshipは古く，1985年に設立され多くの企業会員を組織している。2000年頃からは，例えばCenter for Social Innovation（Stanford, 1999），Center for Responsible Business（UC Berkeley, Haas, 2003）などが設置

され，多くの大学で研究が広がっていった。アメリカの専門学会International Association for Business and Societyは，1990年にスタートしている。

　ヨーロッパでは，例えばイギリスのInternational Centre for Corporate Social Responsibility（Nottingham大学，2002），フランスのBusiness in Society Centre（Insead Business School, 2006），スペインのInstitute for Social Innovation（ESADE, 2007）などがスタートしている。ヨーロッパを中心とした学会EABIS（European Academy of Business in Society, 2002年, 現ABIS：Academy of Business in Society）や，国際会議CSR International Conference（Humboldt, 2004年から2年に一度）がセクターを越えてグローバルな議論を展開している。また90年代頃から多く専門ジャーナルも発刊され，活発に研究が進められている（詳しくは，谷本，2017参照）。

第3節　社会的に責任ある企業とは

1．CSRへの誤解

　本章最後にCSRとは何か，について考えておこう。CSRには多様な議論があり，定まった定義はないという声もあった。しかしそこには断片的・経験的なCSR理解があふれており，グローバルな理論的・実務的議論への理解がなされていないことが多い。もちろん学問的なベースや視点によってフォーカスされる部分は異なってくる。また時代とともに企業に期待される役割・責任が変化していることも理解する必要がある。まず一般的にみられるCSRへの誤解についてまとめておこう。

❶　CSRとは「本業そのものが社会に貢献すること」。古典的な誤解であるが，今でも根強く存在する。例えば日本の建設業界では，2006年に行われた調査（建設経済研究所）において，CSRとは何かの質問に，品質のいい施工（65.6%），その取り組みの度合いについてはすでに取り組んでいる（62.4%），その理由としては，企業として当然（85%）と答えていた（その後この考え方は変わっている）。また，雇用の維持・保障が企業に求められる責任だという理解もみられたが，それがCSRということではない。そもそもCSRにおいて何が議論されているかを知る必要がある。

❷　CSRとは「社会貢献活動（社会還元）を行うこと」。この誤解は今でも少な

くない。とくに日本の金融業では，2006年の調査（金融庁）では，CSR重視
をする預金取扱金融機関は78.1％あったが，その内容を聞くと，「地域貢献」
32.7％，「社会貢献」27.9％，「環境保全」15.1％という回答であった（その後
変化している）。このように業界によって古い理解が残っていたことが指摘さ
れる。

❸　CSRとは「経済性と社会性のバランスをとること」。一般に，図3-6のよ
うに天秤の左に経済性，右に社会性を置き，そのバランスが大事だと説く。
これは日常感覚的に広く受け入れられやすい見方である。しかし企業経営に
おいてこの2つの側面は別々に存在するものではない。例えば，人の採用，
昇進の評価プロセスにおいて，人権の問題を切り離すことはできない。ある
いはまた環境汚染を社会貢献活動で埋め合わせることはできない。

図3-6　経済性と社会性のバランス

❹　CSRとは「経済的責任やその他の責任と段階的に理解すること」。Carroll
（1979）の段階説：経済的責任（利益を得ること），法的責任（法律を守ること），
倫理的責任（正しく，公正であること），フィランソロピー責任（良き企業市民
であること）は，広く知られている（図3-7）。しかしながらそれは用語の

図3-7　CarrollのCSRのピラミッド

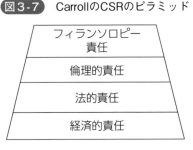

| フィランソロピー
責任 |
| 倫理的責任 |
| 法的責任 |
| 経済的責任 |

出所：Carroll（1979），pp.499-500.

説明であって，❸と同じように実際の経済活動のプロセスにおいて法令遵守，倫理が求められるのであって，順番に段階的に存在するものではない。

❺　CSRとは「ステイクホルダー間に公平に利益を配分すること」。利益は，株主のみならず，関係するステイクホルダーに適切に配分されることが重要であると言われる。しかしCSRの議論で重要なことは，利益の配分の仕方ではなく，その利益を獲得していくプロセス，その企業経営のあり方自体を問うことである。

❻　CSRは「法令や規則を遵守すること，コンプライアンスにある」。コンプライアンスはCSR経営の一番ベースであるが，CSRは企業が不祥事を起こしたことに対して責任をとるというレベルにとどまるものではなく，マネジメントのあり方自体が問われているのである。「コンプライアンスは法律レベルの問題で，CSRは自ら行う経営レベルの問題である」という理解もみられるが，コンプライアンス体制を整え（古い組織文化を見直し），実効あるものにしていくためには，経営体制が問われ，経営トップがイニシアチブをもって取り組むべき課題である。

❼　CSRではなく「CSV（Creating Shared Value）である」。Porter & Kramer（2011）では，これまでのCSRとは基本的に何か良いことをすることであり，CSVは経済活動を通して価値を生み出していくことだと理解し，製造，バリューチェーン，ローカルクラスターにおいてビジネスにも社会にも利益を創出していくことが重要だとしている。第4章第1節で詳しく取り上げるが，CSVの議論はCSRを狭く捉え，社会的・環境的問題が問われている現状やこれまでの議論も踏まえることなく，自らの旧来の戦略論にCSRの議論の一部を接合したものにとどまっている。

❽　その他CSRを経営課題の1つとして解釈し，「特定の社会的・環境的目標が達成されればもう活動の必要性はなくなる」と理解するもの。CSRが企業経営の問題として問われている潮流や意義を理解せず，手短な個別経営課題に落とし込んでしまうことは，後段にみるCSRの制度化の弊害としてみられる現象である（第4章第3節，第5章第3節参照）。

2．本書の捉え方

様々なCSRの定義の中でも，本質的なポイントを押さえているECの理解が

本書の考え方に最も近い。p.76でみたGreen Paper（2001）において，「企業が社会的・環境的関心をビジネス活動の中に，またステイクホルダーとの関係の中に，（CSRを）自発的に組み込んでいくこと」と捉え，White Paper（2002）においては，「CSRは法的な要請を超えて，自発的に行われるものである。企業は経済・社会・環境への配慮を事業活動に組み入れる必要がある。CSRはコアの活動に付加されるものではなく，ビジネスのあり方そのものである」と理解している。また2011年のECの報告書では，企業の社会への影響に対する責任と定義し，そのためには法令を遵守し，ステイクホルダーと協働し，社会的・環境的問題を事業活動や中核的戦略に組み込んでいくことを改めて強調している。

　本書では，以下のように定義しておこう（表3-6）。CSRとはまず，❶責任あるマネジメント・システムを構築すること。経営プロセスに社会的公正性・倫理性，環境や人権などへの配慮を組み込むこと，そしてステイクホルダーに対しアカウンタビリティを果たすことである。その上で，❷社会的課題に取り組み持続可能な発展に貢献することも求められるようになっている。それには1）社会的事業として，2）フィランソロピー活動として取り組むことに分けられる。❶がCSR経営の基本で狭義のCSRを指し，それに❷を含めて広義の

（表3-6）　本書のCSRの定義

❶社会的に責任ある経営

経営活動のあり方	経営活動のプロセスに社会的公正性・倫理性，環境や人権などへの配慮を組み込む
	→〈法令遵守・リスク管理の取り組み〉と〈新しい価値を創造する積極的取り組み〉（＝イノベーティブな取り組みの必要性）

❷社会的課題への取り組み

1）社会的事業	社会的商品・サービス，社会的事業の開発
	→〈新しい社会的課題への取り組み〉（＝社会的価値の創発：ソーシャル・イノベーション）
2）社会貢献活動	経営資源を活用したコミュニティへの支援活動
	・本業から離れた支援活動（金銭的/非金銭的寄付） ・本業の技術・ノウハウを活用した支援活動
	→〈戦略的なフィランソロピーへの取り組み〉

出所：谷本（2002b），p.201；谷本（2006），p.69など一部修正。

CSRと理解する。❶が企業経営の基本であり，ここが達成できないのであれば❷に注力しても社会に責任ある企業として評価されない。

❶のポイントは，CSRの考え方を経営プロセスに組み込んでいくことである。具体的な取り組みとしては，例えば製品の品質や安全性，環境対策，採用や昇進時の公平性，人権への配慮，情報開示，途上国における労働環境など，多様な活動が含まれる。ここでは，責任ある経営のあり方自体が問われ，イノベーティブな取り組みが求められている。

❷の1）社会的事業は，社会的な課題の解決をビジネスとして取り組み，新しい価値を創出することである。社会的な商品・サービスの提供や，事業の開発を行うプロセスにおいて，ソーシャル・イノベーションを生み出す取り組みが，市場社会から期待されるようになっている。例えば，環境配慮型の商品・サービスの開発，貧困支援のBOPビジネス（BOP：Bottom of Pyramid，詳しくは第7章参照），エコツアーの開発，フェアトレードを組み入れていくこと，地域再開発にかかわる事業の推進などが挙げられる。

❷の2）社会貢献活動は，経営資源を活用したコミュニティへの支援活動で，フィランソロピー活動を指す。本来は本業を離れ，コミュニティが抱える様々な課題の解決に対して経営資源を活用して支援することである。それは，金銭的寄付のみならず，製品や施設など非金銭的な寄付を通じた社会貢献の方法もある。さらに本業の経験や技術を生かし，社会貢献活動の新しい可能性が広がっている。そこでは❷の1）との境界線上にあるような新しい取り組みが次々と生まれている（詳しくは第6章参照）。いずれにせよ資源は限られているので，企業としては持続可能な発展に貢献する明確なビジョンを立て，社会的インパクトを考え戦略性をもって取り組むことが求められる（＝戦略的フィランソロピー）。

スイスに本社を置く製薬会社Novartisは，図3-8のように自社のミッション，ビジョンに基づいてCorporate Responsibility Strategyを❶と❷に区分して示しており，本書の考え方と同じである。

ところで，CSRに関連した用語がいくつかみられる。例えば，株式会社としての責務を広く捉えて企業責任Corporate Responsibility，地域社会との関係性を意識して企業市民Corporate Citizenship，SDGsで示されている課題を念頭にSustainabilityを選択する理解もみられる。それぞれ背景の異なる用語で

図3-8 NovartisのCSRの捉え方

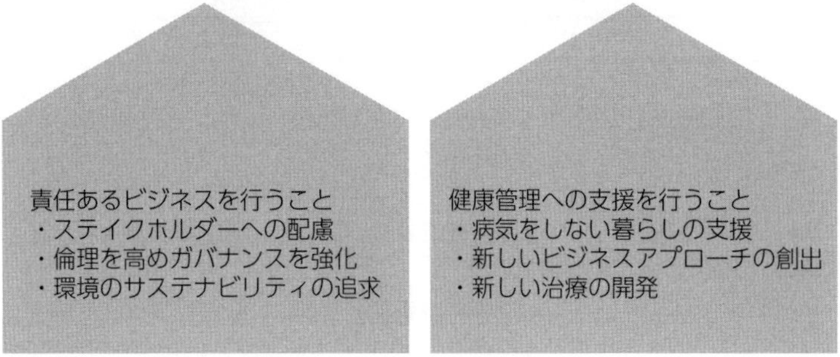

責任あるビジネスを行うこと
・ステイクホルダーへの配慮
・倫理を高めガバナンスを強化
・環境のサステナビリティの追求

健康管理への支援を行うこと
・病気をしない暮らしの支援
・新しいビジネスアプローチの創出
・新しい治療の開発

出所：Novartis, Corporate Responsibility Report, 2017, p.10より。

はあるが，現場においてはほぼ同義に捉えられており，基本的に環境，社会，経済の課題を踏まえ（Triple Bottom Line），持続可能な企業経営を考える点は同じ方向性にある。

3．市場社会の動向

　本章での議論で確認しておくべきことは，持続可能な発展を求める市場社会の中で，消費者・市民からの企業に対する批判や期待の声が大きくなり，企業に求められる役割や責任が大きく変化してきたこと，そしてそういった声が市場の外からの批判（批判運動，訴訟）にとどまらず，市場を通して企業に影響を与えるようになっていることである。

　ここまでCSRを求める時代の大きな潮流があることをみてきたが，企業がCSRに取り組むインセンティブはどこにあるのか，それはどのような状況においてか，ということについて考えておこう。そこでのポイントは，市場がCSRを評価するかどうか，市場のメカニズムがどのように機能するかにある（Tanimoto, 2004）。つまり，もし市場がCSRを踏まえた企業活動を全く評価しないのであれば，社会的ミッションをもった企業，ソーシャル・エンタープライズなどを除き，一般に企業は積極的に取り組むことはしないであろう。逆にCSRを求める社会的な動きが広がり，市場がCSRを評価するようになってくると，企業はその動きを無視できなくなる。社会的な批判運動だけではなく，消費者，投資家，金融機関などの市場行動：消費，投資，融資などによって，企業活動をポジティブにあるいはネガティブに評価することが重要なポイントで

84

表3-7 市場におけるCSR基準と機能

対象市場	主体	基準	機能
消費市場	消費者	消費者の購買基準	消費者の選択基準に，社会的・環境的要因が入る→消費行動（ボイコット／バイコット）グリーン／エシカル・コンシューマー
金融市場・株式市場	金融機関個人／機関投資家	投融資の基準	・CSRが投融資の基準に入る ・社会的に責任ある投資
原材料市場	一般企業，政府	調達・購買の基準	・調達・購買の条件にCSRが入る ・CSR調達（サプライチェーン）

ある。例えば，表3-7のように，消費者がCSRを果たさない企業の商品を買わないボイコット（boycott）運動，逆にCSRを果たしている企業の商品は積極的に買うバイコット（buycott）運動を挙げることができる。これは消費市場における消費者の行動である。また株式市場において投資家がCSRを果たしている企業を評価し積極的に投資する，あるいはCSRを果たしていない企業には投資しない。これは社会的に責任ある投資におけるスクリーニングである（第8章第2節参照）。さらに，金融市場において金融機関がその融資の基準に社会的・環境的基準を組み込むこと。サプライヤーとの取引契約において親会社が社会的・環境的基準を組み込み，商品，その製造プロセス，さらに経営のあり方にCSRを求めるCSR調達（第4章第2節参照）。また政府が購買する際の公共調達の基準にCSRが入ることも大きな影響力をもつ。CSRの取り組みを無視すれば，消費者，投資家，そして金融機関から評価されなくなる。このようにCSRを評価する市場が成熟してくれば，企業は積極的に対応せざるを得ないが，それが不十分な状態であれば，形式的な取り組み（ceremonial compliance, window dressing）が増えるだけで，CSRは企業に定着せず，経営の強みにはならない。この点は，第4章第3節で検討する。

　市場がCSRを評価するようになり，市場取引の中にCSRの項目が入ってくるようになると，企業は積極的に対応せざるを得ない（無視できない）状況になってくる（市場がCSRをどのように評価するかについては第8章第1節で考える）。そこではCSRの議論は理念論ではなくなり，企業にとって戦略的な経営課題となり，競争力につなげていくことが求められる（第4章参照）。また持続可能な発

展への取り組みは，横並び的対応では新しい価値を生まない。それぞれの企業ならではのイノベーティブな取り組みが求められる。

第4章

責任ある経営のプロセス

第1節　責任ある経営は何を目指すのか

1．サステナブルな経営

　責任ある経営を考えるに当たって，前章で定義したように，CSRを大きく2つの局面から捉えることができる。まず企業経営のあり方そのものを問い直し，社会的に責任のあるサステナブルな経営を行うこと。そして社会的課題に社会的事業あるいはフィランソロピー活動を通して取り組み，持続可能な発展に貢献すること。

❶　社会的に責任ある経営：経営プロセスに環境・社会への配慮を組み込む
❷　社会的課題への取り組み：1）社会的事業，2）フィランソロピー活動

　先にNovartis（図3-8）でもみたように，近年CSRをこの2つの視点で区分し捉える企業は増えてきた。日本の企業でも，例えばNECは「事業活動を支える社内のマネジメント」と「事業活動をとおして解決に取り組む社会的課題とニーズ」と分けているし，富士フイルムは「事業プロセスにおける環境・社会への配慮」と「事業を通じた社会課題の解決」と分けている。

　本章では❶のプロセス，CSRをマネジメントに組み込み，統治する仕組みをつくっていくことを考えていく。❷については第6章で取り扱う。CSRにかかわる様々な行動規範や基準が求められたり，各ステイクホルダーからの批判あるいは期待が高まってくると，企業はCSRの動向を無視できなくなり，対応を求められる。とくに前章でみたように，ステイクホルダーが市場でどのように

企業を評価し，行動するかがポイントである。

例えば，1）消費市場におけるグリーン／エシカル・コンシューマーの動き（ボイコット，バイコット），2）サプライチェーンにおける取引契約や政府調達にCSRに関する基準を組み入れる動き，3）資本市場における社会的に責任ある投資，そこでの社会的スクリーニングが企業の評判に影響したり，機関投資家・資産運用会社によるエンゲージメントや株主行動がガバナンスに影響を与える動きなど。このような動きとともに市場が変化してくると，企業は受け身の（形式的な）対応ではなく，積極的な戦略的対応が求められ，マネジメントの各レベルで対応が求められるようになる。

ところでこれまで経営学の領域において持続可能性（サステナビリティ）と言えば，個々の企業にとって持続可能な成長をもたらすように「持続可能な競争優位」（sustainable competitive advantage）をいかに勝ち取るか，と理解されてきた。そこでは企業行動がもたらす環境・社会への影響を考慮するという発想はなかった。経営戦略論は，基本的に市場において経済的な付加価値を高められるよう競争優位を築くことに目的が置かれてきた。

しかし，市場環境が大きく変動しそのベースにある価値が変化してくると，従来の競争戦略の前提が変わってくる。企業の持続可能性は，市場におけるポジショニングや競争優位な資源の獲得ということにとどまらず，そもそも企業は何のために存在するのか，社会とともに持続可能に発展していくにはどうすれば良いか，を考えることが求められるようになっている。サステナビリティ革命の時代にあって，株主価値は，経済・環境・社会をトータルに捉える視点がなければ達成されないし，社会的・環境的課題の解決に貢献するイノベーションを創出していくことが新しい価値を生み出すことも理解され始めている。そこでは，これまでとは異なるビジネスモデルや，組織文化，経営手法が必要とされている。

2000年前後からCSRを踏まえた経営に対する認識は高まっており，それは2008年のリーマン・ブラザーズ破綻をきっかけとして広がった金融危機を経ても，1970年代の石油危機の時とは異なり衰退することはなかった。この点，日本でも同じような反応がみられた。多くの日本企業は，金融危機後に予算や事業内容の優先順位などを見直しているものの，CSRに関する基本原則や姿勢は変わっておらず，大多数がCSRを持続可能な社会づくりに貢献するものと捉え

ていた（経団連2009年CSRに関するアンケート調査）。しかしながら，次章で明らかにするように，多くの日本企業において急速に設置されてきたCSRの諸制度は，必ずしも実効性を伴っているわけではなかった。一般にCSRブームといっても，なぜCSRに取り組むのか不明確であり，多くの企業はCSRをアピールしやすい部分（例えばフィランソロピー活動や近年ではSDGs対応など）にフォーカスし，マネジメントの重要課題として取り上げてこなかった，ということが指摘されている（Utting & Marques, 2010；谷本，2013）。

　グローバル企業の経営者たちは，持続可能な事業活動を行っていく経営について，金融危機後においてその姿勢を再確認している。2010年の調査では（A New Era of Sustainability, UN Global Compact - Accenture CEO Study），93％のCEOは「サステナビリティを組み込んでいくことはビジネスの成功にとって重要である」と答えている。さらに，サステナビリティ経営（環境E，社会S，ガバナンスG）に関して，以下の質問に賛同するあるいは強く賛同すると答えた割合は高く，金融危機前の2007年の結果と比べると，減るどころか逆に増えていることがわかる。

- ●ESGを戦略と実施に組み入れるべき－96％（2007年72％）
- ●ESGを取締役会で議論し実行すべき－92％（69％）
- ●ESGを関連会社の戦略と実施に組み入れるべき－91％（65％）
- ●ESGをグローバル・サプライチェーンに組み入れるべき－88％（59％）

　同報告書は，「サステナビリティは2007年にはビジネスの周辺課題であったが，今ではその重要性を増し，競争のルールを変え始めている」と指摘している。

　2010年代に入ると，サステナビリティ経営へのCEOの認識は高くなっている。McKinsey Global Survey（2010）によると，76％のCEOが「サステナビリティは長期的な株主価値に貢献する」と答え，50％のCEOは「短期的な価値創造に貢献する」とも理解している。さらに，「サステナビリティは企業戦略全体からみて重要である」60％，「サステナビリティにかかる領域に投資を行っていくことがさらに企業の評判を高める」55％と答えている。

　サステナビリティを経営に組み込み実践していくことの意義については，市場での評判を高めるということにとどまらず，より具体的な価値を生み成果を

示すことが求められるようになっている。例えば，エネルギー節約やグリーン製品の開発・生産，作業効率を高めコストを下げる，また組織の活性化，従業員の動機づけなどを通して付加価値を生み出す道筋が問われている。企業はサステナビリティを単なる理念としてではなく，リスク管理，生産効率の向上からさらにイノベーションを生み出し，社会にインパクトを与え新しい市場をつくり出していく契機とすることが期待されている。

　一方で多くの企業がまだ十分に取り組めていないという実態も指摘されている（UN Global Compact-Accenture　CEO on Sustainability, 2013）。実際に「サステナビリティをビジネス・プロセスに組み込んでいる」と答えたCEOは29％にとどまっている（具体的には，経営理念，戦略計画，外部とのコミュニケーション，マーケティング，企業文化などへの組み込み）。全く取り組んでいないと回答した15％と比べるとほぼ2倍の数字ではあるが，認識と現実の間にはギャップが存在している。2010年前後の段階で，多くのグローバル企業ではサステナビリティ経営の重要性が指摘されていたものの，サステナビリティを組み込んでいくということはこれまでのマネジメントのあり方を変革させていかなければならず，容易に進んでいくわけではない。個々の企業経営のレベルから市場社会全体を含め，サステナビリティ革命が定着していくには，まだ時間がかかる。

　またこの早い変化に対し学問の方も必ずしも対応しきれていない。企業と社会，CSR，倫理の領域での研究は急速に増えてきているものの，伝統的な経営学の諸領域における研究では，まだCSR／サステナビリティ概念を組み込み，既存の体系を捉え直すことはできていない。経営学がサステナビリティ革命に適応し再構築されていくにはまだ時間がかかるであろう。

2．CSRとコーポレート・ガバナンス

　CSRやサステナビリティの概念をマネジメントのプロセスに組み込むということは，経営理念の中に基礎づけ，経営計画，経営戦略に組み込んでいくことである。そしてそのマネジメント・システムを全体として統治していくシステムが求められる。つまり中期経営計画にCSRを踏まえた課題を明記し，各部署，事業ごとに具体的な目標を立て，アクションプランを示していくこと。各部署はそれに基づき定期的にチェックを行い，その成果を全社的に確認していく。通常の業務の流れや管理の仕組みの中にCSRが組み込まれ，その目標が達成さ

れているかどうかをチェックしていくことがポイントとなる。その意味で，CSRの課題は全体としてコーポレート・ガバナンスのシステムの中で捉えられる必要がある。

　CSRとコーポレート・ガバナンスは，これまで別々に議論されてきた。しかし，近年これらは相互に関連する概念と捉えられるようになっている（Tanimoto, 2013；谷本，2014；企業と社会フォーラム編，2014）。従来コーポレート・ガバナンスは，もっぱら会社機関である株主総会，取締役会，監査役会などのあり方に焦点が当てられ，株主利益を保護するため経営者の行動をコントロールすることが強調されてきた。ガバナンス研究で重視されてきたのは，経営者の自己利益の抑制と株主利益の保護に関するものであり，これは狭義のコーポレート・ガバナンス概念と言うことができる。重要なことは，経営者の行動を全体としてコントロールするメカニズムをつくり出すことであり（Tricker, 1994），それは取締役会の適切な仕組みをつくることにとどまらず，会社をリードするビジョンから，経営計画，戦略をつくっていくことまで含まれる（Cadbury, 2000；Page, 2005）。これはすべてのステイクホルダーに対するアカウンタビリティを向上させるためにも重要であり，それによって株主の権利と同様，その他のステイクホルダーの権利も保護されることになる（Keasey & Wright, 1997）。現実の経営者は，株式会社にかかわる様々なグループの利害衝突を調整する仲裁役として機能している（Blair & Stout, 2001）。CSRを踏まえた経営体制をつくっていくことは，企業内および企業外にポジティブな関係をつくり出し，信頼性を高め，ステイクホルダーとの関係を強化していくことになる。このように，コーポレート・ガバナンスを経営者と株主の関係という狭い法的な概念として捉えるのではなく，組織内外のステイクホルダーとの関係の中で経営活動を自らチェックしていくメカニズムとして理解することが必要である。その関係は図4-1のように捉えることができる。企業は，経済的，環境的，社会的課題に関するステイクホルダーからの期待に応えることができなければ，株主価値を高めることはできない。形式的なガバナンスへの対応がCSR経営の促進を妨げてしまう（古村，2018）。株主の権利・利益と同様ステイクホルダーのそれらも守り，企業価値を高めるように理解するコーポレート・ガバナンスの捉え方は，CSRの考え方とつながる。

　とくに金融危機後，企業は戦略とリスクマネジメントを強化するために，

図4-1 CSRとコーポレート・ガバナンスの接点

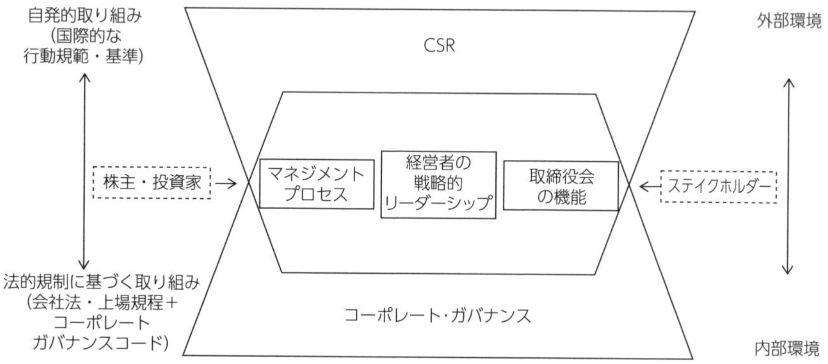

出所：Jamali et al.（2008），p.456に加筆・修正。

CSRとガバナンスの2つの概念を統合する取り組みを始めている，と指摘されている（KPMG International Survey, 2008）。第2節では，具体的にどのような経営システムがつくられているかを説明していこう。

3．経営戦略の理解

　CSRをどのように経営プロセスに組み込み，競争力につなげていくか，どのように組織づくりを行うか。サプライチェーンにおける労働者の人権に配慮し，労働環境の向上を高める管理体制をどのように構築していくか。また持続可能な社会づくりに寄与するイノベーションをどのように生み出していくのか。サステナビリティ経営の様々な課題に戦略的に取り組んでいくことが求められている（企業と社会フォーラム編，2015）。

　このような時代の潮流に既存の経営学者も反応している。例えば，競争戦略論で有名なMichael Porterの議論の変化をみてみよう。Porterは，1980年代から90年代にかけて，市場における競争優位を目指す経営戦略論を展開してきた。その著書『競争の戦略』（Porter, 1980）では，市場におけるコストリーダー，差別化，集中といった基本戦略から競争要因を分析し，さらに『国の競争優位』（Porter, 1990）では，特定の国で産業によって異なる競争優位をもたらす決定要因について分析してきた。この戦略論のベースには株主価値の最大化があり，持続可能な競争優位性が語られ，そこに「環境・社会」，「社会的責任」

といった視点は存在しなかった。当時のアメリカ社会においてCSRの議論は広がり始めていたが，Porterに限らずそれは経営戦略論の課題とは捉えられていなかった。

　90年代に入ると，アメリカ社会で重要なテーマとなっていた環境，インナーシティといった問題を無視することはできず，Porterはそこに新しいビジネスの可能性を見出し，戦略的に取り組む必要性を説いた（Porter, 1995；Porter & Van der Linde, C., 1995）。しかしそれらはCSRを求める議論とは，発想が異なるものであった。

　ところが，90年代終わり頃からグローバルに持続可能な発展を求める大きな潮流が広がり，これまでの経営戦略論もその枠組みを広げCSRを位置づけることが求められてきた。Porterもそれに反応し，まずフィランソロピー活動に注目し，それをチャリティとしてではなく戦略的な視点から捉え，企業の経済的価値と社会的価値を結合させトータルな価値の最大化を目指していくことが重要であると主張した（Porter & Kramer, 2002）。その後，競争戦略と社会との関係から議論し，CSRを重要な戦略としてビジネス・プロセスに組み込むことで，企業と社会双方に価値を生み出していくことを強調している（Porter & Kramer, 2006）。そうした価値を生むことが，企業の競争力に結びつくとし，3つの方向性を示している。これまで市場が見落としてきた社会的ニーズに合った新しい製品・サービスの提供を行うこと，バリューチェーンにおいて社会的課題に取り組むこと，そしてオープンな市場をつくり地域のクラスターを強化していくこと。ビジネスの活動と社会が影響しあい，そのプロセスで共有価値（Creating Shared Value：CSV）が創出されると主張している（Porter & Kramer, 2011）。Porterらはビジネス活動を通して社会にプラスのインパクトを与えていくことで市場における競争優位につながる，と戦略的CSR（CSV）の重要性を説いた。彼の戦略論の中に「企業と社会」の視点を入れようとしたと言える。

　CSRではなくCSVだという主張は，一部の企業現場では新しい発想（CSRより一歩進んだビジネスモデル）だと受け止められたようであるが，問題の多い議論である。そもそもPorterらのCSR理解はフィランソロピーにとどまっており，現状の動きを捉えられていない。またビジネス活動が引き起こした社会・環境問題に厳しい社会的批判がなされていることへの視点はなく（Crane et al,

2014)，さらにこれまでなされてきたCSRに関する議論も踏まえられていない。例えば，企業がCSRを果たすことによって社会に良い結果をもたらすdoing well by doing goodという発想や，企業はビジネスを通して社会にも価値を生み出すBlended Value（経済的価値と社会的・環境的価値を融合させていく）という発想が必要であるということは，90年代から2000年代にかけて議論されてきた（Himmelstein, 1997；Sagawa & Segal, 1999；Zadek, 2001；Laszlo, 2008など）。PorterらのCSV論は，自らの旧来の企業モデルをベースにした戦略論の上にCSR論の一部を接合したものであり，サステナビリティの時代における企業観の変化や市場社会の変化を捉えられていない。企業は効率的に利益を追求するという動機だけで活動しているわけではない。ステイクホルダーとの関係からその目的やマネジメントの方法を見直していくことが求められている。

　企業は事業計画を立て，経営戦略を組み立てていくに当たって，CSRやサステナビリティの課題をどのように組み込んでいくか。企業は新しい市場社会に適応し，社会にインパクトを与え，同時に競争力を向上させていくイノベーションが求められている。CSRを経営戦略に組み込んでいくことの意味と課題について考えていこう。
　戦略とは一般に，不確定な環境と限られた資源をもとにいかに目標を達成するか，新しい価値を生み出し市場で評価を得ていく理論や方策を指す。企業戦略論においては，戦略のパフォーマンスを市場における競争優位性によって測ってきた。例えばBarney（1996）は，企業のもつ経営資源をどのように活用するか，他社がまねのできない強みを活かしていくことを強調し，次の4点から捉えている（VRIOフレームワーク）。1）経済価値（value）：企業の保有する経営資源やケイパビリティは外部環境の脅威や機会に適応できるか，2）稀少性（rarity）：その経営資源を支配しているのはごく少数の企業か，3）模倣困難性（imitability）：その経営資源を獲得，開発するコストは高いか，4）組織（organization）：組織的な方針や手続きは整っているか。これら4つの問いに答えることで企業の強みあるいは弱みを判断する。企業のパフォーマンスは，資本市場の期待収益率を上回っているか，生み出されている価値が業界において稀少であるか，そしてそれが持続的な競争優位となっているか，というように経済的な物差しで捉えられてきた。

　しかし，企業の置かれた市場環境自体が大きく変化していることを理解する必要がある。企業の強みや弱みを測る価値そのものや，社会が期待する企業の役割自体が変わってくると，その評価も変わってくる。Barney自身も，企業にとっての外部環境の変化や，そのベースにある価値自体の変化があると，従来の競争優位の前提条件が変わることになると指摘している。そこではシュンペーター的変革として，市場需要の予期せぬ変化，新技術の急速な進展，急激な政治変動などが挙げられている。サステナビリティ革命は，いわば市場のベースにある規範自体，システム自体の変化と言うことができる。

　サステナビリティを求める時代において企業に期待される役割や責任は変わってきており，企業は社会的文脈を踏まえた経営戦略を立てているかどうかが問われている。CSRを踏まえた企業活動を市場が評価するようになってくると，企業の戦略のあり方も変わってくる。企業が社会的・環境的課題に取り組み，ステイクホルダーと新たな関係を構築し，経済的にも社会的にも成果を生み出すイノベーションを創出することが，競争のカギを握る。

　戦略的CSRとは，「社会的課題へのイノベーティブな取り組みをコアのビジネス戦略に組み込むことで，先行企業の優位性を得て，長期的な価値を高めること」と指摘される（Zadek, 2006）。まず自社にとって重要な社会的課題を知ること，そして自社のもつ経営資源や技術を活用し，社会的・環境的課題にイノベーティブに取り組むことで，新しい価値を生み出していく仕組みをつくること。何が重要な課題か，どのような価値が期待されるのかは国・地域，また業界によって異なる部分も共通する部分もある。それぞれステイクホルダーとのエンゲージメントを通して，企業に求められる期待，要請を知る努力が必要である。

第2節　経営プロセスにどのように組み込むか

1．経営体制の構築

　CSRとはこれまでの企業経営のあり方を見直し，経営プロセスに社会的公正性・倫理性，環境や人権などへの配慮を組み込んでいくことが基本である。本節以下では次の3つのステップからその基本的なプロセスを説明していこう。

1）　経営体制の構築［ビジョン→行動規範→体制づくり・戦略の策定］

表4-1 経営プロセスへの組み込み

経営プロセス	ポイント
❶ 経営理念の再構築	・経営ビジョン，ミッション，価値の見直し
❷ CSR行動規範の策定	・行動規範の策定 ・国際的な基準や規範との調整
❸ マテリアリティの確定	・何が重要性の高い課題かを明確化
❹ トップ・担当役員 　→ミドル→現場	・担当部署の立ち上げ－関連部署との連携 ・全社的な対応の必要性（理解と評価）
❺ 中期経営計画の位置づけ	・経営計画と同様にCSRに関する計画の明確化 ・各部のアクションプランへの落とし込み 　（PDCA）
❻ 全社的体制づくり 　（グループ会社，調達先も含め）	・本社とグループ関連会社との連携 ・サプライチェーンに対する管理・調達方針

2） サプライチェーン・マネジメント［CSR調達］

3） ステイクホルダーとの関係［ステイクホルダー・エンゲージメントと情報開示：CSR／サステナビリティ報告書］

　「CSR経営」という特別な経営があるわけではない。日常の経営のプロセスにCSR／サステナビリティを組み込み，これまでの体制や仕組みを見直していくことである。まず経営体制の構築について，次の6つのプロセスから検討していくことにしよう（表4-1）。❶従来の経営ビジョンや理念，価値を見直し・再構築すること。❷CSR行動規範を策定し共有すること。❸経営にとって重要な課題（マテリアリティ）を明確にすること。❹経営トップ，各担当部署におけるミドルから現場に徹底していくこと。❺中期経営計画への位置づけ，各部署におけるPDCA（行動計画Plan→実施Do→監視Check→見直しAction），❻関係グループ会社も含めた全社的な体制をつくっていくこと（調達先も含め）。

注1：以下企業の取り組み事例をいくつか取り上げているが（2019年7月現在），企業の体制は適宜組み換えられるので，最新情報は各企業のHPなどで確認すること。
注2：SDGsの課題に企業がどのように取り組んでいくか，どのように経営に組み込んでいくかということについては，GRI，UNGC，WBCSDが協力して作成したガイド，SDG Compass：The guide for business action on the SDGs, 2015が参考になる（https://sdgcompass.org）。

❶　経営理念の再構築

　CSRに取り組むに当たってまず大事なことは，なぜCSRに取り組むのかを明確にすることである。そのためにはこれまでのビジョンやミッションを振り返り，つくり変えていくことが必要である。CSRの議論で求められていることを踏まえ，従来から引き継ぐもの，変えるものを整理すること。そして，どのような価値をベースにビジネスを行っていくのか，社内外のステイクホルダーに示していくことが重要である。10年後どのような会社になろうとしているのか，その方向性を定めるのは経営トップの役割であり，明確なコミットメントとリーダーシップが求められる。

　どのようなミッションやビジョンが示されているか，具体的な事例をみてみよう。例えば，Unileverはそのサステナビリティ経営には高い評価がなされているが，サステナビリティを暮らしの当たり前にという目標を掲げている。表４-２のように，そのビジョンでは「環境負荷を減らし社会に貢献しながらビジネスを成長させる」と謳い，ビジネスの成長のために人々や地球環境を犠牲にしてはならないとし，ビジネスのあり方を考えている。2010年以来サステナブル・リビング・プランをベースに，すこやかな暮らし，環境負荷の削減，経済発展を目標とした事業戦略に取り組んでいる。

　Patagoniaは，そのビジョンに「私たちの地球を守るためにビジネスを行っている」と示し，そのためにあらゆる事業面でサステナビリティを組み込んだビジネス活動を展開している。また日本の三井物産では，2004年にCSRを経営に取り入れる際に，経営理念を見直し，MVV（Mission企業使命，Vision目指す姿，Values価値観・行動指針）を策定している。その上でCSRの基本方針を定め，時代の要請とともに各部署で取り組んでいくよう体制を整えている。

（表４-２） Unileverの経営理念

ビジョン：環境負荷を減らし社会に貢献しながらビジネスを成長させる
サステナビリティの目標：ユニリーバ・サステナブル・リビング・プラン 「すこやかな暮らし：2020年までに10億人以上のすこやかな暮らしを支援」， 「環境負荷の削減：2030年までに製品のライフサイクルからの環境負荷を半減」， 「経済発展：2020年までに数百万人以上の暮らしを向上」

出所：https://www.unilever.comより。

❷　CSR行動規範の策定

　ミッション，ビジョンに基づき，次に具体的な行動規範・方針を定めていく
こと。行動規範を策定していくに当たって重要なことは，新しいCSR／サステ
ナビリティの発想や基準，とくに様々な国際的基準（OECDの多国籍企業行動指
針，UNGC，ISO26000など）をどのように組み入れていくか，にある。立派な
行動規範がつくられても，組織に定着していかなければ機能しない。

　Unileverは，ビジネスの成功のためには共に働くすべての人々，コミュニ
ティ，環境に対する最高水準の企業行動規範が必要だと理解しており，国際的
な規範を踏まえて主要ステイクホルダーごとの課題を示している（表4-3）。

（表4-3）　Unileverの企業行動原則

行動の規範：私たちは，正直・誠実・オープンを旨とし，社員の人権と権利を尊重して事業を行います。同様に，私たちが関係する人々の正当な権利を尊重します 　　法令順守，社員，消費者，株主，地域社会への参加，公共の活動，環境， 　　誠実な企業，利害の衝突，遵守－監視－報告，イノベーション，公正な競争

出所：https://www.unilever.comより。

　またソニーは，倫理的で責任ある事業活動を行いイノベーションを生み出し
ていくために，行動指針（公正である，誠実である，正直である，尊重する，責任
をもつ）を定めている。グループ会社すべての社員がこの指針をビジネス活動
のベースに置き，意思決定を行っていく上での行動規範を明確にし（表4-4），
倫理的な企業文化をつくる努力をしている。

（表4-4）　ソニーの行動規範

1．基本姿勢（人権や多様性の尊重など） 2．公正な雇用・労働（雇用上の差別や児童労働の禁止など） 3．商品・サービスへの責任（安全，環境保全など） 4．知的資産の保護（情報セキュリティも含め） 5．公正な取引（公正な調達，贈収賄の禁止など） 6．自律した経営（コンプライアンスや情報開示など） 7．一人ひとりの倫理的行動（インサイダー取引の禁止など） 8．一人ひとりの責任（通報窓口の設置など）

出所：ソニーグループの行動規範，2018より。

❸　マテリアリティの確定

　変化の激しい環境において，何が重要度の高い経営課題（materiality）なのかを明確にし，社内外のステイクホルダーと共に取り組んでいくことが求められている。市場社会から企業に期待される課題は広がっている。様々な社会的・環境的課題に直面し，なぜ，どのように対応するのか，そしてその課題の優先順位を定めていく必要がある（図4-2）。

　マテリアリティとは，そもそも会計において重要な情報と重要性に乏しい情報を区別して計算する「重要性の原則」として理解されてきた。CSR，非財務情報に関しても同様に重要性の高いものに焦点を当て，積極的に取り組み，活動結果を開示していくことが求められている。CSR報告書のガイドラインであるGRIがマテリアリティに関する報告原則を導入して以降，日本でもこの概念が定着している。企業にとって重要であるか重要でないかということは，市場社会の側と一致するとは限らない。マテリアリティを特定するに当たっては，自社の経営戦略上重要であるという視点と，ステイクホルダーにとって重要であるという視点の双方から考慮していく必要がある（図4-2）。後者について

図4-2　マテリアリティの決定

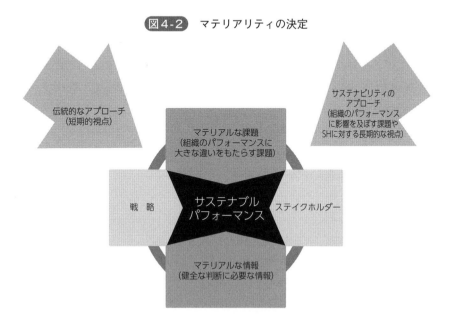

出所：AccountAbility, 2006, The Materiality Report：Aligning Strategy, Performance and Reportingより。

100

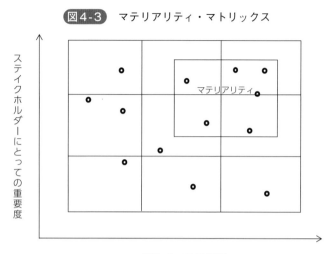

図4-3 マテリアリティ・マトリックス

ステイクホルダーにとっての重要度

マテリアリティ

企業にとっての重要度

は，ステイクホルダーとのエンゲージメントを通して声を聞き，それをどのように反映させていくかが重要になる。図4-3のようにヨコ軸に企業にとっての重要度，タテ軸にステイクホルダーにとっての重要度を置き，それぞれに重要な課題をマテリアリティとして位置づけていく。リスクを減らし，新たな機会を広げていくよう活動していくことが戦略的に定められる。

　例えば，花王はマテリアリティの選定に当たって，SDGsや，ISO26000，GRIなどのガイドライン，ステイクホルダーからの要請を踏まえ，自社の中期経営計画に3つの重点領域（エコロジー，コミュニティ，コーポレート・カルチャー）から9つのテーマを定めている。エコロジーでは，環境負荷ゼロの暮らしづくりに向け，資源循環，気候変動，化学物質というテーマを選定。コミュニティでは，誰もが気持ちよく暮らせる社会づくりに向け，清潔と衛生，健康と高齢化，ジェンダー平等を選定。コーポレート・カルチャーでは，信頼される企業となるため，花王の基本の価値観である王道を歩む（法令遵守など），人権，ダイバーシティ＆インクルージョンを選定している。

　抽出されたマテリアルな課題は，経営プロセスに位置づけ取り組んでいくことが求められる。例えば，SDGsに関連する課題に関して，SDG Compassガイドは図4-4のようにバリューチェーンに位置づけて示している。

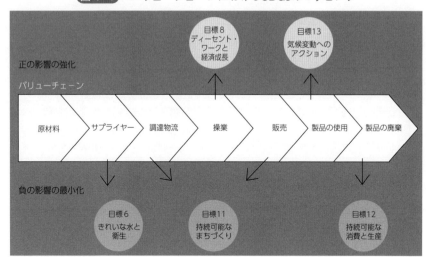

図4-4　バリューチェーンにおけるSDGsのマッピング

出所：SDG Compass, 2015, p.12.

❹　経営トップ・担当役員からミドルそして現場への徹底

　CSRやサステナビリティの課題を担う専門部署を立ち上げる際には，事前に
既存の部署との役割・権限の調整を行うことが大切である。課題によっては，
関連部署が柔軟に連携していくことが求められる。CSRにかかわる問題はCSR
部が対応するということではなく，全社的な対応が求められる。CSR部は全社
的・対外的調整役を担っているのであり，具体的な課題は各部署において取り
組まれる。そのためにはまず先にみた❶経営理念，❷行動規範について，経営
トップから担当役員，そして各担当部署におけるミドルから現場の全社員にま
で共有されていることが必要である。その上でCSRを企業の事業活動のすべて
のプロセスに戦略的に組み込んでいくことが求められる。

　例えば，花王ではサステナビリティ推進体制を図4-5のようにつくってい
る。社長をトップとするサステナビリティ委員会には，関係する部門，研究開
発，サプライチェーン管理，人材開発，コーポレート・コミュニケーション，
経営サポートの各執行役員が参加し，花王グループのサステナビリティ方針・
戦略，取り組みについて検討している。先にみた3つの重点領域について，関
係する部門が具体的な目標を設定し，PDCAサイクルによってグループ全体の
活動を管理している。多くの企業は，このような全社的なサステナビリティ委

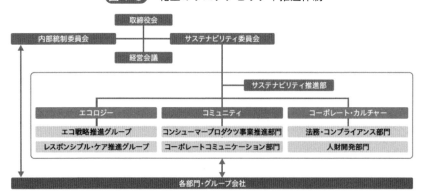

図4-5　花王のサステナビリティ推進体制

出所：花王サステナビリティデータブック2018より。

員会（社長または担当役員が議長）を設置し，マテリアリティの策定，社内の推進体制，社内外での対応を行っている。

❺　中期経営計画への位置づけ

　CSRやサステナビリティの課題は理念として謳うだけでは，現場では機能しない。トップの強いリーダーシップのもと，全社的に価値や理念を共有し，環境・社会に関する具体的な課題について「中期経営計画」に組み入れ，部署ごとに具体的な目標を立て，アクションプランを示していく必要がある。各部署はそれに基づき実行し，定期的にチェックを行い，その成果を全社的に確認していく。そして図4-6のように，戦略→行動計画Plan→実施Do→監視Check→見直しActionというPDCAのサイクルを回していくことになる。

　例えば，コニカミノルタはその中期経営計画にESGの観点から企業体質を強化し，中・長期的な企業価値を向上させていくため，サステナビリティ戦略を連動させている。6つのマテリアリティ（環境，ソーシャルイノベーション，顧客満足向上と製品安全，責任あるサプライチェーン，ヒューマンキャピタル，ダイバーシティ）の課題ごとに具体的な取り組みを示している（表4-5）。ここでは通常の業務や管理の仕組みの中にCSR・サステナビリティを組み込み，その達成度合いをチェックしていくことがポイントとなる。その意味で，CSRマネジメントは全体としてガバナンス・システムの中で捉えられる必要がある。そ

図4-6　一般的なPDCAサイクル

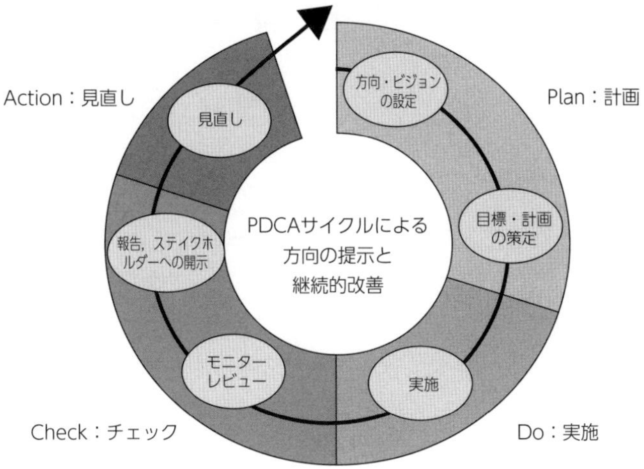

Action：見直し

見直し

方向・ビジョン
の設定

Plan：計画

報告，ステイクホ
ルダーへの開示

目標・計画
の策定

PDCAサイクルによる
方向の提示と
継続的改善

モニター
レビュー

実施

Check：チェック

Do：実施

出所：谷本編（2004），p.266より。

表4-5　コニカミノルタのマテリアリティとキーアクション（CSR目標）

マテリアリティ	キーアクション
環境	・グリーンプロダクツ ・グリーンファクトリー ・グリーンマーケティング
ソーシャルイノベーション	・社会課題解決に貢献する事業開発
顧客満足向上と製品安全	・高信頼品質の実現 ・新たな品質価値の創出
責任あるサプライチェーン	・サプライチェーンにおけるCSR調達の推進 ・紛争鉱物問題への対応
ヒューマンキャピタル	・ワークスタイル変革 ・人財育成 ・労働安全衛生 ・従業員の健康向上
ダイバーシティ	・女性のキャリア形成支援 ・社外での経験・グローバル視点の活用

出所：コニカミノルタCSRレポート2019より作成。

れぞれの部署においてPDCAのマネジメント・システムを構築，そして定期的
に活動報告を行うことが必要である。

❻　関係グループ会社も含めた全社的体制づくり（調達先も含め）

　子会社や関連会社（親会社が50%を超える議決権を所有している子会社，20%以上の議決権を所有している関連会社）についても，CSRの方針が徹底される必要がある。さらにサプライチェーンの会社が不祥事を起こした場合，親会社はその責任を免れない。財務報告については，親会社単体ではなく，企業グループとして連結決算が義務づけられている一方，非財務情報については日本では開示義務はなく（後述するように近年義務づける国が増えている），開示情報の範囲や内容は企業によってまちまちである。分野によって情報の範囲が異なっている場合もある。基本的にグループとして事業活動を展開しているのであれば，財務情報と同じく非財務情報も連動して開示することが求められる。

　調達先企業のCSRの管理状況についても，近年開示が要請されるようになっている。グローバルに調達のネットワークが広がる中，途上国では労働基準や環境規制が不十分であったり，監視のシステムが弱かったりする中で，スウェット・ショップ（搾取工場）が問題となっているからである。

　例えばコニカミノルタはサプライチェーンの管理について次のように考えている。「世界には強制労働や劣悪な環境で働かされている労働者が存在し，企業は製品だけでなく，製品をお客様にお届けするためのサプライチェーンについても労働（人権），倫理，環境，安全衛生の改善などの社会的責任を持つ必要がある」と。そこで，「調達方針」と「サプライヤー行動規範」を策定し，取引先に対し労働（人権），倫理，環境，安全衛生といった分野ごとに，目標基準を明示し，CSR活動に取り組むことを要請している。サプライチェーンを対象とした「調達基準」については，次項で考えていこう。

　以上❶〜❻の各プロセスにおいて改めて注意すべきことは，体制整備がなされてもそもそも目的が不明確であったり，形式的なものにとどまっていることである。従来の経営体制，組織文化が全く変わらないまま新しい制度を導入しても機能しない。CSRランキングで上位にある企業が，責任ある経営を実践できているかどうかはわからない。CSR調査は基本的に制度の有無を確認しているだけであり，体制が整っている企業には高いポイントがつくが，それが機能しているか，経営基盤が強化されているかどうかを伺い知ることはできない。CSRランキングで上位になっていた企業が，コンプライアンス，CSRやガバナ

ンスの体制は機能せず，不祥事を起こしたケースは少なくなく，中には経営危機から破綻した企業もある。後段みるように，CSR／サステナビリティを経営に組み込んでいくには，組織の構造や文化も同時に再編していく必要がある。

2．サプライチェーン・マネジメント

　90年代以降，グローバル化の進行と共にサプライチェーンが途上国に広がり，中には劣悪な労働条件や環境のもとで労働が強いられているスウェット・ショップが存在し，批判されるようになってきた。監視型NGO（watchdog型）がグローバルにネットワークを広げ，調査－情報提供を行うようになり，途上国における工場での労働・人権，環境の問題が明るみに出るようになっている。消費者がそういった問題に対しSNSで批判を広げたり，ボイコット運動を行うようになっていけば，企業イメージ・評価は大きく低下し，売上や株価の低下を招く。サプライチェーンにおけるCSRを配慮しないことのリスクが広がっていくことになる。

　親会社がサプライヤーに対してCSRを求めるようになり，調達基準の中に環境・社会にかかわる項目が組み入れられている。サプライヤーは，取引先から調達基準にCSRが組み入れられ求められると無視できない。取引契約の基本は品質・価格・納期であるが，そこに90年代以降環境に関する基準が組み込まれるようになり，さらに2000年代に入ると，コンプライアンスや労働・人権に関する項目が入るようになり，CSR調達と呼ばれるようになった（図4-7）。

図4-7 CSR調達

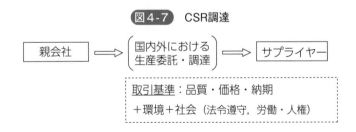

とくにグローバルにアウトソーシングが広がっている衣料品，スポーツ，おもちゃ，自動車，IT，エレクトロニクスなどのメーカーでは，労働・人権問題，環境問題について厳しい批判を受けた企業も多く（先のNikeの例のように），その反省からCSR体制，調達基準づくりに積極的に取り組んできている。例えば

取引先にUNGCへの調印を求めるケースもあれば，独自のCSR調達基準をつくり遵守を求めるケースもある。

例えばVodafoneは比較的早くから取り組んでいる企業であり，2003年から倫理購入コードを作成しサプライヤーとの契約に，1）人権，2）労働権，3）環境マネジメント，4）贈収賄といった項目を組み込んでいる。Renaultも2004年からCSR調達を始め，1）児童労働の禁止，2）強制労働の禁止，3）労働条件（機会の平等，雇用保護，職業訓練の実施，労働時間，公正賃金，従業員代表）を守ることを柱とし，サプライヤーに対し遵守するように働きかけている。

企業ごとの取り組みではなく，複数の企業が共同して取り組んでいるケースがある。アメリカのIT関連の企業は，CSR調達基準を協働して作成・実施するユニークな共同プラットフォームをつくっている。その背景を少しみておこう。

発端は，Hewlett-Packard（HP）社が2003年イギリスの貧困・人権NGO（CAFOD）からサプライチェーンにおける労働条件の改善を求められたことにある。HP社はそれを受けて，早速グローバルなサプライチェーンの管理に本格的にCSRを組み入れた。サプライヤー行動規範を定め，まず取引量においてトップ40のサプライヤーから適用し始めた。1）法令遵守，2）環境対策，3）従業員の安全・衛生対策，4）労働対策，そしてこれらの課題に取り組んでいく5）マネジメント・システムの設計を求めている。CSRの政策，実施計画を立て，パフォーマンスを測定すること，責任者を任命すること，定期的に評価し情報を開示すること，そして従業員への研修を行うこと。

この取り組みに同じIT系のDell，IBM，Cisco Systems，Microsoft，Intelなどがすぐに賛同し，HPのシステムをベースに共通の調達基準「エレクトロニクス産業行動基準」（Electronics Industry Code of Conduct）を策定し（表4-6），EICC（Electronics Industry Citizenship Coalition）という共同のプラットフォームを2004年からスタートさせている。EICCが共通の基準を示し，モニタリングを一括して行う。EICCは2007年に法人化し，2017年にはResponsible Business Allianceと名称を変えている。2018年現在140を超える企業が参加し，その年間売上総額は5兆ドルを超える。

EICCの代表は，設立当時のプレスリリースにおいて，「高いレベルの基準を

表4-6　エレクトロニクス産業の行動規範（バージョン6.0, 2018年）

Responsible Business Alliance Code of Conduct

A．労働	・雇用の自由選択・若年労働者・労働時間・賃金および福利厚生 ・人道的待遇・差別の排除・結社の自由
B．安全衛生	・職業上の安全・緊急時への備え・労働災害および疾病・産業衛生・身体に負荷のかかる作業・機械の安全対策・衛生設備，食事，および住居・安全衛生のコミュニケーション
C．環境	・環境許可書と報告・汚染防止と資源削減・有害物質・固形廃棄物・大気への排出・材料の制限・水の管理・エネルギー消費および温室効果ガスの排出
D．倫理	・ビジネスインテグリティ・不適切な利益の排除・情報の開示 ・責任ある鉱物調達・プライバシー ・知的財産・公正なビジネス，広告，および競争・身元の保護と報復の排除
E．マネジメント・システム	・企業のコミットメント・経営者の説明責任と責任・法的要件および顧客要求事項・リスク評価とリスク管理・改善目標・トレーニング・コミュニケーション・労働者のフィードバック，参加，苦情・監査と評価・是正措置プロセス・文書化と記録・サプライヤーの責任

出所：http://www.responsiblebusiness.org より。

適用していくことは，IT産業のサプライチェーンにおける労働条件を改善していくことになる。メンバー企業がともにEICCの基準を適用していくことで透明性も確保させていく」と述べている。このプラットフォームの意義については，第9章第2節において検討する。

　こういったCSR調達がサプライチェーンのネットワークに求められるようになっていくと，その影響の輪が広がっていく。例えばHP社が2003年にスタートさせた当初のトップ40 のサプライヤーの中には日本のNECも含まれていた。当時NECも自社のCSR体制を整えていた時期であったが，グローバルレベルでのサプライチェーンにおける労働条件も求められるようになり，それに合わせCSRの行動基準をつくり直している。グローバル・サプライチェーンの状況を踏まえた新しい企業行動憲章と行動規範を翌年発表している。

　以上のように，取引先企業からのCSRへの要請が広がれば，サプライチェーンに連なっている企業は対応を迫られる。海外の現地法人やサプライヤーにおけるCSR情報を管理できていない企業は，リスクが高まる。本社のCSR体制と同じく，調達基準を形式的につくるだけでは機能しない。実際にサプライヤー

に理解を求め，定期的にモニターし，支援・指導していくことが必要である。こういった作業には時間もコストもかかる。EICCのプラットフォームは，こういった個別企業の手間とコストを削減するメリットもある。サプライヤーとの信頼関係を構築し，CSRへの理解を共有していくことで，サステナブルなビジネスを進めていくことができる。

　調達基準には近年新たな課題が問われるようになっている。ここでは「紛争鉱物」（Conflict Minerals）のケースを取り上げておこう。スマートフォンを始めとする電子機器に使われる希少金属（レアメタル：とくにスズ，タンタル，タングステン，金，チタン，コバルトなど）についてその調達管理が問題となっている。それらの産出国は限られており，そのなかでも長年紛争が続き，多数の犠牲者が出ているアフリカのコンゴ民主共和国には，厳しい批判が向けられている。レアメタルへの需要が増えるほどその資金は武装勢力に流れ込んでおり，これを紛争鉱物と呼んでいる。多くの武装勢力や一部の政府軍は地域の市民を暴力で制圧し，劣悪な環境下でレアメタルを採掘させ（児童労働も含め），著しい人権侵害を犯している。周辺国から当該鉱物を購入することも含め，人道的・政治的視点から国際的に厳しい批判が向けられている。

　例えば，紛争鉱物に関して企業監視を行っているNGOのEnoughは，企業には責任ある調達が求められると主張している（https://www.enoughproject.org）。Enoughは企業が紛争鉱物を使っているか否か，情報開示を行っているか否かを調査し，ランクづけを行っている。図4-8は，各企業が調達先を明らかにしている割合を示している。

　ところで先のEICCは，ヨーロッパのIT企業を中心につくられた同様のプラットフォームであるGeSI（Global e-Sustainability Initiative）と共に2008年Conflict-Free Sourcing Initiative（CFSI）をつくり，第三者による監査プログラムを実施している。

　またアメリカ政府は，2010年紛争鉱物に対する規制を行っている。上場企業は自社製品に使っている鉱物（3TG：スズ，タンタル，タングステン，金）が，コンゴまたその周辺の武装勢力が管轄下に置く鉱山に由来するものか否かを開示することを義務づけた（Dodd-Frank Wall Street Reform and Consumer Protection Act：通称ドッド・フランク法）。日本ではこの問題への関心は高くな

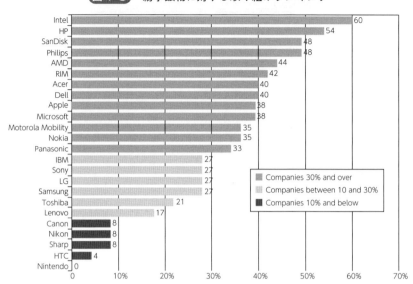

図4-8　紛争鉱物に対する取り組みランキング

- Companies 30% and over
- Companies between 10 and 30%
- Companies 10% and below

Intel	60
HP	54
SanDisk	48
Philips	48
AMD	44
RIM	42
Acer	40
Dell	40
Apple	38
Microsoft	38
Motorola Mobility	35
Nokia	35
Panasonic	33
IBM	27
Sony	27
LG	27
Samsung	27
Toshiba	21
Lenovo	17
Canon	8
Nikon	8
Sharp	8
HTC	4
Nintendo	0

出所：Enough Project, Conflict Minerals Company Rankings, 2012.

く，政府の規制はない。しかしアメリカで上場している日本企業はこのルール
に従わねばならなくなっている。さらにOECDは，2011年「紛争地域および高
リスク地域からの鉱物の責任あるサプライチェーンのためのデュー・ディリ
ジェンス・ガイダンス」をつくり，5つのステップで取り組んでいく枠組みを
示している。1）強固な管理システムの構築，2）サプライチェーンにおける
リスクの特定と評価，3）特定されたリスクに対処するための戦略の構築と実
施，4）独立した第三者による精錬／精製業者のデュー・ディリジェンスの監
査の実施，5）サプライチェーンのデュー・ディリジェンスに関する年次報告。
デュー・ディリジェンスは，もともとは投資を行うに当たって投資対象企業の
価値やリスクを事前に調査することを指す。とくに人権デュー・ディリジェン
スとは，人権問題や紛争鉱物問題などの管理において，その負の影響を回避・
軽減するためにその立場に相当な注意を払うことを意味する。企業の経営者は
その立場に相当な注意を払うための意思決定や管理の仕組みやプログラムを構
築しておくことが求められるようになっている（日弁連，人権デュー・ディリ
ジェンスのための2015ガイダンス，2015参照）。

表4-7　キヤノンの紛争鉱物に関する方針

アフリカのコンゴ民主共和国およびその隣接国から産出される一部の鉱物（タンタル，スズ，スズ，金，タングステン）は，グローバルなサプライチェーンを経由して広く流通し，当地の武装勢力の資金源になっているとして，「紛争鉱物」と呼ばれています。

紛争鉱物に関する米国法規制や国際機関であるOECDのガイドラインでは，サプライチェーン全体で，最終製品に紛争鉱物が含まれていないかを確認するための合理的な原産地調査またはデュー・ディリジェンス（適切な調査）が要請されております。

キヤノングループでは，お客様が安心して製品をお使いいただけるよう，お取引先や業界団体と協力の上，製品に使用される鉱物の来歴の確認と紛争鉱物の不使用に向けた取り組みを進めてまいります。

キヤノングループ各社のお取引先につきましては，紛争鉱物に関する国際的な状況をよくご理解いただき，紛争鉱物不使用にご賛同いただくとともに，キヤノングループ各社が実施する調査や監査にご協力いただくなど，グローバル・サプライチェーンの一員として，キヤノングループとともに責任ある鉱物調達に取り組むことをお願い致します。

出所：https://global.canon.jpより。

　こういった一連の動きを受けて，日本企業も対応を始めている。例えば，キヤノンでは表4-7のように紛争鉱物に関する方針を示している。今では多くのメーカーは，OECDの5ステップに基づいたサプライチェーン・マネジメントの取り組みを行っている。

　その他，強制労働・人身売買規制，有害物質規制，違法伐採木材規制に関し，近年アメリカやEU諸国では法規制化が進んでいる。例えば，イギリスでは2015年に現代の奴隷法（Modern Slavery Act）と呼ばれる規制が制定されている（オーストラリアも2018年に制定）。これは企業にサプライチェーンにおいて強制労働を根絶するための手順の報告を求めるものである。とくに1）奴隷・隷属・強制労働，2）人身取引，3）搾取（性的搾取，臓器提供の強制など）は大きな社会問題である。企業には「奴隷と人身取引に関する声明」を開示することが義務づけられており，そのためのガイドラインも示されている。

3．ステイクホルダー・エンゲージメント

　企業が事業活動に当たって，ステイクホルダーをどのように配慮し，アカウンタビリティを果たし，コミュニケーションを図っていくかということは重要な課題となっている。ステイクホルダーの声を聞き積極的な関係を構築していくことは，企業にとって価値の源泉となり，競争優位に導くと指摘されている

(Lawrence & Weber, 2017)。企業がその活動や意思決定プロセスに対してステイクホルダーがどのような関心をもっているかを理解すること，そしてステイクホルダーと良い関係をつくっていくことを「ステイクホルダー・エンゲージメント」と定義する。企業とその事業活動に関係するステイクホルダーが建設的な対話を通して，それぞれの考え方や期待を理解し，そこでの議論や提案を経営活動に反映させ，問題解決，信頼関係の構築を目指すことがポイントである。そこにはステイクホルダーからのリスクを減らすため管理しようとするステイクホルダー・マネジメントの視点ではなく，また単に対話にとどまるものでもなく，ステイクホルダーと協働し課題解決につなげていく双方向の視点がある。ステイクホルダーとのエンゲージメントは，その成果を経営のプロセスに組み込んでいくことが重要である（第2章）。

　ステイクホルダー・エンゲージメントの代表的な方法としては，次の4つが挙げられる。

❶　アンケート調査：テーマごとに特定のステイクホルダーの動向を知る方法。

❷　ダイアログ：特定の課題について関係するステイクホルダーの参加を呼びかけ，直接意見を聞く。個別会合，公聴会的なスタイルから，会議，ワークショップなど。

❸　アドバイス：特定の課題について意見を聞く。不定期的／定期的な諮問委員会など。

❹　経営参加：外部のステイクホルダーがCSR委員会やステイクホルダー委員会などに参加するスタイルも多くなっている。

　さらに，本社のある自国内のみならず，進出した国でステイクホルダーとの対話に取り組み，そこでの課題を知り，コミュニケーションを図ることはますます重要になっている。

　いずれの方法においても，ステイクホルダー・エンゲージメントは，[Plan] → [Prepare] → [Implement] → [Act, Review, Improve] の4つのステージを踏まえて行われる（AccountAbility, 2011）。以下そこでの課題について考えておこう。

❶　エンゲージメントの目的，対象・範囲を明確にすること。それによってエンゲージメントを行う相手が決まってくる。そもそも目的が明確でない形式的なエンゲージメントでは成果は得られず，実務的な意味はない。

❷　双方にとって重要なテーマを設定すること。事業報告をするだけであったり，一般論を語り合ったりするのではなく，双方にとって重要かつ具体的なテーマを議論すること。

❸　エンゲージメントの方法や議論・決め方について共有すること。どの方法がふさわしいか，事前にエンゲージメントのあり方について確認し合っておくこと。

❹　透明性を確保すること。どのように受け止め，取り組み，結果が出たか，フィードバックの仕方についても確認しておくこと。

ステイクホルダー・エンゲージメントを実施することによって，期待される成果は次のとおりである。

❶　情報開示・透明性の向上，ステイクホルダーとの信頼関係の構築。

❷　企業活動やその製品・サービスが及ぼしているステイクホルダーや社会に対するプラス／マイナスの影響を知る。

❸　複雑な市場社会の（経済的・社会的・政治的・文化的）動向を知る，CSR課題の優先順位を知る。

❹　新しいアイディアやイノベーションの発見。

❺　新しいビジネス・チャンスへの展開。

❻　より良いパートナーシップ関係の形成。

　一方的に情報を提供すること，また情報を得ることにとどまらず，双方の対話を通して具体的なアイディアを生み出していくような取り組みが期待されている。

　例えば，VodafoneやABBなどは，2000年代初めの早い段階から国内・外でステイクホルダーとのエンゲージメント活動に取り組み，日常のビジネスのプロセスに組み込む努力をしている（谷本，2006）。Vodafoneは，次の3点が重要であると指摘している。1）ステイクホルダーの関心事を理解し学ぶこと，2）ビジネスのリスクとチャンスを知ること，3）信頼と互いに学ぶ関係を構築すること。主要なステイクホルダーごとにどのようなエンゲージメントを行い，何が課題かを報告書に開示している。

　欧米では，企業が地域社会において受け入れられるということを表すのに，社会からlicense to operate（事業活動の許可）を得る，という言い方がある。それは法的なcharter（設立許可状）とは別に，社会の中でこの会社の事業が受

け入れられている，正統性（legitimacy）が認められている，という意味である。

　ステイクホルダー・エンゲージメントについては，いずれのスタイルで行うにしても，そこでの声が経営戦略や事業活動にフィードバックされ生かされていくこと，さらに個々の課題についてどの程度達成できたか，どのような成果が得られたかを，次の年の報告書で開示すること，こういったトータルな取り組みが必要である。

第3節　CSR経営の課題は何か

　多くの企業は，ブームを契機にCSR経営にかかわる様々な制度を立ち上げ，取り組みを進めてきた。しかしながら，実際に経営プロセスの中に組み入れ，実効力のある取り組みを行い，経営基盤を強化していくことは容易なことではない。そこで本節以下では，大きく3つの課題に絞って検討していくことにしよう。1）CSRをどう組み込むか（形骸化を超えて），2）国際基準とどう向き合うか，3）アカウンタビリティをどう果たすか，について。

1．形骸化を超えて

　CSRの制度はトップが立ち上げようと決めればすぐにつくることはできる。しかし目的や変革への意思が共有されていなければ，新しい制度をスタートさせても自動的に組織内で機能するというわけではない。実際の経営は，これまで組織の中でつくられてきたフォーマル，インフォーマルな制度が複雑にからみあって動いている。とくに意思決定やコミュニケーションのベースにある組織文化，価値観は長い時間をかけてつくられてきたものであり，容易に変わるものではない。

　例えば，コンプライアンスにかかわる制度は，多くの大企業ではすでに導入されている。日本企業は2009年の段階で，コンプライアンス・マニュアルの設置97.6％，コンプライアンス担当役員90.5％，コンプライアンス委員会84.4％に達している（公正取引委員会の調査）。しかしながら，その後も企業不祥事・企業犯罪は減ってはおらず（第5章参照），いかに組織で働く人々のコンプライアンスに対する意識を変えていくのが容易ではないかがわかる。

　ところでコンプライアンスは法律の問題であり，CSRは自ら行うものなので

経営レベルの問題だという主張もみられる。しかしコンプライアンスの体制を実効性のあるものにしていくためには，マニュアルの作成，コンプライアンス研修の実施，法令の学習にとどまらず，組織で働く人々の考え方，価値観，さらにコミュニケーションの仕方（情報を誰にどのように伝えるか）から評価の仕方などを変えていくことが必要である。つまり組織文化から関連する諸制度も変えていくことが求められ，これはまさに経営の問題である。コンプライアンス経営，CSR経営を謳ってきたにもかかわらず不祥事を起こした企業は，なぜ制度が機能しなかったのかを調査・分析し，関連する制度や組織文化を見直すという手間暇かかる作業を行う必要がある。経営トップと現場との認識の落差も指摘される。トップと各部署のミドルマネジメントとの間に価値の共有がなされているか，さらに本社とサプライヤー（下請け）との間のコミュニケーションが成り立っているか，とくにグローバルレベルで事業展開している場合，その管理のあり方が問われる。近年では，問題が起こらないよう事前に各部署において相当な注意を払うこと，さらにそれを取引先まで精査するデュー・ディリジェンスの仕組みやプログラムを整えておくことも指摘されている。

　もう1つ，CSRの取り組みにおいて形式的なものに陥りがちなのは，ステイクホルダー・エンゲージメントである。ステイクホルダー・エンゲージメントは，先に述べたように，ステイクホルダーとの間で〈情報を伝える－聞く〉にとどまるものではない。これまではCSR報告書を作成する際の1つのコンテンツとして，形式的なミーティングを開催していた企業も少なくなかった。エンゲージメントの目的は，双方のコミュニケーションを通して課題の解決，さらに新しい課題や方向性を見出すことにある。したがってエンゲージメントで得た情報，アイディアをフィードバックし生かしていく仕組みをつくることが重要である。そのためには，ステイクホルダー・エンゲージメントの場をどのように設定し，運営するか様々な課題がある。ポイントを示しておこう。

　❶どのステイクホルダーを選ぶか。自社にとって友好的なステイクホルダーだけを選び，批判的なステイクホルダーを排除するのでは，エンゲージメントの公正さを欠くことになる。厳しい声を受け止めることも大切である。ステイクホルダー・エンゲージメントで取り上げられる問題にふさわしいステイクホルダーを選ぶためには，その組織の活動や製品・サービスにどのくらい依存しているステイクホルダーか，組織が将来責任を持つべきステイクホルダーかど

うか，組織が今注視すべきステイクホルダーか，組織にどのくらいインパクト
を与えるステイクホルダーか，新しい理解につながるステイクホルダーか，と
いうことがポイントとなる（AccountAbility, 2011参照）。❷企業とステイクホル
ダーとの力関係の差が大きい場合，❸またステイクホルダー間の力関係の差が
ある場合，対等な議論をどのように確保するか。参加者の力関係に大きな差が
ある場合，対等性を担保することは容易なことではない。例えば日本では，労
働組合や消費者団体などはそれぞれネットワークや歴史をもっているが，
NPO／NGOの多くは小規模で歴史も浅い。同じテーブルについた場合，組織
力，資金力，情報力などにおいて大きな差があり，対等な議論を行うことは簡
単ではない。それぞれのテーマの専門家としてどのように議論にかかわってい
くか，民主的なプロセスをどのように確保するかという問題がある（Henriques,
2010）。また，ステイクホルダー側は対象となる企業の経営課題と結びつけな
がら議論する必要があり，マネジメントに関する知識が必要である。同じテー
ブルにつき議論するという新しいステージにおいては，ステイクホルダー側も
企業側も，それぞれの立場や言語，基本知識，課題の優先順位の変化を知り，
議論を深めていく努力が必要となる（Regeneration Project, 2012a）。

　エンゲージメントの場をどのように運営していくか，その方法論についても
双方が経験を重ねていく必要がある。こういったステイクホルダー・エンゲー
ジメントがなされることで，企業とステイクホルダーとの間に良い関係がつく
られるだけではなく，ステイクホルダー側も正しい情報を得てより良い決定や
行動ができ，持続可能な社会の建設に貢献していくことができると言える。日
本企業におけるステイクホルダー・エンゲージメントの課題については，第5
章第3節で検討する。

2．国際基準とどう向き合うか

　第3章第1節でみたように，CSRにかかわる国際的な行動規範や規格はこの
20年程の間に急速に増えている。責任あるマネジメントの規範を示すもの，情
報開示の方法，各産業特有の課題への取り組み方を示すものなど，多様化して
いる。多くの企業はこれらの動きに直面し，どこまで対応すべきか，対応しな
い場合のリスクはどの程度か，当初戸惑っていた。あるいは，取引の条件とし
てUNGCへの署名を求められ困惑した企業も少なくない。例えば，どこまでの

取り組みを求められているのか明確でなく，手間やコストが増えることを嫌う企業，あるいはすでに十分なCSR経営を行っているから署名の必要はないと主張する企業など。しかしあくまで調達基準の１つとしてグローバルな共通基準が要請されていることを理解する必要がある。

　UNGCなどの倫理原則は，自主的な行動基準を示したもので，企業に法的拘束力などはない。調印した企業はUNGCのロゴを使用しているため，外からみただけでは形式的に対応しただけか否かはわからない。当初多くのNGOは，UNGCは企業に遵守を促す仕組みやモニタリングのシステムもないため実効性を伴わない，と批判していた。実際，原則を達成する経営体制をつくり，途上国のサプライヤーも含めてCSRを実践していくことは容易なことではない。経営システムを変革することなくまたアカウンタビリティを明確にしなければ，NGOが指摘しているように，参加企業の数は増えたとしてもいわゆる「ブルー・ウォッシュ」に陥る危険性は避けられない。ブルー・ウォッシュとは，「ホワイト・ウォッシュ」から派生してつくられた言葉である。ホワイト・ウォッシュという英語は，漆喰で上塗りする，誤魔化すといった意味があり，ここから環境NGOなどが環境を守る対策を講じているように表側だけを取り繕っている企業を「グリーン・ウォッシュ」と批判した。これがさらに転化したのがブルー・ウォッシュである。ブルーは国連の旗の色であり，UNGCに調印すれば国連のいわばお墨付きを得たようにみえるからである。

　こういった批判を受けてUNGCオフィスは，UNGCの原則を経営戦略および日常業務に取り入れ企業文化とすること，取締役会などの意思決定過程にその原則を組み入れること，近年は国連のSDGsなどを推進するためのパートナーシップに参加することも求めている。そのため年次報告書やサステナビリティ報告書などにUNGCの原則をどのように実施しているかを記載し，成果を測定し，ステイクホルダーに報告すること，そしてUNGCオフィスに毎年提出することを義務づけている（Communication on Progress：COP）。また，各国にローカルネットワーク（GC Network Japanなど）をつくり，地域のステイクホルダーとの対話と学習を通し，企業市民の発想を広める努力を求めている。

　国際的な行動規範や規格への圧力が強まる一方，企業にとってそれらがチェックリスト化したり，最低基準となってしまったり，形式的対応も進んでいる。これでは経営の基盤強化にはつながらない。CSRの基本方針や取り組み

方を検討しないまま，ガイドラインのリストを参照し，取り組みやすい項目だけをピックアップするようなことでは意味がない。国際基準を参照し組み込んでいくに当たっては，これまでの経営スタイル，組織構造・文化を見直し，各社の事業の特性に基づいて組み込んでいくことが必要である。各企業様々な基準（国際的／国内的規格，業界の／自社の基準）をいかに調整するか，グローバルに求められていることと各国におけるこれまでの慣習，制度，自社の取り組みとをどのように調整するかが問われる。

　ここでCSR経営のグローバリゼーションとローカリゼーションの課題について考えておこう。グローバル企業がCSRに取り組むに当たって，CSR経営をグローバルに統一化するか（本社のもつ国際的な統一基準で取り組むGlobalizationあるいはStandardization），現地化するか（各国レベルの事情に合わせて取り組むLocalization）の議論がある。進出先の国の法的規制や制度と自国のそれらとの調整，国際基準と自社の基準とをどのように調整するかという課題もある。

　現地化とは，進出先の国状に合わせて社会的・経済的目標を設定することである。各国の制度，ステイクホルダー，課題に合わせてCSR経営を行うことが適切であるとの論者は多い（Muller, 2006など）。しかしながらこのアプローチの問題点は，現地の担当者が取り組み課題や対応の仕方を決めることから，全社的なCSR戦略に統一性を欠く可能性もあり，その調整が課題となる。一方，グローバリゼーションのアプローチは，本社において標準化したCSR経営を統一的に行うことである。グローバルCSR戦略を採択し，海外の関連会社にも同様の取り組みを求める。そのことでCSRの水準を国際的に高めていくことにつながると指摘される（Tsai, T. & Child, J., 1997）。ただその際，各国の慣習や制度の違いを無視することにならないか，どう調整するかが課題となる。CSR経営のローカリゼーションとグローバリゼーションの特徴を表4-8にまとめておこう。

　どちらかのアプローチがより優れているというわけではない。グローバルな課題について共通の理解がみられる場合も，異なる解釈がなされる場合もある。各社の事業内容，事業のグローバル化の程度，さらに価値・組織文化によって，その戦略の立て方は異なってくる。グローバルな基準を踏まえ，現地の事情を柔軟に踏まえ戦略を立て対応していくことが求められる。その際，本社と現地企業の間の権限関係，コミュニケーション戦略，さらに評価の仕組みが適切に

118

表4-8 2つのアプローチの特徴と課題

CSR経営のローカリゼーション	CSR経営のグローバリゼーション
・地域ごとに異なる課題に異なる基準 ・ローカルなアプローチ(現地の担当者が 　ローカルな課題に精通している) ・現地に合わせたCSRコミュニケーション ・現地のステイクホルダーと良い関係をつ 　くりやすい しかし ・CSR戦略に一貫性を欠き複雑性が増す ・現地に限定された戦略に閉じがち	・グループ全体に共有された課題と基準 ・標準化されたアプローチ(ベストプラク 　ティスやスタンダードを進出国に移転) ・統一化したコミュニケーション・中央集 　権化した意思決定 しかし ・ローカルCSR戦略に対する正統性の欠如 ・本社と現地企業の間で戦略の対立も

出所:Bustamante (2011) などより作成。

設計されていることも重要である。このように，本社のグローバルCSR戦略を
もとに進出国での子会社がそれぞれにCSRの取り組みを考え，どう現地化して
いくか，ということが課題となる(Levermore, 2014)。

3．アカウンタビリティの課題

　企業がステイクホルダーにアカウンタビリティを果たす，ということはどう
いうことなのか，ここで考えておこう。アカウンタビリティとは，日本語では
説明責任と訳されるが，どのように説明，報告するかが問われる。

　ステイクホルダーに対してアカウンタビリティを明示していく重要な手段が，
財務・非財務の報告書を作成し開示することである。財務報告書は，株主，投
資家に向けて財務情報を開示するものである。上場企業であれば「有価証券報
告書」の作成が義務づけられている(公認会計士あるいは監査法人による監査が
義務)。その他各企業は「決算短信」，「アニュアルレポート」などを作成して
いる。

　非財務報告書，CSR報告書は，広くステイクホルダーに向けて主に環境・社
会・ガバナンスに関する情報を開示するものである。日本でもCSR報告書は
2000年代半ばからCSRブームとともに急速に増加した。そこでは，現在／将来
の株主，投資家のみならずその他のステイクホルダーに対して，事業活動の社
会・環境面を含めてトータルなリスクと機会について情報を開示し，透明性を
高めることが求められる。ただ各社思い思いの開示スタイルで，出したい情報

からCSR報告書を作成・発行するだけでは，アカウンタビリティを果たしているとは言えない。ステイクホルダーからの声を受け止め，それらを経営プロセスに組み込んでいくこと。その上で，誰に何をどのように伝えるかが問われる。アカウンタビリティとは，組織の政策，決定，行動，製品・サービスなどが与えるインパクトに対して責任をもち透明性を明確にすることである，と捉えられている（AccountAbility, 2011）。重要なことは，戦略を立て，マネジメントを行い，統治していくプロセスにおいて，ステイクホルダーからの声や期待を受け止め，反映させ，そして活動の結果を開示していくことである。

　「財務報告書」と「非財務報告書」は，これまで別々につくられてきたが，2010年頃からこの2つを1つにまとめた「統合報告書」が出されるようになっている。その基本的な狙いは，投資家やその他のステイクホルダーに対し，責任ある事業活動が業績や価値創出にどのようにつながっていくのかを示そうとするものである。この点については，第8章第3節で考えていくことにする。

　以下では，CSR報告書作成に当たってのポイントをまとめておこう。ステイクホルダーとのコミュニケーションの手段となり，良いコーポレート・ガバナンスのベースになる報告書をいかに作成するか。

❶　経営トップの明確なコミットメントを明記する。CSRに対するトップのコミットメントは重要である。トップが明確なメッセージを示すことで，サステナビリティ課題への戦略的取り組み，各部署における具体的な取り組み・調整も進む。そして報告書を通して社内・外にメッセージを発することで，CSRに取り組んでいく姿勢を明確にする。

❷　自社にとって重要なCSR課題（マテリアリティ）を明記する。GRIなどグローバルなガイドラインの指標を参照することは重要である。ただしガイドラインに沿って網羅的に情報を示しただけの報告書では，その企業の強みも可能性もみえない。自社の事業活動の中で，どのステイクホルダーにどのような対応をすべきか，どの課題に優先的に取り組むのかなど，その対象やアプローチは業種や企業によって異なってくる。自社にとって重要性の高いCSR課題を明示する。

❸　課題解決のプロセスとそのパフォーマンスを明記する。CSR／サステナビリティの課題にどのように取り組むのか目標と実行計画を示すこと。そしてその成果はどうであったか，パフォーマンスを毎年計測し，継続的に評価す

ること。もっとも社会的な成果（ソーシャル・インパクト），さらにそれと経済的成果とのつながりを計測，評価する手法に確定的なものはないが，より妥当性の高い方法で開示することが求められている。

❹　ステイクホルダーとのエンゲージメントを実施する。ローカル／グローバル社会から何が問われているか，持続可能な社会にどのように貢献できるのか。上記の❷，❸のプロセスにおいても，ステイクホルダーとのエンゲージメントを通して取り組んでいくこと。

❺　情報の正確性，信頼性，比較可能性を高める開示をする。一般にデータを正確に出すということは実は簡単な話ではない。社会・環境データについて，どのデータをどの範囲まで開示するか。本社のデータだけか，連結子会社まで含んだデータか，項目によって開示範囲の異なるデータが混在している企業は多い。それではグループ全体の活動実態はわからないし，他社との比較も難しい。サプライチェーンが国内外に広く展開している場合，そこでの取り組みがつかめなければ，どのようなリスクがあるかもわからない。情報の信頼性と比較可能性を高めるために，業界のガイドラインや指標をつくり，調整しようとする動きが重要である。

❻　第三者によるチェックを行う。報告の中で第三者によるチェックは，その信頼性を上げるために重要である。これには掲載されているデータの検証，掲載情報と実際の活動内容に相違がないことの保証，専門的な見地からの意見掲載などがあり，これ以外のコメントはレビューと呼ばれる。報告の信頼性を求めるステイクホルダーからの声が強いヨーロッパでは，主に検証や保証が取り入れられているが，対象が限定的なものも少なくない。日本では第三者意見が多いが，その信頼性にはばらつきが大きい。

　さらに先に指摘したように，統合報告書が作成され，社会・環境問題にかかわる非財務情報が，企業の戦略，実績および見通しにどのように短期的，中・長期的に影響し，新たな価値創造につながるかについて，説明する動きが広がっている。2010年には国際統合報告委員会（IIRC）が設立され，統合報告書の作成指針を示している。詳しくは第8章第3節で説明することにする。

　こういったCSR報告書により非財務情報を正確に開示することの意義について，Sir Mark Moody-Stuart（前ロイヤルダッチシェル会長，UNGC理事）は次の

4点を示していたが（日経新聞，2002年2月8日参照），今もその基本的意義は変わらない。解説を加えておこう。

❶ 市場がより良く機能するようになる。金融市場におけるすべての意思決定者が企業の活動状況と将来見通しについて正確でトータルな情報を入手することによって，市場がより有効に機能する条件が整うことになる。この理想に向かって，情報開示や評価方法に関して様々な取り組みが行われている。

❷ 企業の情報提供が不十分であるという社会的圧力に応える。2000年代初頭多くの機関投資家は，企業が環境や社会面のリスクについて十分な情報を提供していないと考えていたが，そういった声に対する積極的な対策となる。今では非財務情報の開示の義務化が進んでいる。

❸ 強力な経営ツールになり得る。財務報告書からは過去の財務実績について学べるが，企業の無形資産や市場におけるリスクや機会について知ることはできない。社会的・環境的パフォーマンスについてチェックし経営にフィードバックしていくことが求められている。

❹ 企業報告全体の妥当性を強める。企業はこれまで制度化された情報開示の方法によって財務データを提供してきたが，さらに社会・環境面におけるリスクや機会に関するデータも開示することで，企業のアカウンタビリティをトータルに示すことになる。今では統合報告書の発行によって，新しい段階に入ったと言える。

非財務情報の開示については，日本では各企業が任意に行っているだけであるが，EUでは2014年開示を義務づける指令が承認され，2017年から適用されている。対象は，従業員500人以上の上場企業や，公益とのかかわりが深いまた社会的影響力が大きい企業である。そこでは非財務情報（環境，社会，従業員に関する事項，人権尊重，腐敗防止，贈収賄など）および取締役会構成員の多様性（年齢，性別，学歴，職歴など）について，その政策，結果，関係するリスクを明記し，年次で報告することが義務づけられている。近年開示を義務づける国は増えている。

EUでは，第3章でみたように，早くからCSRを促進していくため戦略的に取り組んでおり，その一環として社会・環境に関する情報の開示のあり方も検討してきた。それはビジネスのリスクを明らかにし，投資家や消費者の信頼を高めるために重要な課題と捉えられている。ビジネスにおいて長期的な利益と

社会的公正性や環境保護を結びつけることは，持続可能な経済社会をつくって
いく上で不可欠であり，非財務報告書によって各社はどの程度取り組み，成果
を上げ，社会にインパクトを与えているかを明示していくことが期待されてい
る。

第5章

日本における「企業と社会」の議論

第1節　日本ではCSRをどのように理解してきたか

1．日本におけるルーツ？

　CSRの議論がグローバルに広がる中，各国においてそれぞれにCSRの源流と言える思想や哲学があるという議論がみられる（例えば，中国；Lin, 2006, Wang & Juslin, 2009, インド；Muniapan & Dass, 2008など）。企業と社会の関係性は国や地域によって異なるし，重要な社会的課題も異なる。日本においても，第2章でみたように，独特の企業と社会／ステイクホルダーの関係があり，歴史的にも変化している。日本では，「三方よし」がCSRの源流だという議論が聞かれる。三方よしとは，「売り手よし，買い手よし，世間よし」という古くからの日本商人の心得と言われている。商人が商取引によって利益を得る際には，買い手を満足させると同時に，世間にも貢献することが求められている，ということである（注：ただ三方よしという言葉は，近江商人によって直接その言葉が書き表されたものがあるわけでなく，書誌学的な記録はない。経営史研究者小倉栄一郎が近江商人の家訓などの解釈をもとにそう表現したと言われている）。しかしながら，現在のCSRブームが起きる以前から日本の企業社会において三方よしの考え方が一般的に共有されていたというわけではない。三方よしに関する議論の多くは，その源流を探り解説することに終始し，その考え方が現在の企業社会にどのように生きているのか生きていないのかを分析しているわけではない（谷本，2014）。今日みられる日本企業の顧客第一主義や地域への社会貢献活動などは，三方よしに遡るものとして議論することができるかもしれない。しか

し，三方よしの精神と矛盾するような問題，例えば売り手側においては過労死，人権問題，粉飾決算，買い手側に対しては不正表示，顧客情報流出，世間に対しては環境汚染など不祥事は絶えることなく起きてきた。またそもそも世間という言葉は，必ずしも英語のsocietyとイコールとは言えない。日本語の世間とは，開かれた社会というよりも，閉じられたコミュニティの中での関係，仲間内での共存共栄を指しているからである（阿部，1995）。閉鎖的な日本の市場社会や業界の中での評判を意識しているだけでは，持続可能な地球社会の発展に貢献していくことなどできない。既存の境界線を超えて広がるグローバルな課題に取り組んでいくためには，多様な人々とコミュニケーションを行い，異なるセクターの間を橋渡しをしながら，新たな協働関係をつくっていくことが求められる。そういった関係性がなければ，新しいイノベーションを生み出していく可能性は見出せない。

　三方よしの考え方がベースになって現在の企業と社会の関係が形成されてきたわけではない。第2章第3節でみたように，第二次世界大戦後構築されてきた経済社会の構造的特徴から，企業とステイクホルダーとの関係を捉えることができる。株主，従業員，下請け子会社の中でもそのコアメンバーは企業社会システムの中心に位置づけられ，共同利益を追求してきた。そこではDore（1993, 2000）などが指摘してきたように，日本の企業とコア・ステイクホルダーの関係は連帯主義的にみえる。日本が伝統的に三方よしの関係を重視していたからステイクホルダー指向の経営がなされた，というわけではない。一方で，周縁メンバーは排他的に位置づけられ，中心メンバーとともに企業社会のメリットを享受することはできなかった（Wokutch & Shepard, 1999；谷本，2002b）。この関係は1990年代バブル経済崩壊以降の構造変化，さらに2000年代のCSR論の流入によって少しずつ変化しつつある。現代のCSRは，環境，労働・人権，サプライチェーンの管理，多様性の問題などを考慮する必要がある。ステイクホルダーの範囲も広がり，グローバルな視点から持続可能な経済・社会・環境を確立するためにCSRを捉えることが求められている。CSRの本質を考えることは，市場社会において企業に伝統的に期待されてきた役割や責任，そしてステイクホルダーとの関係を問い直すことでもある。そこでは，経営者の倫理観に焦点を当てるだけではなく，社会制度や市場構造の変化，多様なステイクホルダーとの関係性といったことを広く捉えていくことが必要である。

2. 1970年代第一次CSRブーム

　日本において企業の社会的責任という発想がなかったわけではない。ただそれは現代のCSR論とはニュアンスが異なっており，企業は戦後の経済発展に貢献し，その成果をできるだけ公平に配分し雇用を維持するということが社会的責務だと理解されてきた。ステイクホルダーとの関係は，コア・ステイクホルダーとの共同体的関係の形成・維持がなされてきた。

　日本でCSRが初めて本格的に議論されるようになったのは，1970年代だった。当時の日本は，高度成長の負の側面である公害問題，また1973年石油危機前後の企業不祥事などで企業への批判が高まっていた。高度成長期を経て，会社とは何か，今後どのような社会をつくっていくべきかという当時の議論に，ちょうどアメリカでのCSRの議論（第3章第2節）が輸入され，ブームにもなったと言える。

　当時活発な議論が交わされ，経済同友会や経団連などはアメリカの代表的な著作やレポートを積極的に翻訳，出版していた。経済同友会は1973年「社会と企業の相互信頼の確立を求めて」という提言を発表している。「企業の社会的責任とは，理念においてわれわれ経営者の社会的責任と同義と自覚しなければならない。したがって，経営者は単なる利潤追求を越えて，積極的に社会的目標との調和を実現する方向で意思決定を行なうことが必要である。」「本来企業はその行動が，その時代の人々の諸要求に基づいて形成される社会的ニーズに合致してこそ，社会的支持を得られるものであり，その上に立ってはじめて企業自体の発展も保障されるのである。…企業が社会的信任を高めるには，たんに既存の法律や規制を守るにとどまらず，…進んでより高次の社会的責任を遂行することが重要となっている。」この主旨は今でも通ずるものではある。しかしながら当時の議論は理念的で，個々の企業経営レベルにおいて具体的な動きがあったわけではない。また消費者，労働者の側からも具体的な取り組みや運動があったわけではない。

　メディア，論壇においては，アメリカでの議論に刺激され，ブームに乗って様々な言説が流布した。学界においても，企業批判として社会的責任論が活発になされ，多くの関連分野：経済・経営・会計・商法・社会学などにおいて翻訳書や解説書が出版された。とくに経営学領域では，当時経営目的論や企業形態論，批判経営学の人々の間で活発に議論され，日本経営学会では1974年の大

会において「企業の社会的責任」を統一論題としている。ただ当時の議論は，アメリカの議論の紹介，整理，解釈，批判をベースとし，それぞれの領域におけるこれまでの通説との関係を検討するものであった。

＊当時の代表的な著作としては，例えば経営学領域では，米花稔『経営環境論』丸善，1970年，高田馨『経営者の社会的責任』千倉書房，1974年，中谷哲郎・川端久夫・原田実編著『経営理念と企業責任』ミネルヴァ書房，1979年，法学の領域では，中村一彦『企業の社会的責任：法学的考察』同文舘，1977年，森田章『現代企業の社会的責任』商事法務研究会，1978年，社会学の領域では富永健一編著『経営と社会』ダイヤモンド社，1971年，などがある。

3．その後の展開

　1979年の第二次石油危機以降，CSRのブームは一気に消滅し，人々の関心は衰退していった。「社会的責任どころではない」という産業界からの声が圧倒的に強かった。CSRの議論が第二次石油危機と共に一気に後退した理由として，当時は理念的な議論に終始し，CSRが現実の経営課題として理解されていたわけではなかったこと，また市民社会組織は未成熟で，市民レベルで企業活動にかかわる社会的・環境的問題について広い議論がなされていたわけではなかったことなどが挙げられる。学界ではその後も日本企業と社会の関係を分析する実証研究や比較研究の試みもみられず，もっぱらアメリカの学説紹介・解釈がなされるだけで，企業経営や政府に対し政策提言したりする議論もなかった。大学の授業でも「企業と社会」にかかわる科目が提供されることはほとんどなく，学生が関心をもち学ぶ機会もなかった。したがって2000年代に入って以降CSRやサステナビリティのブームになった際，各セクターのリーダーや担当者たちは，この分野のことを学んだ経験はなく，基礎的な視点も持ち得ていなかったと言える。

　80〜90年代にかけて企業不祥事は続き，その都度企業の社会的責任が問われた。ただ当時の議論は単発的で，過度の利潤追求への姿勢や，経営者・担当者の個人的資質に対して批判が向けられていた。社会的に責任ある経営体制づくりを求める動きが議論されることはなかった。その一方で，アメリカに進出した日本企業はそれとは異なる対応を求められていた。当時日米貿易摩擦の中アメリカの輸入規制が強化されたことで，自動車やエレクトロニクス関係の企業

はアメリカ市場に直接投資を行っていった。アメリカでは，企業も地域社会における企業市民であることが要請された。フィランソロピー活動を求められたり，後段にみる人種差別問題への対応を求められたり，新しい社会的責任の潮流に直面することになる（第2節）。

　80年代の日本を振り返ると，低成長期以降「豊かさ」とは何かということが活発に議論されていた。会社人間への反省，さらにボランティアへの関心も少しずつ広がっていた。90年代に入ってバブル経済崩壊以降は，先にみたように（第2章第3節）企業社会の構造変化が進み，さらにボランティア元年（1995年），NPO元年（1998年）と続き，そして次節にみるCSR元年（2003年）へとつながっていくことになる。

　ところで，このような潮流から学問と社会の関係について少し触れておこう。学問の盛衰は，社会や政治の要請，時代の要請と深くかかわっている。80～90年代にかけて日本ではCSRの問題への関心が低かったため，企業と社会，CSRの問題に対する学問的関心も低く，当該領域を専門とする研究者はごく少数であった（谷本，2002b）。科学史論が指摘するように，一般的に企業や社会からの期待や要請の高くない学問領域はなかなか発達しない。それは自然科学においても同様のことが指摘される。真理を追求する学問は，国内外の社会・政治の動向と一見無関係にあると思われるが，実は時代の要請と密接にかかわっている。例えば政府の政策や予算の配分は，どの分野の科学技術が重視されるかによって決まってくるからである。Ravetz（1971）は，科学は国家・企業の実利的な利害関心と密接につながり，「アカデミズム科学」から「産業化科学」へと変貌してきたと指摘している。すなわち，純粋に科学それ自体が発達するわけではなく，その時代の経済的・政治的関心に大きく左右されるということである。もちろん社会科学は，その時そのとき時代が求める課題に応えなければならないが，ブームを追うのではなく，また解説するにとどまらず，その根底にある企業活動と社会が相互にかかわる本質的な問題を独立した立場から問い続けることを忘れてはならない。

　学問の流行り廃りの波は大きく，市場や社会がその時々に求めるテーマと研究は直結してくる。企業と社会の領域で言えば，日本ではステイクホルダーが企業にアカウンタビリティを求めるという関係は弱かった。また企業に期待さ

れてきた役割は，先に指摘したように，基本的に雇用の維持であり，労使協調的な現場において得た成果を公平に配分することであった。近年CSRとして議論されているような社会的・環境的課題の解決が求められていたわけではなかった。こういった背景において，企業と社会との関係には積極的な関心が向けられることは少なく，大学にもそうした科目，講座はほとんどなかったのである。しかしながら，2000年代に入る頃から，その環境は大きく変化してくる。次節で考えていこう。

第2節　日本企業はCSRにどう取り組んできたか

1．2000年代第二次CSRブーム

　2000年に入って，日本企業はCSRを求めるグローバルな潮流を受け，対応を求められるようになってくる。2000年代半ばから後半はCSRブームと言われたが，その背景をまとめておこう。

❶　欧米市場での日本企業への批判

　1980年代後半から90年代，アメリカ，ヨーロッパに進出した日系企業の多くが，現地で雇用・人権や環境などこれまであまり経験しなかった問題に対して厳しい批判を受けた。いくつか事例をみてみよう。

● ホンダはアメリカ工場における雇用差別による集団訴訟で600万ドルと巨額和解金の支払いを求められた。日系企業によるマイノリティや女性に対する差別的な対応は「組織的な」公民権法タイトルⅦ（人種・年齢・性別・出身地・宗教による雇用上の差別禁止）違反であると批判され，NEC，トヨタ，第一勧銀など大手企業の現地法人のトップが1991年下院公聴会に呼び出された。しかしその後も92年から95年にかけ三菱自動車のアメリカ現地工場におけるセクハラ問題についての集団訴訟が起きている。EEOC（雇用機会均等委員会）による調査，訴訟のプロセスにおいて，女性団体や人権NGOからの批判も受け大きな社会問題になった。

● アメリカとメキシコの国境地帯であるマキラドーラ（輸出保税加工地区）にある松下電器，サンヨーの現地法人による女性の人権問題があった。90年代後半，アメリカのNGO：Human Rights Watchから批判を受けていたが，現

地法人は十分な認識や対応がなく，本社の対応も遅れた。2000年に入って欧米のSRI評価機関から人権問題についての問い合わせがなされネガティブな評価を受ける。

● 軍事政権下，人権問題で国際的に批判されているミャンマーに進出していたスズキは，アメリカのNGO：Free Burma Coalition（FBC）などから2000年夏以降，抗議運動を受けてきた。90年代アメリカのほとんどの企業は批判を受け撤退していた。人権問題などで国際的な批判を受けている国・地域への進出問題については，南アフリカのアパルトヘイト問題以降，日本企業は（政府も）その姿勢が問われてきた。

● 2001年オランダにおいて，ソニーはその製品の付属品（ケーブル）に環境基準を超える有害物質が検出され，実害はなかったものの自主的に全量回収を行った。付属品の製造は中国のサプライヤーによるものであり，同社は翌年からサプライチェーン・リスク対策に取り組み，CSRへの対策に踏み出している。

こういった動きの中で，日本企業は海外市場において新しいCSRの動きを知らされたと言える。

❷　持続可能な発展，CSRを求めるグローバルな動き

以上の問題の背景には，各国・地域において企業にCSRを求める新しい動きや，グローバルに持続可能な発展を求める議論があった。当時多くの日本企業はそれらをまだ理解できていなかったと言える。この時期第3章第1節でみたCSRに関する様々な基準や行動規範が急速に広がり始めた頃であり，日本企業も対応を迫られた。さらに欧米の市場では，90年代半ば頃から投融資の決定基準の中に，CSRの要素が組み込まれ始めていた。社会的責任投資（SRI）がかつて一部の人々のオルタナティブな投資手法だったものから，機関投資家がCSRを求める時代の中で取り込むようになり（メインストリーム化），急速に拡大した（第8章）。日本企業にも欧米のSRI調査機関からの質問票が2000年前後から本社に届くようになり，日本でもSRIへの関心が広がり始めていた。

❸　90年代以降の企業社会の構造変化

こういった潮流に直面した日本は，第2章第3節でみたように，バブル経済

崩壊後企業とステイクホルダーとの関係が大きく変化してきた時期であった。法人株主間の相互持ち合い関係が変化し外国人持ち株比率が急増したこと，生産・販売市場のグローバル化が急速に進んだこと，働く人々と組織の関係が変わり始めてきたこと，さらに市民社会組織が成熟し始め，ボランティア，NPOが台頭してきたことなど。企業は投資家，労働者，消費者，そして市民社会組織との新たな関係づくりが求められていた。日本企業は，それまでステイクホルダーに対してアカウンタビリティを果たすという視点で，それぞれの関係性を捉えてきたわけではなかった。しかしその視点は大きく変わってきた。経済同友会は2004年の報告書においては，「社会的責任経営とは，様々なステイクホルダーを視野に入れながら，企業と社会の利益を高い次元で調和させ，企業と社会の相乗発展を図る経営のあり方」と理解している。経団連が2005年に「CSR 推進ツール」をつくった際も，ステイクホルダーごとに（消費者・顧客，取引先，株主，社員，政治・行政，コミュニティ，NPO／NGO，途上国），7つの基本項目（コンプライアンス・企業倫理，情報，安全と品質，人権・労働，環境，社会貢献）に関する課題を示している。それはこれまでになかった視点である。その後の動きをみると，2017年の東京証券取引所「コーポレート・ガバナンス白書」によると，社内規程などにステイクホルダーの立場に関する規定がある企業は66.1％になっている。また経済同友会の2014年の報告書によると，「企業は社会問題の解決に役割を果たすべき」と考える経営者は92％に達しており，そのような経営にも取り組んでいると回答した経営者は58％に達しており，経営者の意識がこの10年の間で着実に変わりつつあると言える。2000年代半ば頃から，日本の企業社会においてもCSRがブームとなって急速に広がっていった。そのプロセスについては次節でみていくことにする。

２．CSR経営の急速な制度化

　以上のような背景の中，2000年代に入って日本企業もCSRへの対応を迫られた。70年代のブームとは異なり，グローバルな潮流・プレッシャーに企業は具体的に対応せざるを得ない状況にあった。経済同友会が2003年に企業白書『「市場の進化」と社会的責任経営』をとりまとめた頃からCSRブームが一気に広がっていった。それ以降CSRへの制度的対応は急速に進んでいく。具体的にみておこう。

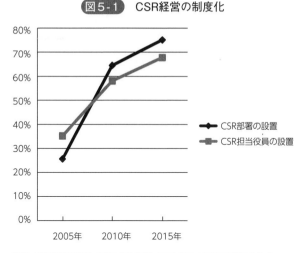

図5-1　CSR経営の制度化

出所：東洋経済新報社『CSR企業総覧』2006, 2011, 2016年度版より作成。

　図5-1のように，CSR部署を設けている企業は，2005年の25.6%から2010年64.5%，2015年75.1%に，CSR担当役員については2005年の35.2%から，2010年58.1%，2015年67.8%と急増している（2015年以降はほぼ横ばい）。この大きな変化は次のことからもわかる。経済同友会のレポート『日本企業のCSR－現状と課題』（2004）において2003年の時点でアンケートそのものに回答した会員企業は26.1％にとどまっており，未回答の企業にその理由を聞いたところ，40％は「CSRは時期尚早」，26％は「データの収集などの作業に対応できない」と返答していた。しかし2005年経団連が行った調査では，「CSRを意識して活動している（例えばCSRに関わる専任組織の設置やレポートの発行など）」と答えた会員企業は75.2%に及んでいる。

　コンプライアンスの制度化はもう少し早くからもっと広がっていた。コンプライアンスの制度については，多くの企業は2000年代に入って以降策定し始めているが，急速に制度の設置が進んでいる（表5-1）。

　CSR経営に先進的に取り組んできた業界や企業の特徴をみると，専ら国内市場で活動している企業ではなく，海外市場への依存度が高い企業（販売・生産，資金調達）であり，グローバル市場の環境にさらされているためNGOからの監視の目が厳しく，また進出先の国・地域の規制などの影響を受けている。日本で早い段階から積極的に取り組んでいる企業をみるといくつかの特徴があった。

132

	コンプライアンス・マニュアルの制定	コンプライアンス担当役員の設置	コンプライアンス専任部署の設置	コンプライアンス委員会等の設置
2006年	86.0%	80.1%	60.9%	71.7%
2009年	97.6%	90.5%	69.1%	84.4%

（表5-1） コンプライアンス体制の制度化

出所：公正取引委員会「企業におけるコンプライアンス体制の整備状況に関する調査」, 2009より作成。

　例えば，サステナビリティ報告書（CSR報告書）を作成し，国際ガイドラインGRIを参考にして報告書づくりをしている企業の特徴をみると（2003年11月の段階では66社が該当し，そのうち大企業53社の特徴を抽出し分析），次の3点が指摘できる（Tanimoto & Suzuki, 2005）。1）売上高が多い（収益については有意な相関関係はみられなかった），2）海外売上比率および外国人持ち株比率が高い，3）環境関連の業種（製造業など）が他業種より積極的。

　グローバル企業は欧米市場でCSRを求める動きをストレートに受けるため，積極的な対応が求められてきた。しかし2000年代半ばを過ぎる頃から，国内市場指向の企業にも影響が及び，図5-1でみたように急速に制度化が広がった。もともと日本企業には横並び意識が強く，CSRに対応することのメリット，対応しないことのデメリットが明確でなくとも，一気に制度が広がっていった。以下ではそのプロセスをみていこう。

3．制度的模倣

　CSR経営の急速な制度化プロセスには，制度的模倣という現象がみられる。新制度派組織論はこの現象を次のように捉える。組織は制度的な環境から影響を受ける。環境から自らの正統性を確保するために規範的なルールとしての制度に従い，特定の組織構造が選択される。同一の制度的環境下においては組織の同型化（institutional isomorphism）現象がみられる。DiMaggio & Powell（1983）は，制度的同型化には「強制」（権力に従う），「模倣」（成功している他者をまねる），「規範」（社会的義務を尊重する）のパターンがあると指摘している。日本企業のCSR経営の制度化は法的規制ではなく，また国内の市場社会から強い要請があったわけでもなく，外部からの潮流に対して対応せざるを得ない状況において，多くの企業は他社並みの取り組みは行う，という模倣的なパターンであった。

図5-2　組織フィールドにおける主要組織

産業界	関西経済連合会　経済同友会　経団連

政府	経済産業省　厚生労働省　環境省　内閣府

労組	連合　産業別組合

市民社会組織	国内外のNGO

メディア・コンサル会社	日本経済新聞社　東洋経済新報社　日本総研　KPMG

学界	経営学関係・関連学会

　DiMaggio & Powell（1983）は，同型化のプロセスは組織が制度的環境において多様な利害関係者と共につくっていくことを指摘している。彼らはその関係のネットワークを「組織フィールド」と呼んでいる。日本におけるCSR制度化の組織フィールドの動きを具体的にみていこう（図5-2）。

❶　産業界の対応。CSRを求めるグローバルな潮流が日本にも押し寄せ，企業は対応を迫られてきた。先にみたように，経済同友会が2003年に出した企業行動白書が1つの契機としてCSRブームが広がった。その前，関西経済連合会（企業と社会委員会）は，2001年に「企業と社会の新たなかかわり方」という報告書において「社会的に責任ある企業行動のガイドライン」をまとめていた。経団連は当初ISOでのCSRの規格化に反対していたが，2005年規格化の動きが決まって以降は社会的責任経営部会を立ち上げるなど，新しい動きをフォローしている。また企業行動憲章を，企業不祥事が続いたり，ISOの規格化が決まったり，SDGsが決定されるなどの動きがあるごとに改訂し，会員企業に示している。

❷　政府の対応。日本政府は基本的にCSRを重要政策事項としては扱っておらず，経団連などがCSRは自発的なものであり規制すべきではないという姿勢を受けて，積極的な対応は取っていない。各省庁はCSRがブームになった2004年頃から研究会や委員会を立ち上げ，それぞれに勉強会を行ってきた。経産省（標準課，企業行動課），厚労省（労働政策統括），環境省（環境経済課），内閣府（国民生活局）などや，各省庁傘下の研究所などにおいて，次々と報

告書をまとめている。しかしながらその多くは，海外動向（各国の政策や先
進企業の取り組み）やケースを紹介し，情報共有することにとどまっている。
省庁横断的に対応し，CSRの課題への取り組みを規制したり，政策的に支援
しようという姿勢はなかった。個別の課題に各省庁がそれぞれに取り組むこ
とにとどまっている。

❸ 労組の対応。金属労協（IMF-JC）やUIゼンセン同盟などの産業別労働組
合は，比較的早くから対応し，CSR対策指針を示したりしている。連合は，
国際的な労組の動きやISOへの対応を受けて動き始めた。しかしそもそも日
本の労組は企業内組合がベースであり，これまで企業のガバナンスや不祥事，
社会的責任について牽制力をもっていなかった。さらにサプライチェーンに
おける労働・人権問題など，グローバルな課題への関心は薄かったが，CSR
に対応する中で少しずつ変化している。

❹ 市民社会組織の対応。日本では企業活動を監視したり，調査・報告したり，
CSRに対して政策提言したりするNGOは未成熟であった。2008年に「社会
的責任向上のためのNPO／NGOネットワーク」が立ち上がり，地道にセミ
ナーなど勉強会，啓蒙活動などを続けている。一般の市民はCSRの動きにつ
いてはほとんど情報もなく，関心も薄かった。

❺ メディア・コンサルティング会社の対応。最も活発に動いたのは，このセ
クターであった。コンサルティング会社，新聞社，出版社などにとってCSR
ブームは新しい商機であり，講演会など様々な企画，出版（解説本），CSR
広告，CSRランキング，顕彰などの事業を活発に展開した。

　当初ビジネスサイドが情報を求め，CSR経営や報告書作成などに対するコ
ンサルティングへの需要が大きかったため，コンサルティング会社，監査法
人，PR会社，CSR報告書作成支援会社などが活発にビジネスを展開した。
そこでのアドバイスやコンサルティングが横並び的対応を加速させたとも言
える。

❻ 学界の対応。このような流れを受けて，2000年代後半に入って数多くの学
会がCSRにかかわるテーマを統一論題として取り上げていた。この領域への
関心は少しずつ広がっているが，研究者による本格的な学術論文や研究書は
少なく，国際的な会議やジャーナルでのプレゼンスは非常に低い。また政策
提言（政府，企業，市民社会組織に対する）にかかわる発言も少ない。

　以上のように，日本におけるCSRの制度化は，政府が「強制」してきたわけ
ではなく国内の市場社会においてCSRを求める動きが「規範」をつくってきた
わけでもなく，グローバル市場における潮流を受けて産業界とメディア，コン
サルティング会社が主導し，「模倣」が広がった。他社並みというもともと日
本の企業社会にみられた横並びの動機もあって，典型的な模倣による同型化
（mimetic isomorphism）がみられ，CSRの制度化は急速に進んだ。したがって，
当初それらは必ずしも戦略的・イノベーティブ（価値創造的）な取り組みとは
言えず，そのことで経営の基盤が強化され責任ある競争力が高まったとは言え
なかった。

第3節　日本企業の経営課題は何か

1．制度化の問題点

　以上のように，日本企業のCSRやコンプライアンスへの制度的対応は急速に
進んできた。しかしながら，それに伴って企業犯罪・不祥事が必ずしも減少し
たというわけではない。例えば金融機関では，保険金不払い，優越的地位濫用，
インサイダー，不適切経理処理など，金融庁から業務改善命令の行政処分を受
けた企業数は，2003年のCSRブーム後とくに減少したというわけではない（表
5-2）。

　さらに，2000年代後半から2010年代に入ってからも，メーカーによるデータ
改ざんなどの企業犯罪・不祥事が続いている。公正取引委員会の調査（2009年）
によると，独占禁止法などに関するヘルプラインなどを設置している企業は
96.3％にのぼっているものの，72.7％の企業が「ヘルプラインが利用されてい
ないか，実績があがっていない」と答えている。また経営トップの役割として，
法令違反が発見された場合トップ自ら判断を下していると答えた企業は35.8％
にとどまっている。コンプライアンスやCSRを経営プロセスに組み込み，実際

（表5-2）　行政処分を受けた金融機関の数

	2002	2003	2004	2005	2006	2007	2008	2009	2010
処分数	56	102	94	228	152	83	91	102	73

出所：金融庁「行政処分事例集」2011より作成。

に機能させていくことは容易な作業ではない。以下では，こういった点について，東芝のケースで考えてみよう。

　東芝は早くからCSRへの対応を行い高い評価を得てきた。しかしながら大きな問題を起こし，会社の存続自体が危ぶまれた。期待されるCSRマネジメントの機能と現実の間にギャップが生じていたと言える。2015年東芝は不正会計を行っていたというスキャンダルが明るみに出た。アメリカでの原発ビジネスの失敗や，金融危機後その他の事業においても大きな損失を出していたにもかかわらず，2008年頃から2014年にかけて利益が出ているかのような虚偽申告を行っていた。社内外の監査システムは機能せず，見抜けていなかった。

　東芝は2007年の国内のCSRランキングで１位であり，コーポレート・ガバナンスについても以降ずっと上位にランクづけられていた。しかしCSRやガバナンスの制度は機能せず，信頼を失墜させた。東芝は上場廃止などの可能性もあったが，収益を生んでいた半導体部門や家電部門を売却することで超過債務を解消し，2017年に東証１部から２部に指定替えを行い生き残りを図った。東芝はなぜ早くからCSRやガバナンス・システムを整備していたのに不正を止められなかったのだろうか。CSRのシステムは東芝のマネジメント・システムに組み込まれていなかったと言わざるを得ない。東芝の旧弊としてあった組織文化がCSRを組み込んで行くことを妨げていた。東芝の組織文化は次のように指摘されている（第三者委員会調査報告書，2015年７月他）。１）強いトップダウンのシステム（一方的コミュニケーション，権力をチェックする仕組みは機能しなかった）。２）「チャレンジ・システム」と呼ばれた利益至上主義（短期志向の強いプレッシャー）。３）強いセクショナリズム（各部門は互いに干渉し合わない，内向き志向になっていた）。

　また組織内外のステイクホルダーの声を受け止めることもなかった。取締役会のレベルから現場まで，CSRの考え方・仕組みは組織に定着せず，機能していなかったと言える。

　企業組織において，売上目標に対するプレッシャーや，社内外の厳しい競争，多忙で考える余裕がないなどといった状況において，人々は様々なバイアスの影響により倫理性を度外視した判断を下してしまいがちになる。行動倫理学（Bazerman & Tenbrunsel, 2011）では，自己の倫理的行動能力を過大評価し

たり，行動したあとになって自分の判断を正当化したり，倫理性の判断基準を
すり替えたりし，自己イメージを守ろうとしがちであることを指摘している
（遮断，修正，歪曲，責任転嫁，倫理基準を変えてしまう）。また動機は非倫理的で
も結果が好ましい場合には，倫理上の判断がゆがめられがちであることも指摘
している。このような状況では，単に規則を厳しくしても目標達成を考えるあ
まり自分の内面からの動機をもたなくなる。あるいは目標達成のためには罰を
受けさえすればルールを破ってもかまわないと考えてしまうこともある。この
ように組織の暗黙の規範や圧力が非倫理的行動を助長してしまうことが指摘さ
れる。そこでは与えられた制度や目標に合わせることばかり考え，内面からの
動機，自らの言葉で考えなくなることが最大の問題になるのである。

　コンプライアンスやCSRの意識を定着させようとすることは容易なことでは
ない。倫理規定やCSR規定を導入する以前に，組織内の問題：トップ－ミドル
－現場間，部署間，本社－子会社間のコミュニケーションのあり方，組織にお
ける意思決定の仕方，その前提にある価値観や組織パラダイムにおける問題を
振り返り，何がうまくいき何がうまくいっていないのか，その会社特有の問題
点を探ることが必要である。そういった問いかけなしに，一般的な行動規範に
合わせて形式的なマニュアルをつくり，研修に力を注いだとしても，好ましい
成果は期待できない。多くの企業では，行動規範の標準化が強まると，それに
合わせようとするあまり，どの会社も似たような内容になり，自社の問題点を
知り，自社に合ったシステムをつくり，説明する努力を欠くようになりがちで
ある。さらに制度化への圧力が高まると，制度をつくり維持すること自体が目
標になってしまい，それを全社的にいかに機能させていくか，という作業には
なかなか結びつかなくなってしまう。

　そこで組織において望ましい価値観を伝え（どのような会社であろうとしてい
るのか），悪しき暗黙のインフォーマル文化を変え，そのために情報をわかり
やすく伝えることが大切である。Bazerman & Tenbrunsel（2011）は，自分が
今「したい」ことと「すべき」ことのギャップを埋めていくことが大切である
と指摘する。そのことで，意思決定の前に何をすべきかを考え，自分の行動を
自分に都合の良いように解釈（歪曲）せず，ピアディスカッションを行ったり，
第三者の意見を聞くようにすること。純粋にビジネスの意思決定として捉え問
題を回避してしまうような姿勢を変えることも必要である。さらにこういった

組織内の視点にとどまらず，社会に対するアカウンタビリティを明示する意識が重要である。社内で了解されていても，それが社会から見た場合どのように理解されるか，ステイクホルダーに説明できるかという視点をしっかりもつ仕組みをつくっていくことである。

　もう1つ，CSR報告書を例にとって制度化の課題を考えてみよう。2000年代半ば以降，CSRブームの中CSR報告書は急増した。しかしながら形式と実態の間にズレがみられるケースが少なくない。当初多くの企業では，CSRを踏まえた経営体制を確立することよりも，報告書を発行することが先行していた。本来報告書は経営プロセスの最後に作成されるものであるにもかかわらず，先に報告書が作成されるという状況もみられた。日本は国際的にみてもその発行社数は多く，KPMGの調査によると（世界3,400社対象），2011年の時点でイギリスに次いで2番目となっている。もっとも当初，制度や目立った取り組みの紹介が中心に書かれていることが多かった。それでは経営の強みも弱みもわからない。財務報告書と違い，客観的な基準や規制があるわけではないため，出したくない情報は開示しなくともペナルティはない。これまでの日本企業のCSR報告書の課題をまとめると，次のような点が挙げられる。

❶　なぜCSR報告書を作成し開示するのかが不明確。CSR制度の紹介が中心で，経営の実態は見えない。またCSR情報の開示方法についても共通の物差し（対象領域，算定基準・単位，期間など）は明確でないが故に，各企業，出せる情報・出したい情報に限定されがちであった。またこれまで情報開示の形式が模倣されてきたことも指摘される。同業他社の先進的取り組みや，表彰制度などで評価を受けた企業のスタイルを参考にしたり，報告書制作支援会社のアドバイスを受けていた結果，同型化を進めてきたと言える。

❷　ネガティブ情報・リスク情報の開示が不十分。一般的なリスクにとどまらず，各企業固有の情報や環境リスクなど。リスク情報の開示が遅れていること自体がリスクとなる。不祥事があった場合，単に謝罪すれば良いのではなく，報告書ではその原因と今後の対策を明記する必要がある。

❸　誰に対する報告書か不明確。サステナビリティ・コミュニケーション・ネットワークの2011年の調査によると，想定読者として1位は従業員62.8％（2008年は75.2％），続いて取引先49.6％（53.1％），消費者40.5％（44％），株主・

投資家50.0％（43.3％）となっていた。従業員が自社の活動を知ることは大切であるが，外部のステイクホルダーとのコミュニケーション関係を信頼あるものとしていくことが求められている。近年，統合報告書では，株主・投資家への意識が強くなっていると言える。

❹　ステイクホルダー・エンゲージメントが不十分。これまで多くの企業で見られるステイクホルダー・ダイアログは座談会的で，フィードバックが不明瞭なものが多かった。

　このような状況では，情報の「正確性」「信頼性」「比較可能性」に問題が出てくる。これでは，たくさんの報告書が世に出ていても，第4章第3節でみたように，市場の透明性の向上，企業のアカウンタビリティの確保，そしてトータルな企業評価に必ずしも寄与しているとは言えない。戦略的なコミュニケーションのあり方を捉え直し，市場から信頼を得て，新しい価値を生み出すメディアとなることが大切である。

　CSRが経営プロセスに組み込まれていなくとも，社会・環境にかかわる諸活動や関連する制度を紹介するだけでも，CSR報告書は作成することはできる。CSR部を立ち上げたものの，社内でCSR経営の意味を深められないまま報告書づくりは広報部でできると，部署を廃止した企業もあった。部署は存続していても，組織の中で適切な位置づけ（権限や予算）のないまま，もっぱら報告書の作成やCSRにかかわる広報活動を行っている企業もみられた。そこでCSRを経営プロセスに組み込む際の課題は何かを次に考えていこう。

２．経営プロセスへの組み込み

　CSRに対する考え方は，ブーム当初の頃より進歩し，CSRを経営の中核課題の1つと理解する企業が増えている。経済同友会の調査によると，図5-3のように2003年にはそのように考える経営者は51％であったが，2014年には71％と20ポイント増えている。またCSRを「払うべきコスト」と考える経営者は2003年の65％から減少し，2014年には42％となっている。一方で図5-4のように，CSRを「企業戦略の中核」として実際に取り組んでいると答える経営者は，2003年の8％から2010年には30％を超えているものの，まだ多いとは言えない。多くの経営者はCSRを重要な経営課題の1つとは理解しているものの，経営戦略とは別の課題と捉えていたり，一部新しい取り組みを試みてはいるも

140

図5-3 CSRの位置づけ

経営の中核
2014年 71%
2010年 71%
2006年 69%
2003年 51%

払うべきコスト
2014年 42%
2010年 51%
2006年 55%
2003年 65%

出所：経済同友会「日本企業のCSR－自己評価レポート」2014年。

図5-4 CSRへの取り組み

企業戦略の中核
として取り組む
2014年 30%
2010年 31%
2006年 16%
2003年 8%

法令や社会
から求められ
たことに取り
組む
2014年 32%
2010年 34%
2006年 47%
2003年 59%

出所：経済同友会「日本企業のCSR－自己評価レポート」2014年。

のの中心的課題とは捉えられていない。CSR経営において大事なことは，CSRに関する仕組みや制度をつくるだけではなく，すでにみたように，経営プロセスの中に組み込み，チェックするそのトータルなプロセスをどのように統治していくかにある。それは組織全体を通した取り組みであり，戦略的に重要な課題として位置づけていく大きな視点が必要である。中期経営計画の冒頭にCSRを謳うだけでなく，各部署の具体的な目標に落とし込んでいくこと，そしてその実現のためにはこれまでの組織体制，評価のあり方などを見直し，全社的な委員会，経営会議といった場で定期的にチェックしていく体制をつくっていくことが必要である。新しい制度を立ち上げること自体はすぐできるかもしれないが，それらを組織に定着させ機能させていくには，組織の旧来の体制を変革し，社会的要請に応える組織基盤をつくっていく強い意思が必要である。それは時間のかかるプロセスでもある。

　東芝のケース（p.136）でみたような1）から3）の組織文化の特徴は他の企業でもみられることである。それを見直しながらいかにCSRに取り組んでいくか。形式的にCSRを導入するだけでは，経営トップ，CSR担当，現場との間に認識の差が生じたり，本社と子会社やサプライヤーとのコミュニケーションが行われなかったり，ステイクホルダーにアカウンタビリティを明確にしていくシステムが機能しないことになる。サステナビリティ経営を目指す価値，理念を共有し，CSRを機能させ，社内外におけるコミュニケーションとアカウンタ

ビリティのあり方を見直していくこと。多様な価値観をベースに，オープンな議論を受容する組織をつくっていくことで内向きの組織文化を変えていく。また従来の評価の仕方，評価システムも見直すことも必要である。早い段階からCSR制度を立ち上げていたにもかかわらず機能せず，不祥事を起こし批判を受けた企業では，なぜ定着してこなかったのかを調査・分析し，具体的な対策をたて，フィードバックしていく必要がある。

　マネジメント体制，コーポレート・ガバナンスの仕組みを変えていくには，トップの強いリーダーシップが必要である。先の経済同友会の2014年の調査でも，トップが率先してCSRの浸透を図る企業では，そうでない企業より経営理念の浸透，価値観の共有が十分行き届く傾向にある，と指摘している。こういったCSR経営は全社横断的に実施するに当たって，社内の関連部署との適切な調整が不可欠である。したがって，トップが明確な方針を示し，基本的な役割や権限について事前に（業務の進捗に伴って）関連部署と調整し連携していくことが必要である。

　経営理念において社会の発展に貢献すること，責任ある経営を行うことと明記したり，中期経営計画において冒頭でCSRは重要課題であると位置づけたりすることは大切である。しかし，CSRの課題をどのように実現させるのか，具体的な戦略・方策を示していないのであれば，現場は動かない。すなわち基本理念や企業行動憲章（方針）に基本的なCSRの捉え方を示すだけではなく，具体的な課題を中期経営計画に組み込み，各部署のアクションプランの策定・実施に落とし込んでいく努力が必要である。

　「CSR中期計画」を従来の中期経営計画と併せて策定する企業もある。「安定した収入基盤」・「株主価値の向上」と「社会的に責任ある経営の追求」を経営の両輪と位置づけ，それらのバランスを図ることが重要であるという企業もある。しかしながら，それらが別々のものとして捉えられていたり，どう関連づけられているのか示されていなければ，実際には成果があがらない。

　CSRブームが広がった2000年代後半においては，まだ中期経営計画にCSRが組み込まれているとは言えない状況であった。パブリックリソースセンターが2009年に行った「中期経営計画とCSRに関する計画の関係」によると，「中期経営計画にCSRに関する計画がなにがしか盛り込まれている」企業は50.6％あったが，「中期経営計画と連動させCSRに関する計画を立てている」企業は

12.7％にとどまり，「中期経営計画とCSRは連動していない」は７％，さらに「CSRに関する中期経営計画は策定していない」は25.5％に及んでいた。

　以上をまとめておこう。１）CSRを組織に組み込み，共通テーマにしていくに当たって，なぜ，どのように取り組むのかを明確にすること。それにはトップの強いリーダーシップとコミットメントが必要である。２）中期経営計画，そして各部署のアクションプランにCSRの課題を具体的に組み込んでいくこと。３）そのプロセスで，旧来の組織文化，体制を見直していくこと。さらに４）経営パフォーマンス，個人の評価基準の見直しも求められる。そして５）社内外のステイクホルダーの声を聞き，経営に反映させる仕組みをつくることが必要である。広くCSRで求められていることを経営に組み込んでいくためには，従来の経営の体制を見直していく必要があり，決してCSR関連の制度を立ち上げれば自動的に機能するというものではない。そういった取り組みがなければ，本来CSR経営で期待されることと現実とのギャップが生じる。これまでの組織体制が何も変わらないまま，CSR報告書作成，ダイバーシティ，人権対応などを行っても，決して経営基盤，そしてアカウンタビリティを強化させることにはつながらないのである。

３．今後の課題
　日本企業が対応を迫られている重要な経営課題についてまとめておこう。様々な課題がある中で，とくにこれまで認識の上でも，取り組みの上でも遅れている３つの点を取り上げる。❶グローバル課題への取り組み，❷ステイクホルダー・エンゲージメントへの取り組み，❸サステナビリティ・リーダーの育成。

❶　グローバル課題への取り組み
　多くの日本企業は，これまで本社を中心としたCSR体制の確立に力を入れ，国際的な基準や業界ごとの基準への対応に努力してきたが，本社と海外子会社とのコミュニケーション・調整，さらにサプライチェーン・マネジメントの問題については対応が遅れている。またグローバル課題（SDGsなど）への取り組み方には企業間に差がみられる。経済同友会の2014年のレポートによると，

「自社及びグループ内」において「人権・労働に関する国際規範（児童労働や強制労働の禁止，結社の自由，差別の排除など）の尊重を遵守」している企業は44％。「国内外のサプライチェーン（直接取引先，第一次下請まで）」において人権・労働に関する国際的規範を尊重しその遵守を確認している企業は21％とまだまだ低い。またCSR調達基準を策定している企業は57％と増えつつあるが，策定していない企業は43％にのぼり，さらに策定していても取引先まで指導している企業は30％にとどまっている。グローバル企業にとってこれらの問題への不十分な対応は，大きなリスク要因となる。NGOの監視のネットワークが広がっている上に，国・地域によってはCSRにかかわる法的規制が厳しくなっている。例えば，紛争鉱物に関する取り組みや非財務情報開示の義務化など。法的なペナルティがない場合も，体制を整えない場合はその理由を説明しなければならないというスタイル：Comply or Explainも広がっている。人権デュー・ディリジェンスの問題でみたように，事前に問題が起きないように体制を整えておくことも求められるようになっている。とくにこれまで人権問題の意識が低かった企業は，国内外での積極的な取り組みが求められるようになってきている。

❷　ステイクホルダー・エンゲージメントへの取り組み

　ステイクホルダー・エンゲージメントに関する一般的な課題は第4章第2節で説明したが，ここでは日本企業における課題についてまとめておこう。経済同友会の2014年の調査によると，ステイクホルダー・エンゲージメントを行っている企業は32.4％にとどまっていた。ここにはステイクホルダー・ミーティング，ステイクホルダー・ダイアログと呼ばれるものも含めている。多くの企業では，従来からのステイクホルダーごとの取り組み，例えば，従業員とは労使協議，株主／投資家とはIR，消費者とは苦情応答，満足度調査，政府とは審議会・委員会への参加，地域コミュニティとは社会貢献活動などを列挙してステイクホルダー・エンゲージメントと呼んでいる。そこでは，talk and listenのスタイルが一般的であり，企業側の事情をステイクホルダー側に伝える，そしてその反応を聞くということにとどまっている。それだけでは，双方が議論を通して課題を見出したり，新しいアイディアや新しい取り組みの方法を生み出していくことはできない。

　日本企業では2000年代半ば以前に，国内外のNGOと面会することはほとんどなかった。それは経済団体においても同じであった。そもそも，国内でステイクホルダー側から企業にアカウンタビリティを求める要請があったというわけではなかった。CSRブーム後も，ステイクホルダーとの対話は企業戦略の一環として行っていたわけではなく，他社がやっているから，報告書をつくる際の1つのコンテンツとして行っていたという企業は少なくなかった。当初ステイクホルダー・エンゲージメントに関して共通の理解があったわけではない。なぜ，誰と何を話すのか，目的が明確でなく，経験やノウハウもなかったため，報告書制作会社やコンサルティング会社に頼っていた企業は多かった。ステイクホルダー側もエンゲージメントの経験はなく，それぞれの立場から一般的なコメントを述べるにとどまっていた。それでは座談会に終わったり，会社のPR活動の一環にとどまり，戦略的な取り組みという意識は弱かった。

　また多くの企業はエンゲージメントに当たって，出席するステイクホルダーに対し適切な内部情報を提供していなかった。ステイクホルダー側も要求しないことが多いため，議論は一般論にとどまっていた。それは報告書の第三者意見においても同じであり，内部情報を得ず報告書をみるだけならば，感想にとどまってしまう。そもそも，何のために，誰と，何をどのように議論するのかということが初めにあってステイクホルダー・エンゲージメントが始まる。

　またグローバル企業にもかかわらず，日本の本社で日本人だけのステイクホルダー・エンゲージメントを行っているケースもみられた。グローバル行動基準を制定した企業が，そのようなエンゲージメント・スタイルをとっているようでは不十分である。進出国における地域の課題についてエンゲージメントを行うに当たっても，その国でのネットワークを生かし効果的なエンゲージメントを行っていくため経験を積んでいくことが必要である。

　例えば，東南アジアのサプライヤーの工場において，労働や人権の問題についてNGOから批判されたメーカーの中には，これまでサプライヤーの情報をほとんどつかんでいなかったことを反省し，ステイクホルダーから情報を集めモニターするシステムをつくり始めている。海外拠点ごとにCSR調達の担当者を置き，基本方針を踏まえ各国の文化や商習慣を配慮しながら取り組みを推進している。また，NECは，CSR報告書のレビューに当たって関連するステイクホルダーの代表（ステイクホルダーチーム）が毎年チェックする体制をつくり，

開示情報の信頼性と透明性を確保するよう取り組んでいた。大成建設は，東日本大震災後，災害から復興していく取り組み，さらに災害に強い社会，企業組織づくりについて（レジリエンス）関係するステイクホルダーが集まり議論するオープンフォーラムの場を組織し運営している。ワークショップを通して，災害に強い社会，組織を協働してつくっていくこと，分権化し自律的な社会をつくっていくことについてイノベーティブなアイディアを生み出そうとしてきた。

　本来，ステイクホルダー・エンゲージメントはリスク管理を超えて，ステイクホルダーとの対話を通して企業経営に重要な変化を与える学習，イノベーションを生み出す機会にもなり得る。したがって，ステイクホルダーの声を聞き良い関係をつくることは，ビジネスの成功に貢献する（Sloan, 2009），また企業とステイクホルダーとの良い関係は，ビジネスに価値を付加する資産となると言われている（Lawrence & Weber, 2017）。

❸　サステナビリティ・リーダーの育成

　サステナビリティ革命の時代においてサステナビリティ経営に取り組む新しいビジネスリーダー（Sustainability Leader）の育成が求められている。しかし日本ではまだその重要性が認識されているとは言えない。既存のセクターや制度的枠組みを超えて広がるサステナビリティ課題に対し，異なるセクターとも協力しながら取り組むリーダーの育成が必要である。グローバルなレベルでサステナビリティ課題の解決が求められている中，次のようなマインドセットをもったリーダーが期待されている（Hemmati, 2002；谷本，2018aなど）。1）ヴィジョナリー：共通のサステナビリティ・ビジョンに向けて多様な人々をリードすること。2）エンパワリング：他者をパワーで支配するのではなく，力づけ支援していくこと。3）コラボラティブ：様々なセクターや異なる価値観をもつ人々をつなげ協働していくこと。4）イノベーティブ：これまでの考え方や方法にこだわらない新しいスタイルを生み出していくこと。

　こういったCSR，サステナビリティ経営，さらに広く企業と社会にかかわる教育に関して，第1章でみたように，大学には新しい取り組みが求められている。サステナビリティの潮流に合った具体的なカリキュラムづくりが議論されている。「企業と社会」といった単独の科目を提供するだけではなく，関連す

146

る科目（CSR，サステナビリティ経営，ビジネス倫理や，社会的・環境的な課題にかかわる諸科目），さらにカリキュラム全体にCSRやサステナビリティの概念を組み込んでいくことが次のステップとして求められている。またインターンシップやボランティア活動などを通して国内外の現場を経験する機会を増やしていくことも重要である。ケース学習にとどまらず経験学習（experiential learning）の必要性も認識されている（Alcaraz & Thiruvattal, 2010）。今後企業と社会の持続可能な発展を見据え，多様性に満ちた社会の中で議論をリードし新しい可能性を創り出していくリーダーが求められている。そのためには大学のみならず，企業，政府，NGOなどと連携し協働していくことが必要となってくる。

第6章

戦略的フィランソロピー

第1節　フィランソロピー活動をなぜどのように行うのか

1．社会的課題に誰が取り組むのか

　われわれは様々な社会的課題に直面している。環境，労働・人権，貧困，高齢者，女性，障害者雇用，ホームレス，青少年教育，地域再開発など。こういった社会的課題に誰が，どのように，取り組んでいけばいいのか。政府でなければ対応できない問題は多いが，「大きな政府」にはそもそも限界がある。政府の失敗，すなわち限られた情報，民間市場の反応に対するコントロールの限界，官僚に対する支配力の限界，政治過程によって課された特約が存在するなど（Stiglitz, 1986），社会的課題に対応しきれない。さらに一国政府では扱えない課題（例えば地球温暖化問題など）があると同時に，価値の多様化が進み，地方政府が扱うにも小さすぎる課題が存在している。社会的課題の解決に取り組むNPOの動きも広がっている。80年代以降，ボランタリーセクターが台頭し，福祉領域にとどまらず様々な領域で商品・サービスを提供するようになっている。寄付とボランティアをベースに活動する伝統的な〈慈善型〉NPOのみならず，収益事業として取り組む〈事業型〉NPOが活動している（後者については次章で扱う）。ボランティアでしかできないことも多い一方，根源的にボランタリーセクターの失敗も指摘されている。つまりボランタリーシステムは社会サービスの提供者として，フィランソロピーの不十分性，偏重性，家父長性，アマチュア性といった根本的な問題を抱えている（Salamon, 1987）。

　90年代後半に入ると，社会的課題に取り組むビジネスセクターへの期待が高

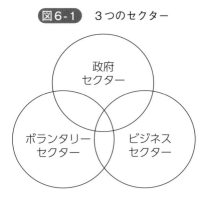

図6-1　３つのセクター

まっている。企業がもつ資源や技術力などを生かして，社会的課題に取り組む
イノベーティブなスタイルがみられる。しかしながら企業は営利組織であり，
あらゆる社会的課題にビジネスとして取り組めるわけではない。ビジネスの可
能性と限界を理解しておかねばならない。さらに単独のセクターによる対応に
とどまらず，セクター間の協働によって取り組む動きも広がっている（図6-1，
重なっている部分）。

　日本では，社会的・公共的な課題は政府が担うという考え方が伝統的に強く，
民間がイニシアチブをもって取り組むという考え方は弱かった。また企業が社
会貢献活動として広く社会的課題の解決にかかわることに高い関心をもってい
たわけでもないし，また市民がそれを期待していたというわけでもなかった。
しかしながらグローバルには企業の新しい多様な取り組みがみられるように
なっており，本章ではこういった点に焦点を当てて考えていくことにする。

２．フィランソロピー活動とは何か

　企業のフィランソロピー活動を考えていくに当たって，まずフィランソロ
ピーという言葉について確認しておこう。それはもともとギリシャ語の“人を
愛する”という意味で，博愛（主義）と訳される。アメリカで言われていた
フィランソロピー活動を「社会貢献活動」と邦訳したことで，当初その言葉の
解釈に混乱がみられた。つまり，本業そのものが社会に貢献しており，それ以
上に寄付などの活動を行う必要はないという考え方があった。また1990年代に
は，社会貢献活動をCSRと同義に捉える向きもみられた。例えば，朝日新聞文

化財団が編纂した『企業の社会貢献度』(1990～2003年) は, 社会・環境項目か
ら企業活動を評価した先駆的なものであったが, これを社会貢献度調査と呼ん
でいたことは, 当時の雰囲気の中での理解であったと言える。CSRブーム以降,
言葉の正確な理解も浸透している。

　また日本社会には「陰徳」という言葉がある。良いことは隠れてするものと
いう考え方であるが, アメリカ社会とは大きく異なる価値観である。アメリカ
では企業もコミュニティの一員と捉えられ, 企業市民 (corporate citizenship)
という考え方が一般的である。企業が地域の発展にフィランソロピー活動に
よって貢献することは, 地域の一員としての役割を果たすということであり,
社会は支援した企業を讃えてきた。それに対し, 企業による陰徳には基本的な
問題がある。個人が社会貢献活動を匿名で行うことは自由であるが, 株式会社
の場合は事情が異なる。寄付は事業活動によって得られた利益から支出される
のであるが, それは本来出資者たる株主・投資家に配当, あるいは従業員に配
分されるものである。したがって企業が社会貢献活動を行うからには, その目
的と意義についてステイクホルダーに対し説明する責任を負う。このように企
業のフィランソロピー活動への理解や期待というものは, 地域や時代によって
異なっている。またフィランソロピーの活動領域も広がっており, かつては政
府が担っていたような領域への支援, 例えば, 貧困, 地域再開発やドメス
ティック・バイオレンス問題の支援なども対象となっている。

　ところで日本企業は1980年代後半以降アメリカに進出した当初フィランソロ
ピー活動に触れ, 企業市民としての役割を学ぶことになる。当時アメリカへの
直接投資が増え, 現地生産にシフトしていく中で, 日本企業は現地企業と同じ
ように企業市民として地域の課題に取り組んでいくことが期待され, 社会的に
責任ある企業経営を行うことが求められた。個々の社員にしても会社を離れた
一個人として, コミュニティにかかわることを同様に要請された。

　しかし, 当初多くの日本企業はこのあたりのことを十分理解しきれず, 日本
企業はいつでも計算づくだと批判された (谷本, 2002b)。例えば, 「日本企業
の社会貢献は寄付中心であり, ビジョンや目的が不明確なまま, 薄く広くお金
だけ出していることが多い」, 「その逆に目的が露骨な寄付, "見返り"を期待
した著名大学・機関への寄付に片寄りが目立つ」, 「社会貢献も寄付も会社中心
で, 市民としての個人の顔が見えない」といった声である。

　当時貿易赤字と不況に苦しむアメリカが，米国市場にもそのプレゼンスを増大させていた日本企業に対して苛立ちの感情があったことは否めない。しかしながら，批判の多くは的外れではなかった。多くの日本企業はコミュニティが抱える貧困や差別の問題に対する基本的な認識が欠けていたため，第5章でみたように訴訟になるケースも少なくなかった。とくに人種・性別・国籍による雇用差別，従業員の人権への配慮不足，取引契約におけるマイノリティが所有・経営する企業に対する配慮不足などと指摘された。そこで経団連は，CSR問題への対処も含め1989年（社）海外事業活動関連協議会CBCCを設立した（その英語表記はCouncil for Better Corporate Citizenship，日本語では良き企業市民協議会）。日本企業が進出先社会から良き企業市民として受け入れられるよう，地域社会，従業員をはじめとするステイクホルダーと良好な関係を築くことを支援するため，アメリカ社会の調査や情報提供活動を行ってきた。

　次に，企業はなぜフィランソロピー活動を行うのか，ということを考えよう。持続可能な発展を求める時代に入って，企業に期待される役割は変化しているが，企業は社会貢献活動に取り組むことのメリットをどのように理解しているのであろうか。アメリカのCSR推進団体であるBSRをはじめ様々な論者は，一般的に次のようなメリットがあると指摘している。

❶　顧客のロイヤリティーやブランドイメージの向上。とくにアメリカでは，企業市民として社会に貢献する活動への期待は高い。次節でみる社会的活動への支援とマーケティングを結びつけるコーズ・リレイティッド・マーケティング（CRM）への支持は高い。

❷　従業員のロイヤリティーや生産性を高める。アメリカにおける従業員へのアンケート調査では，自社の社会貢献活動に良い印象をもっている従業員は，そうでない企業の従業員と比べ定着率が高いという結果が出ている。

❸　企業の評判の向上。企業のトータルな評判（レピュテーション）を測定する際の項目として社会貢献は組み入れられているし（第8章），社会的責任投資（SRI）の評価項目にも組み入れられ，ポジティブな評価がなされている。

❹　新しい市場におけるプレゼンスの拡大。進出国で現地の政府やNGOと協力しながら地域の課題に取り組むことで，地域の事情も学べる上に，地域の人々からの認知度や評価も高まる。

❺　新しいビジネスの可能性。SDGsなどこれまで企業が取り組むことがなかったような領域においても，新しいビジネスの可能性を生み出していくきっかけになる。社会から企業に対する期待が変わってきたことで，フィランソロピーと本業との境界線上で新しい事業が広がっている。

　社会貢献活動は企業にとって上記のようなメリットをもたらすが故に，社会的な投資として理解され始めている。社会貢献活動はコミュニティの利益につながる活動であり，コミュニティが健全であることがビジネスの持続可能性と強く結びついていくとも指摘されている。

　日本では，経団連などの調査によると，社会貢献活動を社会的責任の一環，社会還元と捉える企業が多いが，社会への投資，あるいは新しい事業開発につながるという理解はまだ少ない。また「社風形成を促すため」や「優秀な人材確保・維持のため」というような捉え方をする企業も少ない。その背景には，これまで企業の社会貢献活動に対する社会からの期待が必ずしも高くなかったこと，また基本的に社会的・公共的な課題は政府が取り組むべきことであり必ずしも個人の，また企業の問題であるとは捉えられてこなかったことが挙げられる。これはCSRへの理解と同じことが言える。しかしながら，政府の役割が変化し，市民セクターが台頭し，そして企業に期待される役割も変化し始めてきたことが，企業の社会貢献活動への認識を変化させつつある。社会貢献活動を期待し評価する社会やステイクホルダーが存在しないのであれば，企業は積極的に取り組まないし，それはコストとしてしか捉えられない。それを期待し評価する市場社会があればこそ，企業も社会への投資というように捉えていけるわけである。

3．フィランソロピー活動の取り組み

　企業が何らかのフィランソロピー活動を行うに際して，企業内の限られた資源をどう生かしていけばよいのか。限られた資源と能力を活用して社会にインパクトのあるフィランソロピー活動を行うことを戦略的フィランソロピー（strategic philanthropy）と呼ぶ。

　以下ではまず企業はどのようなフィランソロピー活動を行うか，図6-2のように区分してみていこう。本書第3章第3節でみたCSRの捉え方を踏まえ，社会的課題への取り組みとして，「社会貢献活動」は，企業の経営資源を活用

図6-2 社会的課題への取り組み

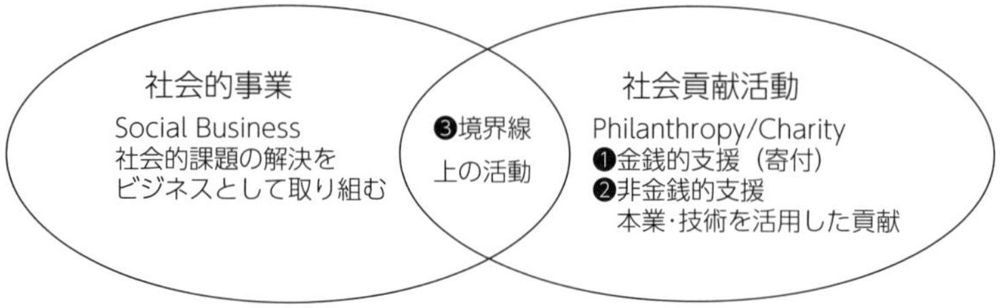

したコミュニティへの支援活動（チャリティ）であり，「社会的事業」は，それをビジネスとして取り組んでいくものである。そしてこの2つの境界線上にあるような活動も広く見られるようになっている。

社会貢献活動を区分けすると，❶は金銭的な支援（cash contribution）寄付であり，❷は非金銭的な支援（in-kind contribution），一般的なボランティア活動や自社の製品を寄付することや，本業の技術やノウハウを生かした社会貢献活動である。❸は社会貢献活動と社会的事業の境界線上の取り組みを指す。金銭的な寄付は景気に左右される一方，近年非金銭的な寄付や，境界線上の新しい取り組みが様々に試みられている。順番にみていく前に，寄付に対する日米の考え方の違いを確認しておこう。

日本には寄付文化がないと言われてきたが，それは社会的・公共的問題は政府が担ってきた，担うべきであるという考え方が強かったという背景がある。しかしながら阪神・淡路大震災以降，市民社会のあり方が変化する中（谷本，2002b），寄付額も増えつつある。一方アメリカでは伝統的に（建国の歴史からも）地域コミュニティは自分たちでつくり維持していこうという発想があったこと，また成功した人が社会に還元する（フィランソロピスト）という発想も強い。その寄付総額は2018年で約4,100億ドル（約43兆円）で，その大半は個人からの寄付であり，企業からの寄付の占める割合は小さい（Giving USA Foundation, 2018）。内訳をみると，個人2,867億ドル70%，財団669億ドル16%，遺産贈与357億ドル8%，企業208億ドル5%で，その寄付先は31%が教会関係，教育14%，ヒューマンサービス12%などとなっている。一方日本の寄付総額は，近年増えてきたとは言え総額は2017年で約1.5兆円（2009年は約1.1兆円）であり，うち個人寄付は7,756億円，企業7,909億円であり，アメリカと違い企業からの

寄付の割合が相対的に大きい（日本ファンドレイジング協会「寄付白書2017」）。

❶　金銭的支援

　金銭的な寄付は，企業が直接NPOや市民活動に寄付するのみならず，企業が財団を設立し寄付や助成金を提供する方法もある。また企業が寄付先を決めるのではなく，従業員が行う寄付に企業側も一定額を拠出して上乗せし同一対象へ寄付する「マッチング・ギフト制度」がある。従業員が委員会を設置し，企業のフィランソロピー・プログラムに積極的に関与している企業もある。日本では，例えばキユーピーは従業員が寄付したい団体を社内で審査し，給与から1口100円天引きし，会社もそれと同額を支出し寄付を行う仕組みをつくっている。またアメリカでは，「ドナー・アドバイズド・ファンド」（DAF）が普及している。企業や個人が寄付しようとした際，どの団体が寄付先としてふさわしいか判断するのは容易ではない。そこで営利／非営利の金融機関，財団，NPOなどがアドバイスを提供するスタイルが求められている。アメリカのDAFレポート2018によると，近年DAFは増加しており，46万のファンドにおいて1,100億ドルの資産があると報告されている。アメリカにはこのような寄付先を紹介したり，アドバイスを行うことを事業としているNPOは多い。調査，評価，セクターを越えた協働活動を通して，社会的インパクトのある寄付，投資，事業を推し進めている。例えば，サンフランシスコにあるTidesは，寄付へのアドバイスや社会的インパクトのある投資，NPO支援のほか，企業に対しては戦略的フィランソロピーのアドバイスも積極的に行っている。

　＊支援を受けるNPO側は，近年こういった寄付，助成金以外に，多様な方法で資金を集めるようになっている。事業収益，銀行ローン，債券，投資ファンドなど。詳しくはSalamon（2014）参照。

❷　非金銭的支援

　これは自社の製品を寄付したり，本業における技術やノウハウを活用し社会的課題の解決に貢献しようとするものである。例えば，災害の際多くの企業が避難所に自社の食品，電池，衣料品，医薬品などを救援物資として提供している（この活動については，後段にまとめている）。また化粧品会社の資生堂は，高齢者福祉施設や障害者施設などで，スキンケアやメイクアップを行っている。

本業の技術やノウハウを活用した社会貢献活動である。以下では，金融機関が
ボランティアで金融リテラシー教育にかかわる取り組みをみてみよう。

　アメリカの生命保険会社Allstateは，長らく都市部のコミュニティ・ディベ
ロプメント活動（金融差別，人種差別，犯罪防止など）に絞ってフィランソロ
ピー活動を行ってきた。企業市民としてコミュニティをより良くしていくこと
はビジネスにとって良いだけでなく，アメリカ全体にとっても明るい未来を築
くというビジョンをもっている。より安全で強いコミュニティをつくっていく
ことを目指すインナーシティの再活性化にかかわる様々なプログラムを，同社
の財団とともに実施している。とくに金融のスキルを活用した社会貢献活動を
行っており，差別・排除された人々への支援を行っている（financial inclusion）。
金融知識やスキル（金融リテラシー）を学ぶ教育機会を，小学生や義務教育を
ドロップアウトしてしまった若者，退職者からDVの被害者まで幅広い人々を
対象に提供している。従業員のボランティアや技術的支援もこうした領域で活
動しているNPOに対してなされており，長期的なパートナーシップ関係を構
築している。

　日本でも金融機関による金融教育は，2000年代半ば頃から活発に展開されて
いる。銀行，証券，生保・損保など金融機関がそれぞれ「自社だからこそでき
る社会貢献活動」として位置づけ，取り組んでいる。とくにOECDが各国に金
融教育を積極的に取り組むよう促進していることもあって，政府や日銀も支援
している。初等中等教育のレベルから高等教育に至るまで，お金や金融の仕組
みなど，教育現場に出向いて教育・啓蒙活動を行っている。

❸　社会貢献活動と本業の境界線上の活動

　無償で行う伝統的な社会貢献活動と，対価を得ることを前提とするビジネス
との境界線上にあるユニークな取り組みが生まれている。これは無償の社会貢
献活動とは異なる一方，収益事業とも異なる。SDGsの課題に取り組むに当
たって，専門性をもった当該企業でしかできない社会的事業を継続的に行って
いく仕組みをいかにつくるか，社会的インパクトを与えるイノベーティブな仕
組みを創出していくことが期待されている。ここでは3つのケースをみておこ
う。1）貧困にあえぐ低開発途上国（LDC）に対して製薬会社が薬剤を特別価
格（preferential／not-for-profit price）で継続的に提供するケース。2）金融機

関によるマイクロファイナンスを支援するケース。そして3）社会的事業と社
会貢献活動を組み合わせ途上国支援を行っているメーカーのケース。

1）製薬会社が災害時に医薬品を無償提供することは伝統的にみられるフィラ
　ンソロピー活動である。それとは異なるスタイルの活動として，イギリスの
　製薬会社Glaxo Smith Kline（以下GSK）は，2001年から低開発途上国の
　AIDS患者を対象とし，AIDS治療薬を特別価格（ここでは変動費＋間接費）
　でNGOや国連関係機関に提供する活動を続けている。世界にAIDS患者は
　一千万人以上存在すると言われている。中でも世界で最も貧しい64カ国（と
　くにサハラ以南の国々）にはその3分の2近くが存在し，医療施設や薬も乏
　しく，非常に厳しい状況にある。AIDSは免疫系の病気であり，1回の投与
　でウイルスHIVを排除できるわけではなく，抗HIV薬は生涯継続して飲み続
　ける必要がある。しかしながら民間企業にとって，薬の無償の提供を続ける
　ことは困難である。そこでGSKは特別価格で，AIDS患者を支援している公
　的な機関やNGOに継続的に治療薬を提供し，必要最低限の対価を受け取る
　というスタイルをとっている（Smith & Jarisch, 2019）。さらに薬の特許や製
　造のライセンスについても途上国には特別な措置を行っている。これは持続
　可能な方法と言えよう。GSKは自社の専門的な知識を生かしてHIV／AIDS
　問題の教育・啓発活動，感染者に対する支援も積極的に実施している。GSK
　の社会貢献活動は，3つの疾患（リンパ系フィラリア症，HIV／AIDS，マラリ
　ア）に特化して行っている。GSKは，「株主のために利益を上げなければな
　らないが，この活動のベースには健康な社会をつくるという目的がある」と
　述べている。

2）金融機関の本業を通した社会貢献活動（社会的事業）の事例として，
　Deutsche Bank（ドイツ銀行）は長らくマイクロファイナンス事業に取り組
　んでいる。マイクロファイナンスとは，途上国における小規模事業を行おう
　とする人々に少額の融資を行い，エンパワメントしていく方法である。バン
　グラデシュでマイクロファイナンスを先駆的に行ってきたグラミンバンクの
　創設者であるムハマド・ユヌス氏に2006年にノーベル平和賞が贈られて以降，
　日本でも広く知られるようになっている。Deutsche Bankは，1997年にマイ
　クロクレジット・ディベロップメント・ファンド（DBMDF）を商業銀行と
　しては初めて設立し，ニューヨークを拠点に，マイクロファイナンスを行っ

ている世界各国の金融機関に低金利で資金提供し（これまで50の途上国の130機関に），低所得者層，貧困層の（小規模）事業家をサポートしてきた（380万の借り手に16.7億ドルを提供）。さらに2012年には新たなファンドEssential Capital Fund（5千万ドル）を設立し，世界のアーリーステージ（起業した直後の期間）の社会的起業家に高リスク資金を提供する仕組みをつくっている。Deutsche Bankは，これら社会的インパクトを生み出す仕組みをCSRの一環として位置づけ，途上国の貧困層が自ら事業を行い所得を得ていくことを継続的に支援している。このように企業のもつ専門性を生かした社会貢献活動や，一定の経済的リターンを得つつ，社会的インパクトのある事業を生み出していくことが期待される。

3）社会的事業と社会貢献活動を組み合わせて取り組んでいるケースをみてみよう。住友化学は，虫除けの蚊帳やカーテン（ポリエチレン製）に防虫剤（ピレスロイド剤）を練り込む技術によって，オリセットネットを開発した。アフリカでは蚊が媒介するマラリアで亡くなる人が年間44万人もおり（WHOのWorld Mararia Report 2018），その対策として蚊帳は手軽に利用できる。同社は，タンザニアの現地企業にその技術を無償で提供し，現地生産を行っており，地域経済にも貢献している。オリセットネットは，UNICEFなどの国際機関を通じて80カ国以上に供給している。同時に，オリセットネットの売上の一部を寄付し，NGOと連携しタンザニアなど12カ国で小中学校の建設を支援してきている。

企業の災害支援活動についてまとめておこう。1995年都市部で大きな災害をもたらした阪神・淡路大震災以降，災害後の復旧・復興プロセスにおいて企業は大きな役割を果たすようになってきた。これまで国内外での数多くの災害において経験を積み，本業の復旧，継続（BCM：Business Continuity Management）にとどまらず，様々な緊急支援，復旧支援の活動を行い，社会からの期待に応えてきた。例えば支援金や義援金の提供，自社製品・サービスの避難所への無償提供，技術支援，社員のボランティア活動の支援など。ボランティア休暇制度も，その後多くの企業で設置されてきた。

　ボランティア休暇制度はつくられても利用されていないケースも少なくない。

『CSR企業総覧』によると，制度をもつ企業は27.3％（2010年），38.2％（2016年）あるが，そのうち1人以上の利用があった企業は10〜13％にとどまっている。中小企業まで含めた厚労省就労条件総合調査（2007年）によると，同制度をもつ企業は2.6％にとどまる（従業員1,000人以上の企業の場合では17.7％となっている）。もっとも有給休暇の取得率自体が低く，厚労省の同調査（2010年）によると47.1％にとどまっており，定着した制度にはなっていない。

2011年3月の東日本大震災も，多くの企業が地域の復旧，復興に様々な形でかかわった。多くの経営者からは，これまでにないほど強い支援への取り組みがなされた。例えば，ヤマト運輸が行った被災地における「救援物資協力隊」や，「宅急便1個につき10円寄付」の仕組みは，多くの顧客や地域の人々に支持され，成果を生み出した。とくに1個10円の寄付は，1年間で142億円もの寄付を被災地にもたらした。それはヤマトの年間総利益の40％にも相当し，これまでにない寄付額となった。ヤマトがそこまでの取り組みを行った背景には，地域社会・顧客に育てられたという強い思いがあり，地域や農林水産業の復興支援に積極的にかかわった。ヤマトは，「一過性の寄付ブームのような感じではなく，長い復興期間に合わせて寄付行為が発生している方が良いだろうと，長いスパンで見た復興を考えた」と捉えていた（詳しくは土肥・味水，2012参照）。彼らはこれはあくまで地域社会への恩返しと捉えており，消費者側の支持を得て，売上高は前年比約1割増加している。

また建設機械などのメーカー小松製作所のトップは，「支援は売上や利益より優先する」と発言し，トップのリーダーシップで支援活動に取り組んだ。仙台に東北オペレーション室を設置し，建設機械，フォークリフト，発電機などの無償貸与（24億円相当）を行った。それは「企業価値とは，社会とすべてのステイクホルダーからの信頼度の総和である」との考え方に基づいていた。

こういった企業活動を消費者は能動的に捉えている。震災後，企業が売上の一部を被災地に寄付するというキャンペーンがあれば参加し支援したいと思う人は約70％，被災地の支援に熱心な店に好感をもつという人が65％に達していた（博報堂，2011年5月の調査より）。

震災後1年以上たった調査において，寄付つき商品やフェアトレード商品などソーシャル・プロダクツへの関心は高い（53％）という数字が示されていた（ソーシャル・プロダクツ普及推進協会，2012年7月より）。多くの人々が企業の支

援活動やソーシャル・プロダクツなどを積極的に受け止め，関心を向けるようになってきたと言える。

第2節　本業かフィランソロピーか

　前節で，社会貢献活動と社会的事業の境界線上の活動があることを指摘したが，近年その動きが広がってきている。利益をあげた後に社会に寄付するという従来の考え方ではなく，企業がもつ資源や経験を生かして社会的課題に取り組み，新しい商品や仕組みを提供し，価値を生み出している。SDGsに関連して持続可能な社会づくりに貢献する事業が注目されている。例えば，再生可能エネルギー，水浄化技術，ゼロ・エネルギー・ビルやスマート・コミュニティの設計・推進から，コーズ・リレイティッド・マーケティング，また途上国支援につながるBOPビジネスなども含まれる。その取り組みが評価されることによって，社会的価値と同時に経済的価値を生み出すことにもつながり，新しい可能性を広げていく。フィランソロピー活動は，社会的責任投資の評価項目に加えられていたり，コーポレート・ブランドやレピュテーションの評価にも入っており，企業の行う活動はすべて直接的／間接的，短期的／長期的に評価とかかわっている。

　サステナビリティ革命の時代において，次々と新しいアイディアが生まれ，試みられている。従来の考え方・発想にとどまっていては，新しい展開を期待することはできない。ここでは社会貢献活動とマーケティング活動の要素をもつコーズ・リレイティッド・マーケティングについてみていこう。

1．コーズ・リレイティッド・マーケティング

　企業が社会的課題の解決に本業のマーケティング活動を活用して取り組む方法が広がっている（企業と社会フォーラム編，2017）。その代表的な方法として，コーズ・リレイティッド・マーケティング（Cause Related Marketing, 以下CRM）がある。これは，社会的課題の解決のために企業がもっているマーケティングの力を生かし，売上やブランドの向上も同時に目指す手法である。コーズ（cause）とは日本語にはあまり馴染みのない言葉であるが，もともと「主義，大義」を意味し，CRMは社会的に意義のある活動を支援するマーケ

ティング手法を指す。アメリカでは主に健康，教育，環境に関するCRMへの期待は大きく，また防犯，貧困対策といったアメリカ社会が抱える問題へのCRMも支持されている。CRMはそれらの問題に取り組むNPOや財団などと連携し，キャンペーン活動を通して寄付も集める取り組みである。今ではCRMには様々な取り組みやスタイルがみられる。Andreasen（1996）の３つの類型をベースとして，本書も表6-1のようにまとめる。これは狭義の理解である。さらに，マーケティングの４P（プロダクト，プライス，プロモーション，プレイス），とくにプロモーションの方法（広告，販売促進，人的販売，広報）全般から広く捉えようとする人も少なくない（Arnott, 1994；Adkins, 1999；世良，2014など）。このような伝統的なマーケティングの発想による活動にとどまらず，社会的課題の解決に資するソーシャル・プロダクツの開発・提供や，先のGSKの例のような非営利価格による薬剤の提供といった動き，さらに店頭で古着を回収しリサイクルするプログラムなどフィランソロピー活動と社会的事業の中間に位置する活動が様々にみられる。こういった多様な取り組みを広く含めCRMと捉える見方もあるが，企業と社会の基本的関係が変化しているという理解を欠き，中間的な領域でみられる新しい動きをすべてマーケティング，ブランドの視点からCRMと捉えてしまうと，それはあまりに広すぎる。本書では，CRMを伝統的な３つの領域のものにとどめて理解することにする。CRMに取り組んでいくに当たっては，流通業者や消費者を巻き込んでいく方法や，

（表6-1） CRMの３つのスタイル

❶	コーズに関連した商品・サービスの売上や利益に応じて寄付する
	◆Tully's CoffeeのSave the Childrenキャンペーン（「デカフェ エチオピア モカ」，「タリーズ・ピクチャーブックアワード」の絵本の売上の一部寄付），◆ピンクリボン（乳ガン対策支援－Avon他），◆Product Redキャンペーン（AIDSなど対策基金－GAP, Apple, Converse, Amex 他），◆アサヒビール（「うまい!を明日へ!」プロジェクト）など
❷	販売・広告を通し当該団体やその扱う社会的課題を知らせる
	◆Body Shop（人権・環境キャンペーンなど），◆Benetton（AIDS問題，生物多様性への訴え）など
❸	NPO／NGOのロゴを商品につけその使用料を支払う
	◆WWF（パンダマーク使用），◆UNESO，◆AMDAなど

出所：谷本（2006）p.218に加筆・修正。

地域社会の課題を地元政府と協力しながら取り組むこと，広告に当たってメディアが協力をするなど，様々な手法がみられる。表6-1のように，基本的には3つのスタイルに区分する。❶コーズに関連した商品・サービスの売上や利益の一部を寄付すること。❷販売・広告を通し当該団体やその扱う社会的課題を知らせること。❸NPO／NGOのロゴを商品につけその使用料を支払うこと。

　CRMが初めて本格的に行われたのは，1983年American Expressによるニューヨークのエリスアイランド財団の「自由の女神修復キャンペーン」への支援である。クレジットカード連動寄付プログラムは，カード1回利用につき1セント，新規カード発行ごとに1ドルを寄付するもの。その結果カードの新規契約は45％，使用頻度は28％増加し，エリスアイランド財団は修復費用600万ドルのうち，American Expressから170万ドル受け取ったと報告している。この成功を受けCRMは次第に全米に広まっていった。90年代に入るとアメリカの市場社会に急速に浸透し，多くの消費者はCRMに対して好意的なイメージをもつようになっている。CRMのコンサルティング会社Cone Inc.と広告調査会社Roper-Starch Worldwideが1998年に行ったアンケートをみると，74％の人が「CRMは企業活動として社会問題にかかわる良い方法である」と答えている。さらに「CRMによって企業・商品に対して肯定的なイメージをもつ」と答えた人は83％。実際「CRMによって購入ブランドを変える」という人は65％，「店を変える」は61％と，高い割合を示していることがわかる。最近のCone Inc.の調査（2013年）によると，CRMでブランドを変えると答えた人は70％と，ほぼ定着した数字であることが窺える。CRMは社会問題にかかわる手法であり，何をどのように取り組むか，消費者から支持されるかどうか，その成否は企業のブランドに大きな影響を与える。Cone Inc.はそれを「コーズ・ブランディング」という言葉で表し，戦略の立て方の良し悪しが企業の評判を左右すると指摘している。

　消費者の視点からCRMの戦略を分析した研究も1980年代後半から様々になされている（大平，2019）。例えば，消費者がCRMでブランドを変える意思決定をすること（Webb & Mohr, 1998），CRM広告に対して消費者が反応すること，CRMとブランドとの関係など。CRMを行えば必ず消費者が積極的に反応するわけではなく，企業は丁寧な戦略を立てていくことが必要である。

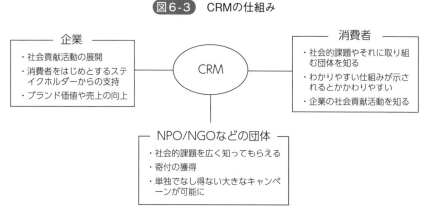

図6-3 CRMの仕組み

出所：谷本（2006）p.219.

　一方，NPO／NGO側のメリットは大きい。つまりCRMは寄付獲得の有益な手法であるのみならず，企業のマーケティング力，ブランド力を借りることで単独ではなし得ない大きなキャンペーンの展開が可能となり，組織のミッションや，取り組んでいる社会問題を広く社会に伝えることができる。消費者側にとっては，身近な商品・サービスを通して社会問題に触れることができ，間接的に支援することが可能となる（図6-3）。

　以下では，❶の事例として，Product Redキャンペーンをみてみよう。これはApple，Starbucks，GAPなど業界を越えた企業が共同し，Global Funds（NGO）を通して主に途上国のAIDS患者を支援している。Global Fundsは，AIDS，結核，マラリアの3大感染症（毎年600万人以上が亡くなっていると言われている）との闘いを支援している政府，国際機関，民間企業，金融機関の協働体による基金で，2002年設立以来世界中の支援プログラムに資金を提供している。各企業は自社ブランドに〈Product Red〉のマークをつけ，各社商品を選定し赤いパッケージで消費者にわかりやすくし販売している。その売上あるいは利益の一部を寄付する仕組みになっている（寄付の割合は企業によって異なる）。図6-4はGAPのケースである（同社のキャンペーンは2006年から2016年まで）。

　日本では途上国におけるAIDS問題に関心が高いとは言えないが，ロックグ

図6-4 GAPのProduct Red キャンペーン

(PRODUCT)^{RED}の商品を（通常の価格で）購入することで，GapのAIDS撲滅支援に寄付するキャンペーンを知る	(PRODUCT)^{RED}の商品を販売すると，Gapはその利益の50％を直接Global Fundsに寄付する	Global Fundsはその寄付を100％,アフリカでAIDS支援（とくに女性，子供）活動を行っている団体に提供	アフリカ諸国でHIVに感染した人々を助けるための活動を支援	また新しい(PRODUCT)^{RED}商品を購入することで，新たに支援を行うことができ，さらに直接の寄付も期待される

出所：https://www.red.org/より（現在は掲載されていない）。

ループU2のボノなど有名人が積極的にこのキャンペーンに協力しており，欧米では広がりをみせている。このキャンペーンによってアフリカにおけるAIDS問題の深刻さに気づかされる人も多い。

　またAvonの乳ガン撲滅キャンペーンは，長く広く知られている事例である。アメリカの化粧品会社Avonは，その中心的なステイクホルダーである女性にターゲットを絞り，1993年以来寄付・支援活動を続けており，「女性のための企業」という自社のミッションを明確にしている。医療サービスを受けられない女性への支援活動を実施するに当たって，従業員のボランティア活動を支援し，消費者に対しては乳ガン撲滅キャンペーンの象徴であるピンクリボンの印を商品につけその売上の一部を寄付する取り組みを行っている。ピンクリボンのキャンペーンは，今では世界各国で業界を越えて参加する企業が増え，大きなキャンペーンとなっている。

　ところでCRMについては批判的な意見もある。代表的なものとしては，CRMは社会的・慈善的なニーズというより，企業が新しい顧客を引きつけるための1つのマーケティング戦略にすぎない，というものである。企業は自社のイメージを高めるような社会的課題には関心をもっても，社会的にアピールしない地味なテーマにはあまり関与しないことは否定できない。NPO側は注意しなければ企業イメージ向上に利用されるだけで，逆に企業と組んだことで

そのイメージを損ねてしまうことがあるかもしれない。

　しかしながら，CRMを単に企業のマーケティング戦略として一蹴すること
は必ずしも正しくない。かつて民間企業が社会問題にかかわることは困難であ
る，あるいはかかわるべきではないと言われてきた。しかしながら，複雑な社
会問題に取り組むためには，様々な資源やアイディアが必要である。社会的な
インパクトを高めていくためには，企業のマーケティング力，ブランド力の活
用は有効である。さらにセクターを越えたコラボレーションも必要である。

　先のProduct Redキャンペーンに対しては，CRMよりもっと直接に寄付すべ
きである（Shopping is not a solution. Buy less, Give more）と批判する市民グルー
プもある。それも大切な考え方である。しかし社会的課題の厳しい現状を考え
れば，支援のルートは複数あることが望ましい。CRMはこれまで関心のなかっ
た層にも問題を知らしめる1つのきっかけを提供していると言える。そこから
新たな寄付活動を生む可能性もある。また実際の寄付額よりキャンペーンへの
広告支出の方が多かったのではないかという批判もあった。当初透明性に欠け
る部分があったことも事実であり，CRM，寄付つき商品の販売においては，
情報の透明性を明らかにすることが必要である。

　企業がCRMに取り組むに当たっての戦略上のポイントをまとめておこう（図
6-5）。

❶　計画・準備：1）コーズの設定：どういったテーマに取り組むのか，ロー
　カルあるいはグローバルなコミュニティや時代が求めている社会的課題
　（SDGs）を知ることが第一歩である。2）企業のミッションや特性とコーズ

図6-5　CRMの進め方

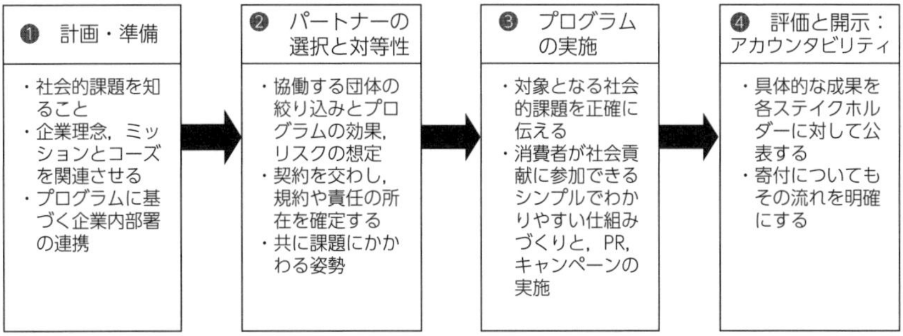

出所：谷本（2006）p.223を一部修正。

の合致：コーズ・プログラムが企業のもつブランドのパーソナリティと合致する形で組み立てられるとそのメッセージはわかりやすく，消費者からの支持も得られやすくなる。どういった消費者をターゲットとするのかも初めに見極める必要がある。3）社内での連携：社会貢献・CSR部やマーケティング部のみならず，開発，流通，広報など，CRMのプログラムに関連する社内での連携体制をつくること。CRMの意義を社内に浸透させ，支持を広げていくことが大切である。

❷　パートナーの選択と対等性：パートナーとなるNPO／NGOのミッションを理解した上で，対等なコラボレーション関係をつくること。一方的に寄付を与えるという関係ではなく，共に社会的な課題にかかわっていく関係が前提である。

❸　プログラムの実施，企画構想力：消費者から見てシンプルでわかりやすい仕組みをつくること。それができれば，厳しく重い課題も人々が理解しやすく，かかわりやすくなる。

❹　評価と開示，アカウンタビリティ：活動の成果を可能な限り明確にし（測定し）公表する。寄付を行う場合は，資金の流れをステイクホルダーに明確にすること。

　こういった点に留意し，戦略的な取り組みがなされることで，社会的課題の解決に資するとともに，ステイクホルダーからの支持を得ることができる。

2．フィランソロピー活動をマネジメントする

　企業が社会貢献活動を行うに当たっては，なぜ，どのように取り組むのか，そしてどういった成果，インパクトが得られるのか，ということを考えていく必要がある。近年フィランソロピー活動も1つの社会的投資と捉え，社内外にどのようなインパクトを与えられたのか，という視点が重要になっている。それは後段みるベンチャー・フィランソロピーの発想の延長線上にある。そこで以下では，社会貢献活動を実施し，インパクトを高めていくためのマネジメントのポイントをまとめて確認しておこう。

❶　基本方針：社会貢献活動を基本的なミッションとリンクさせ，CSRの取り組み全体の中に位置づけること。なぜ，何に取り組むのか，基本的な考え方を基本方針としてまとめ，ガイドラインを策定する。活動計画にそって

PDCAのシステムを定めていくこと。

❷　ステイクホルダー：キーとなるステイクホルダーに焦点を当て，その期待に応えること。例えば先にみたAvonは，本業のコア・ステイクホルダーである女性に焦点を当てた活動（乳ガン撲滅と女性への暴力排除）に絞っており，メッセージも伝わりやすい。本業から距離のある社会的活動を行う場合は，その意義と役割を明確に示すことでステイクホルダーから理解と支持を得ることが必要である。また顧客や地域の人々を巻き込んでいっしょにかかわっていけるような取り組みをつくっていくことも重要で，成果も期待できる。

❸　地域性：事業所の位置する地域性を考慮し，そこで求められている社会的課題に応えていくこと。国内のみならず，進出した国・地域における課題に取り組んでいくことも期待される。

❹　連携：他の企業やNPOと連携する可能性を模索すること。1社では資源や能力に限界があり対応が困難な課題について，他企業やNPOと協働しながら取り組むことは効果的である。特定のテーマに関してどのようなNPOと連携すればよいか，中間支援NPOからアドバイスを受けることが有効である。また国内外において，政府，国際機関，NPO／NGOなどが取り組んでいる社会的課題や災害支援プログラムに参画していくことも有効な方法である。大きなプログラムに，自社の得意な領域で自社の資源を活用して貢献していくことができる。

❺　社内体制：社内での実施体制を構築すること。継続的に社会的インパクトのある社会貢献活動に取り組んでいくに当たっては，トップのリーダーシップ，専任スタッフ・担当部署の設置，成果の評価とフィードバックといった体制づくりが必要である。また課題によっては，社会貢献担当だけではなく，社内横断的な体制を整え，社内の資源をまとめ調整していくことが求められる。それはCRMのところでも指摘したことである。

❻　社会的インパクト：社会貢献活動の成果，社会的インパクトを測定，評価し，フィードバックしていくシステムをつくること。NPOに対する助成活動にしてもその社会的成果を評価することが求められている。アメリカでは80～90年代，ITベンチャーや新興の助成財団は伝統的なスタイルとはちがい，ベンチャー・キャピタルによる投資と同じような考え方で，フィランソロピー活動の取り組みや成果を求めてきた。「ベンチャー・フィランソロ

ピー」と呼ばれるスタイルを展開してきた（谷本編，2006）。そこには次のよ
うな特徴がある（Letts et al., 1997）。1）リスク志向：リスクを積極的に受
け入れると同時に，明確な社会的成果を求める。2）長期的なパフォーマン
ス評価。3）資金提供側は受け手と緊密な関係の中で組織運営面にまで関与
する。4）特定のNPOに多額の資金を投資する。5）比較的長期（2，3年
以上）にわたる関係を継続する。6）出口戦略をもって投資する。

　こういったスタイルが台頭してきた背景に触れておこう。1）フィランソ
ロピー活動の目的，成果を明確にしようとする声が新しい世代のフィランソ
ロピストから広がったこと。2）伝統的な篤志家，財団による手法では資金
の「提供者－受給者」の依存関係を強めてきたとの反省があり，NPOの運
営能力の向上に関与する動きが生まれたこと。3）投資家に向けてのアカウ
ンタビリティが求められたこと，などが挙げられる。

❼　ディスクロージャー：ステイクホルダーへのアカウンタビリティを果たし
ていくこと。フィランソロピー活動の成果を株主をはじめ広くステイクホル
ダーに説明し，理解と支援を得ていくことが必要である。1年間の社会貢献
活動を報告書にまとめ公表していくこと。「いいことだからやる」といって
も，なぜその問題を取り上げ，どのように取り組み，どのような成果を上げ
たのかを説明できなければ，社内外のステイクホルダーから支持を得られな
い。以上のポイントを押さえ，マネジメントしていくことが必要であるし，
求められている。

　社会貢献活動も企業のCSRをトータルに評価する際の1つの項目として捉え
られている。社会貢献活動が評価の対象となるのは，市場社会からの要請が高
まってきたことの反映である。そうなると，限られた経営資源を使ってどのよ
うな活動を行うかという戦略性，さらに株主やその他のステイクホルダーにど
う説明責任を果たすか（アカウンタビリティ）が問われるようになる。

3．社会的課題と消費者（グリーン・コンシューマー）

　消費者は消費行動によって企業を変えることができる。消費者は商品を選択
する際，それはどこで，どのようにつくられたか，さらにその企業はどのよう
な経営をしているのか，ということを意識し始めている。消費行動を通じて社
会的課題の解決に寄与する消費者のことを，グリーン・コンシューマー（ある

いはエシカル・コンシューマー）と呼ぶ。グリーン・コンシューマーは，CSRを
果たしている企業の商品やサービス，あるいは社会や環境に配慮した商品など
を積極的に買う（バイコット），逆にCSRを果たしていない企業の商品や，社会
や環境に問題ある商品は買わない（ボイコット）という選択を行う。こういっ
た行動が，企業にプラスまたはマイナスのサンクションを与えていくことにな
る（第8章，図8-1参照）。グリーン・コンシューマーが増えていくことによっ
て，市場における消費のスタイルは変わり，企業も積極的な対応が求められる。
アメリカでは80年代から90年代以降，企業活動や商品の調査・評価を行い，消
費者に情報を提供する組織が誕生し活動している。例えば，代表的な組織であ
るCEP（Council on Economic Priorities, NPO）は，企業のCSRに関する調査を
行う組織として1969年ニューヨークで誕生し，消費者向けにスーパーマーケッ
トで売っている商品の企業情報（ガイドブック：*Shopping for a Better World*）を
提供した（1997年まで）。Co-op America（NPO）は，ソーシャル・プロダクツ
に関する情報や企業情報（ガイドブック：*National Green Pages*）の提供を1982
年からワシントンD.C.を拠点に行っている（2009年にGreen Americaと名称変更）。
このような組織が消費者に情報を提供しグリーン・ショッピングを促したり，
企業に対してポジティブまたはネガティブなキャンペーンを呼びかけたりして
きた。こういった運動のスタイルは，その後世界各地に大きな影響力をもって
広がっていった。
　日本では，2000年代に入ってもこういった動きは活発ではなかった。企業情
報を収集，分析，提供していく組織は未成熟で，グリーン・コンシューマリズ
ムの運動もまた一般的とは言えない。グリーン・コンシューマーという言葉を
知っている人は24.7％，CSRという言葉にしても知っている人は30.7％にとど
まっている（内閣府「国民生活モニター調査」2009年）。またエシカル・コン
シューマー（ほぼ同意味で使われている）という言葉については，聞いたことが
あるという人を含めても10％前後で，これまでその興味や実行度は高くなかっ
た（デルフィス「エシカル実態調査」2010〜2014年）。モノに関する安全・安心に
は敏感だが，それがどこで，誰が，どのようにつくったか，というグリーン／
エシカルな消費への関心は高くない。ただ言葉の浸透とともに，少しずつ興味
をもつ人も増えていると指摘されている（消費者庁，2016調査）。
　TIME誌は2009年9月21日号（アジア版）において，「エシカル・コンシュー

マーの台頭」という特集を組んでいる。アメリカの消費者は省エネ型商品を買ったり，地域の商店からモノを買うようにしているなどの調査結果を示している。その背景には，90年代以降みられた企業の非倫理的な振る舞いへの反省があった。例えばNikeやWalmartなどが，途上国での工場における労働・人権問題で批判を受け，ボイコット運動が全米に広がった。近年では商品がどのようにつくられているか，また環境に配慮した商品であるかに関心をもつ人が増えていることが挙げられる。例えば，より燃費の良い車（25mpg→35mpg）が2,000ドル高くても買うかという質問に78％がイエスと答え，長期的に環境にも良いし節約にもつながると捉えている。同誌は，企業もそういった動きを意識しCSRへの取り組みを行っている，と指摘している。

　ところでグリーン／エシカル・コンシューマーに関する研究は欧米では70〜80年代から見られ，デモグラフィックな研究（商品の購買層の特徴を探る調査）は数多く出版されている。日本での調査をみると，企業の環境や社会問題に対し消費者がどのように反応するか，次のように3つのカテゴリーに分けることができる（大平・薗部・スタニスロスキー，2012）。ここではソーシャル・プロダクツ（エコ／オーガニック／フェアトレード／寄付つきの商品）への関心から分析している。

❶　社会的課題への意識が高いグリーン・コンシューマー（25.4％）。特徴としては，性別は問わず，年齢が高く，やや既婚者が多い。年収・学歴も高い傾向がある。職業としては専門職，会社経営者，自営業に多い。

❷　社会的課題への意識はそれなりにあるが，実際の行動は伴わないことが多い（44.1％）。特徴としては女性，50〜60代に多い。既婚者で子どもがいる傾向がある。職業としては，専業主婦や自由業に多い。

❸　社会的課題への意識が低く，無関心あるいは懐疑的な人々（30.5％）。特徴としては男性や若年層に多く，未婚者で子どもがいない比率が高い。年収・学歴がともに低い傾向がある。職業では学生，公務員，無職に多い。

　課題は，❶のカテゴリーの数はまだ少なく，❷をどのように引き上げていくかにある。

　消費に関するグローバルな調査（2012年）によると（Regeneration Project, 2012b），6カ国（アメリカ，イギリス，ドイツ，ブラジル，中国，インド）における消費者は，「将来世代のため消費を減らす必要があると考えている」66％，

「環境や社会にとって良い製品を購入すべきであるとの責任を感じている」
65％，また「環境や社会に責任ある製品をもっと購入することに賛成する」
75％，といずれも高い数字が示されている（複数回答）。持続可能な消費
（sustainable consumption）に向けた意識は，グローバルには高まっていると言
える。

日本人の意識を環境問題に絞ってみると，地球温暖化防止のため「日常生活
において積極的に取り組んでいる」23.6％，「できる部分があれば取り組む」
74.4％，日常の買い物の際にごみ・資源エネルギーなど環境のことを「いつも
考えている」23.5％，「だいたい考えている」64.1％となっており（内閣府「国
民生活モニター調査」2009年），意識のある人は多い。さらにエコ商品を多少高
くても購入すると答えた消費者は49％とほぼ半数に達している。環境問題に取
り組む企業への人々の好感度は高く，78％に上っている（電通グリーン・コン
シューマー調査2013）。ただ，社会的課題について（とくにサプライチェーンにお
ける労働・人権問題，途上国における問題など）は，まだ関心は高いとは言えない。

先のTIME誌の特集では，グリーン・コンシューマーの市場での行動につい
て，次のようにまとめている。「アメリカ人は市民であることの意味を，投票
やボランティアによってだけではなく，消費を通して再考する，という新しい
社会変革の時代に入っている」と。もっともこういった動きはアメリカでは80
年代から90年代以降広がってきている。それは市場を通したかかわり方であり，
企業の行動を変えていく契機となる。多くの企業はそのことを認識しており，
例えばファッションブランドのBurberryのCEOは，「現代の高級（luxury）と
は，社会的・環境的に責任あることを意味する」と述べている（eNBC 2018.
9.6.）。

グリーン（エシカル）な消費，持続可能な消費が実現するには，まず消費者
側にそのニーズが高まること，企業がそういった商品を提供し消費の機会が高
まること，その上で消費者が自ら判断し購買するという行動につながっていく。
またその行動パターンは，国・地域によって制度や文化が異なることで変わっ
てくるが，基本的な関係性は例えばGatersleben & Vlek（1997）が図6-6のよ
うに示している。

しかしながら，実際に買い物をする際にこういった意識と消費行動の乖離も
指摘される。価格の安い商品を買う，よく知ったあるいは使い慣れたブランド

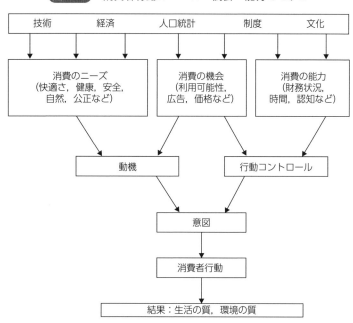

図6-6 消費者行動のニーズ－機会－能力のモデル

出所：Gatersleben & Vlek（1997），p.146.

を選択するという人は多い。それを克服するためにはまだ課題がある。とくに
購入する際，企業経営や商品を判断する適切な情報が少ないことである。商品
に関する情報，CSRに関する企業情報を身近に得る機会がなければ判断できな
い。フェアトレード商品，エコ商品などいわゆるソーシャル・プロダクツの購
入について，その社会性を意識して購入したか，そうでない場合どのような理
由かを聞いた調査がある。表6-2のように，どのカテゴリーにおいてもどの
商品が該当するかわからないが一番多かった。
　消費者に情報をどのように提供していくかということが課題である。例えば，
ソーシャル・プロダクツに関して日本では，SOOOOOS（スース）というサイ
トが情報提供，物販を行っている（https://sooooos.com）。アメリカでは，2007
年にサンフランシスコで設立されたGoodGuide, Inc.（https://www.goodguide.
com）が，モバイルフォンで商品のバーコードを読み込むことで情報をすぐに
取り出せる仕組みをつくっている。75,000点を超える日用品に関する情報をわ
かりやすく点数化し，レビュー，評価などとともにモバイルフォンを通して簡

(**表6-2**)　社会性を意識してソーシャル・プロダクツを購入したことがない理由

	エコ商品	オーガニック商品	フェアトレード商品	寄付つき商品
どの商品がエコやオーガニック，フェアトレードや寄付つき商品に該当するのかわからないから	46.0	47.1	52.0	45.9
身近なところで売っていないから	16.9	22.4	32.1	27.2
信用できないから	8.9	11.2	11.4	16.1
割高だから	25.4	29.6	15.3	20.8
品質が良くないから	1.6	1.5	2.7	2.5
自分が欲しいと思える商品がないから	37.5	35.6	35.1	38.0
その他	1.2	0.9	0.6	0.0

出所：ソーシャルプロダクツ普及推進協会（2012年7月調査）。

単に手に入れることができる。雑誌スタイルとは異なる使い勝手の良さが評価されており，こういった試みが生活の中に広がっていくことが期待される。

　注意すべきことは，普段から社会や環境の問題に関心のない人が，商品を購入したり投資したりする時に環境や社会性，企業のサステナビリティ経営を意識するのか，ということである。市民として環境や社会への関心や意識がなければ，消費行動だけが変わるということはない。Devinney et al. (2010) は，社会的な消費というものは，個人の多面的な価値観や考え方が，購入・消費という1つの局面において表れるものである，と指摘している。

　そもそも私たちは多面的な顔をもった市民として生活している（消費者，労働者，預金者，投資家，地域住民など）。市民として，ローカル／グローバルな問題にどこまで関心をもっているのか。一般的に日本人の社会意識自体は高くなっている。例えば，「社会に何か役立ちたい」と思う人の数は，67.4％（43％，1983年）に達している（内閣府「社会意識に関する世論調査」2012）。しかしこういった意識が，日々の生活や消費や投資行動につながっていくのかどうかが課題である。企業の社会的責任という問題は，私たち1人ひとりがそれぞれの社会的役割を担い責任を果たしていくことと深く関係している。企業を批判するだけではなく，自らの問題として社会的・環境的問題への意識や自らの消費や生活スタイルを考え直していくことが大切である。

　生産と消費はつながっており，持続可能なものでなければならない（SDGsの

目標12)。それは企業の努力と消費者の積極的な関心の両方があって実現する。さらにそこに政府，NGOの関与も必要となる。先のRegeneration Project（2012b）の調査では，今後将来世代のために環境や社会をより良くしていくには，まず個々人が責任をもつべきであるとの回答が78％に達している。さらに政府は76％，企業は74％と，すべてのセクターが責任をもって取り組むべきだと理解されている。

ところで，グリーン・コンシューマーを育てていくには，2つの方法が考えられる。1つは消費者教育，もう1つは企業の側からのビジネスを通した働きかけである。

まず教育は，個々人が社会的課題に関心をもつきっかけを与えるという意味で重要である。私たちは，例えば日常買う商品がどこでどのようにつくられているか，ゴミはどのように処理されているか，銀行に預けたお金がどう使われているかについて，ほとんど知らない。こういった問題について，消費者教育や環境教育を地道に行っていくことは大切である。初等中等教育から成人教育に至るまで，1人ひとりが消費者・生活者としてサステナビリティを意識した生活を行えるよう，消費者リテラシーを高めていくこと，「消費者市民」を育てていくことが求められている。

また企業が省エネや3Rを組み込んだ環境配慮型商品やソーシャル・プロダクツを開発・販売することを通して，消費者の環境意識を啓発したり，行動を変化させる可能性もある。環境への積極的な意識がない人でも，普段の買い物の場面において，そういった商品や仕組みに接することで，環境・社会問題を知る一端となる。例えば，企業は包装や容器を従来の非分解性のプラスチック（石油由来の腐敗も分解もしない）ではなく，生分解性のバイオマス・プラスチック（生物由来で生態系に影響を与えない）の開発・利用を進めること。消費者もプラスチックのバッグや容器の利用をできるだけ減らしたり，1回の利用で捨てるのではなく繰り返し使ったりリサイクルを行うことによって，地球へのダメージを軽減させることができる。さらに，商品のライフサイクル全体を通して生じるCO_2の排出量を測定し，少しでも減らしていることを示すカーボン・フットプリントを商品に付すこと。またFSC（森林管理協議会，NGO）によって認証された木材やそれに由来する製品を利用すること。このような新素材や環境配慮型製品，環境ラベル／ソーシャルラベルの取り組みは，消費者が商品

の購入や消費を通して，環境問題の存在を知る，さらに関与するきっかけとなる。Regeneration Project（2012b）の調査では，環境的，社会的に責任ある商品であるかどうかの信頼できる情報源として，こういった認証ラベルを挙げる人が40％と一番多い。次にメディアの報道31％，消費者調査・評価28％などとなっている（ソーシャル・メディアは全体では13％であるが，新興国では22％と高い）。

企業にこういった商品を開発・販売していくことを望む声は大きくなっている。SustainAbilityとGlobescanによる2011年の調査によると，企業は持続可能な製品を提供していく義務があると考える人々は78％に達している。持続可能な消費を促し，持続可能な経済をもたらすためには，今後企業は，製品のイノベーション，ステイクホルダーとのコミュニケーション，ソーシャル・ネットワーキング，消費者との協働を進める，といったことが重要な要素となってくる（Regeneration Project, 2012b）。

企業は，サステナビリティの課題にかかわる新しい製品を開発・生産し，新しい市場を開拓していく際に，消費者とのコミュニケーション（エンゲージメント）に戦略的に取り組んでいくことが重要である。消費者側もそのメッセージを受け止め，環境問題や企業のCSR対応について理解し，議論し，行動していく契機となる。

第3節　企業はNPOとなぜどのように協働するのか

1．なぜ協働するのか

企業が社会的課題に社会貢献活動として，あるいは本業として取り組むに当たって，関係するNPOと連携する動きが広がっている。本節では企業とNPOの協働関係について考えておこう。

1つの組織だけでは対応することが難しい課題に対して，2つ以上の組織が協働して取り組むことによって新しい可能性が開ける。ビジネスセクターにおいては，企業が新技術の開発を他社と提携（アライアンス）して取り組む試みは以前から行われてきた。1社では不十分な資金や知識・技術を補い合う戦略的提携は活発で，研究も数多く行われてきた。社会的課題の取り組みに当たっても単独では解決が困難な場合，企業やNPOのような異なる組織が協働しあ

うケースがみられる。お互いの強み・資源を提供しあい，補完しあい，社会的
にインパクトある取り組みを目指す。セクターを越える協働においては，企業
間とは少し異なるマネジメントが求められ，近年その研究も行われている。と
くに伝統的な慈善型NPOは寄付とボランティアをベースとした非営利の組織
であり，市場で競争を行う営利企業とは基本的にミッション，そのベースにあ
る価値が異なる。しかしながら近年，社会的課題の解決という目標に向かって，
企業，NPOそして政府や関係機関などとの間で，それぞれの資源，ネットワー
クや経験を活用し協働していく事例が増えており，社会的協働のマネジメント
に関する研究も増えている（Waddock, 1991；Austin, 2000；Ashman, 2001；Arya
& Salk, 2006；横山，2003；大倉，2009など）。

　一般に社会的協働が広がってきた背景としては，現代の複雑な社会・環境問
題に対して，1つのセクターや組織だけでは対応できないことが挙げられる。
本章第1節で指摘したように，基本的に政府の失敗や，NPOの限界が存在する。
しかし事業型NPOが台頭してきたり，企業が社会・環境問題にビジネスとし
て取り組む新しい可能性が広がっている。そしてセクターを越えて各々の不足
部分を補完しあう協働が試みられている。協働のプロセスを通して，各セク
ターはそれぞれの知識や経験，考え方・価値観を学ぶことができる（組織間学
習）。1990年代後半から持続可能な発展を求める動きとともに，様々な領域に
おいて協働による社会的課題への取り組みは広くみられるようになっている。

　経団連の調査（2014年度社会貢献活動実績調査）によると，日本でもNPOと接
点をもつ企業の数は増えているが，具体的な関係として一番多いのは寄付によ
る支援（66％）であり，政策提言的な対話を行っていると答えた企業は10％と
少ないのが現状である。

　最後に，企業とNPOが協働することの各々のメリットについてまとめてお
こう。まずNPO側のメリットとしては，企業と提携することで資金的・人的・
技術的な支援を得ることができ，協働によって一組織ではできないより幅の広
い活動に取り組むことができる。また活動を通してビジネスの世界を知りマネ
ジメント技法などを学ぶ機会もでき組織としての成熟が期待できる。一方企業
側からみると，NPOはそれぞれの領域で専門的な知識やネットワークをもっ
ており，社会的な事業にかかわっていくに当たって重要なパートナーとなる。
1社ではネットワークや経験が不足するところを補えることとなる。また社会

的課題への取り組みを通して，新しい事業やイノベーションが生まれる可能性もみられる。さらに働く人々には社会貢献活動を通して外の世界に触れ，異なる価値観やボランティア・スピリット，リーダーシップを学ぶことができる。GlobeScan社とSustainAbility社の2015年の調査によると，パートナーシップによるNPO側のメリットとして挙げていたのは，サステナビリティ課題により大きなスケールで取り組むことができるが62％と一番多かった。また多くのNPOは企業と対立し圧力をかけるより，建設的に共通の課題に取り組むことの意義を高く評価している。また企業側のメリットとしては，高い専門性や異なるパースペクティブにアクセスできるが57％と一番多く挙げられていた。

2．協働の事例

　企業がNPOと協働していく基本的なパターンとしては第2章第2節の表2-3でみたように，3つが挙げられる。❶企業によるNPO支援：企業→慈善型NPO，❷NPOによる企業監視・批判また企業評価：監視・批判型または事業型NPO→企業，❸企業とNPOの協力：企業⇔事業型NPO。以下，順番にみていこう。

❶　企業がNPOに対して寄付を行う，あるいはその技術や製品を通して支援することは一番よくみられる関係である。先にみたように企業が寄付をする際，寄付先のNPOの評価を中間支援NPOに委託したり，寄付プログラムの運営自体をNPOに委託しているケースもある。非金銭的寄付における協働として，日本でのケースを1つ挙げておこう。IBM，デル，マイクロソフト，ウルトラエックスなどのIT企業とイーエルダー（NPO）との協働関係によるリユースPC寄贈プログラムがある。イーエルダーは2000年IT企業のOBが中心になって立ち上げたNPOである。イーエルダーは企業から不用になった中古PCを提供してもらい（再生費用と共に），再生作業（外装クリーニングとデータ消去），無償提供を受けた基本ソフトのインストール，そして品質検査を行う。この再生PCを安い寄贈価格でNPOや障害がある人たちに寄贈している。

❷　企業活動を評価し，消費者に情報提供するNPOとしては，前節にみたアメリカでのケースが代表的である。またフェアトレードを導入する企業が，フェアトレード認証を行うNGOの協力を得て，食材や加工品を持続的に購

入したり，生産者との社会開発プログラムを支援したりしている。例えば Starbucks Coffeeとフェアトレードの認証団体Fair Trade USAやFLOとの連携，途上国での社会開発ではSave the Childrenなどの協力を得て活動している。またSAI（Social Accountability International）は，第三者機関が認証する企業の労働・人権に関する行動基準SA8000をつくっている。これはp.68でみたように，社会的に責任ある職場をつくるための認証規格である。ここではNGOが企業を一方的に評価する関係を越えて，企業，政府，労組，他のNGO，大学などの代表も参画し，マルチセクターで規格の設定，運営を行っており，協働関係は広がり双方向性が強くなっている（第9章参照）。

❸　企業とNPOが社会的事業の取り組みにおいて協働する事例として，日本におけるジャパン・プラットフォーム（JPF）とアサザ基金を取り上げておこう。

　JPFは，海外での自然災害・難民への緊急支援を行うため，2000年にNGO，企業，政府が協働して立ち上がったNPOである。JPFというプラットフォームに，複数のNGOや国際機関の日本支部が連携し，経団連1％クラブからの寄付，企業の技術・人材，政府からの支援金や支援を集め，これまでバラバラだった国内外での緊急支援活動が協力して，かつ迅速に取り組むことが可能となっている（図6-7，図6-8）。

図6-7　JPFの構造

出所：https://www.japanplatform.orgより。

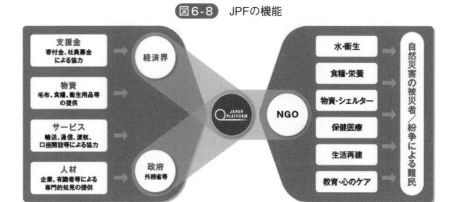

図6-8　JPFの機能

出所：https://www.japanplatform.orgより。

　アサザ基金は，1999年，茨城県の霞ヶ浦の再生プロジェクトを推進するために立ち上がったNPOである。4つの柱となる事業に取り組むに当たって，大企業，地域の市町村・農林水産関係団体，小学校，地元企業などと幅広く協働しているところがユニークである。1）湖の再生事業：地域住民・小学校，農協・漁協が協力し，水生植物を植え付けたり，絶滅危惧のアサザの保存活動を行っている。2）環境教育事業：例えば地元小学校にビオトープを設置する活動に三井物産環境基金，NECキャピタルソリューションが協力している。3）水源地保全事業：例えば昔ながらの田んぼづくりにNEC，三井物産，UBS証券などが協力して取り組んでいる。4）地域循環型社会構築にかかわる事業：例えば外来種の魚粉事業において，地元の企業・NPO，漁協・農協が連携したビジネスを行っている。また地元の大豆栽培をベースに地元醤油会社とキヤノンマーケティング，日立化成が協力したケースもある。

　最後に，課題解決に当たって複数のアプローチが同時に必要な場合，企業とNPO／NGOのみならず，地元政府，関係組織，国際機関など複数のセクターが協働する必要がある。児童労働に対する取り組みにセクターを越えて支援する取り組みをみておこう。児童労働（ILOの2017年報告書によると，5〜17歳の児童労働者は1億5,200万人）はそもそも貧困に原因があり，それを解決するには親の経済的支援，生活支援，そして児童への教育支援，さらに児童労働が行われている工場への監視・支援が同時に求められる（図6-9）。

178

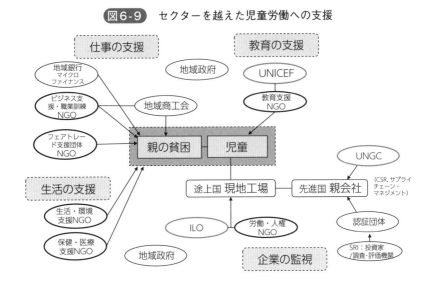

図6-9　セクターを越えた児童労働への支援

　早くになされた取り組み例としては，1997年パキスタンにおける児童労働（手縫いのサッカーボールの製造）を撲滅する協定（アトランタ協定）が，シアルコット商工会議所，ILO，UNICEFが中心になって締結されている（香川，2002）。児童労働の監視と教育への支援プログラムの実施に当たっては，この3つの組織の他に，Save the Children UK，地元の教育NGO，地元政府，さらに企業（スポーツメーカー）が委員会を組織し取り組んだ。働く子供たちを教育の場に向かわせるプログラムと同時に，家庭の生活が成り立つ様々な支援（マイクロファイナンスなど）を行う工夫がなされた。こういった課題の解決に当たっては，複数のセクターが協働し取り組むことが必要である。

3．協働の課題

　企業とNPOがコラボレーションによって社会的な課題に取り組む際，それぞれに課題がある。企業に求められる課題としては，社会貢献活動をマネジメントしていくこと，そしてステイクホルダーにアカウンタビリティを明確にしていくことが必要である。この点はすでに示したとおりである。さらに今後日本企業がNPOと連携を進めていくに当たってNPO側に期待することとして，経団連の2014年の調査によると，社会のニーズに合った新規事業の開発

（45％），社会に対するメッセージの発信力強化（43％），組織運営のガバナンスの強化（41％）などが挙げられている（複数回答）。以下ではNPOに求められる基本的な課題についてポイントをまとめておこう。

❶ 専門的な知識やネットワークをもっていること：企業がNPOと事業上の連携（提携）を行う際に求めることは，まず専門的な知識，経験，ネットワーク，そして社会的事業の企画力である。これらがあるからこそ，企業と協働することを通して新しい可能性が生まれる。

❷ マネジメント・システムを充実させること：事業活動に取り組む力（信頼性，継続性，品質の高さ）を高めていくことが必要である。NPOは責任あるマネジメントを行い，ガバナンス体制を機能させなければ，社会的な信頼を得ることはできない。NPOも継続的に様々な資源を外部からインプットし，質の高い社会的サービスや商品をアウトプットしていくためには，マネジメント体制を整える必要がある（第2章第2節3.参照）。

❸ ソーシャル・アントレプレナーシップの必要性：社会的ミッションの達成を目指すNPOにとって，企業家精神は重要である。企業にとって，社会的課題の解決に向けてイノベーティブな取り組みや商品・サービスを提供しているNPOは魅力的である。社会的なミッションを達成していくことを通して事業収益をあげていく事業体を，営利，非営利形態にかかわらず，ソーシャル・エンタープライズと呼ぶことができる（詳しくは第7章参照）。

また先に触れたように，企業とNPOの1対1の協働にとどまらず，サステナビリティ課題の取り組みには，政府，国際機関，大学など関係する組織との協働が期待され広がりつつある（詳しくは第9章参照）。GlobeScanとSustainAbilityの2015年の調査でも，マルチセクターによる協働が持続可能な発展の達成に大きな役割を果たすと答えた人は52％を超え，企業と政府，企業とNGO，企業と企業の協働への期待を大きく上回っている。また同調査によると企業はサステナビリティ課題に取り組んでいくに当たって，マルチ・セクターによる協働が望ましいと考えている。具体的には，政府とサステナビリティ課題に関する公共政策に共に取り組む（81％），消費者，市民とエンゲージメントを行う（79％），CSR規格を広める（74％），社会的インパクト投資にかかわる（69％）などが挙げられている（複数回答）。

第**7**章

ソーシャル・ビジネスと
イノベーション

第1節　ソーシャル・ビジネスは社会的課題に
　　　　どのように取り組んでいるか

1．ソーシャル・ビジネスの台頭と定義

　前章第1節で指摘したように，SDGsのような様々な社会的課題を誰が担うのか，誰が多様化したニーズに応じた社会サービスを提供するのか，ということが問われている。社会的課題は多様化し，複数の領域にかかわるようになっている。例えば，環境問題が社会的弱者に対してより強く影響を与え，環境と福祉の両面から考えていくことが求められる。政府があらゆる公共の問題を一元的に管理し，様々なサービスを提供していくシステムはすでに限界に達している。さらに一国政府が扱うには大きすぎるグローバルな課題があると同時に，小さすぎるローカルでマイナーな課題が存在している。政府では対応が難しいからと言って，すべて市場が取って代われるわけではない。政府か市場かという議論は経済学において古くからなされてきたが，二者択一的な発想だけでは，現在直面している新しい社会的課題を克服していくことは難しい。そこに第三のセクターとしてボランタリーセクター（非営利セクター）が拡大してきた。近年伝統的な慈善型NPOのみならず，事業型NPOも台頭し支持を得ている。さらに企業に期待される役割は大きく変化してきている。社会的課題の解決をビジネスとして取り組む新しいスタイルが広がりをみせている。企業はその資源，とくに技術，知識，資金などを活用して社会的課題に取り組むことが期待されている。それぞれのセクターには，それぞれが得意とする問題領域がある

182

と同時に，1つのセクターだけでは対応できない領域も存在する。そこでセクターを越えたコラボレーションによって取り組むスタイルが試みられている。

　本章では，ビジネスとして社会的課題の解決に取り組む動きに焦点を当て考えていく。様々なスタイルで取り組むこの事業体を「ソーシャル・エンタープライズ」（社会的企業）と総称し，社会的な課題とニーズをつかみ，新しいビジネス・スタイルを提案・実行する社会変革の担い手を「ソーシャル・アントレプレナー」（社会的企業家）と呼ぶ。「企業家」は積極的にビジネスに取り組む企業家精神に注目する用語で，「起業家」は新しい事業を立ち上げる局面に注目するものである。本書では，新しい事業体を「起こす」局面のみならず，既存の企業においても新しい事業を立ち上げる，「企てる」局面を重視し，「社会的企業家」と表す。そして新たなソーシャル・プロダクツやサービスの開発，さらに新たなビジネスの仕組みを「ソーシャル・イノベーション」と呼ぶことができる。それぞれの定義については後段改めて確認していくことにする。

　各セクターの中でソーシャル・エンタープライズがどのように位置づけられるか，図7-1でみてみよう。

　ここに示されているように，ソーシャル・エンタープライズは3つのセクターと重なり合いながら存在している。ソーシャル・エンタープライズの活動領域については，基本的に次のように説明することができる。1）政府が独占

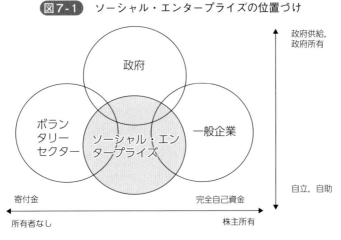

図7-1　ソーシャル・エンタープライズの位置づけ

出所：Westall（2001），p.9.

的に供給してきたサービスについて，法的規制などで他の可能性が制約されてきたり，規制がなくとも公的サービスが当たり前と受け止められ他の可能性があまり考えられてこなかったあるいは求められてこなかった領域（例えば電力・エネルギー，途上国支援など）。2）政府・行政がサービス提供を行ってきたものの，大きな政府の行き詰まりや需要の急増などによって従来のやり方では対応しきれなくなった領域（例えば高齢者支援，子育て支援，地域おこしなど）。3）政府・行政のタテ割り的対応によってこぼれ落ちてきた領域や，複数の領域がクロスするような領域（例えば障害者がコンピュータを学び就労の可能性を探るような取り組み）。こういった領域において価値観の変化や規制緩和によって，従来の政府の取り組みを越えて，ソーシャル・エンタープライズが新しい事業スタイルや事業戦略をもってかかわるようになっている。

　ソーシャルという領域は固定的なものではないし，一般企業の事業領域と必ずしも明確な線引きができるわけではない。そもそも社会的課題は，時代とともに変化し，国・地域によってもその対象は異なる。またもともとフロンティアで小さな市場だったものが，ニーズが広がり市場が成長していくにしたがって，多くの資本がビジネス・チャンスを求めて入り込んでくると，競争が激しくなる。新規参入企業は，必ずしも社会的ミッションをもたずとも，商品やサービスをより効率的に安価に提供し，積極的なマーケティング活動を行うことによって，創始的なソーシャル・エンタープライズを駆逐していくような事態もみられる。

　ソーシャル・エンタープライズをどのように定義すれば良いか。活動領域は様々であるし，後にみるように，組織形態は多様であり，規模の差も大きい。さらに国・地域によって背景も異なり，様々な定義がみられる。しかし本章ではソーシャル・エンタープライズの基本的な機能面に焦点を当て，社会性，事業性，革新性という3つの要件を有する事業体として理解する（谷本編，2006；谷本他，2013）。図7-2を参照。

❶　社会性（social mission）：社会的課題の解決に取り組むことを事業活動のミッションとすること。社会的ミッションがローカルあるいはグローバル・コミュニティにおいて，ステイクホルダーからの支持が集まることで，そのビジネスの存在意義が認められる。その対象は，これまでビジネスがあまりかかわってこなかった貧困や途上国支援などの領域にまで広がっている。

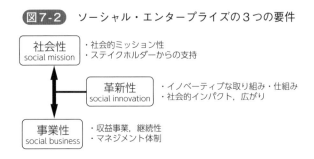

図7-2 ソーシャル・エンタープライズの3つの要件

社会性 social mission
・社会的ミッション性
・ステイクホルダーからの支持

革新性 social innovation
・イノベーティブな取り組み・仕組み
・社会的インパクト，広がり

事業性 social business
・収益事業，継続性
・マネジメント体制

❷　事業性（social business）：社会的課題の解決をビジネス活動によって継続的に取り組んでいくこと。ソーシャル・ビジネスの目的は利益の最大化ではなく，事業活動を通して新しい社会的価値を創出し，事業を継続することにある。その意味で，経済的成果と社会的成果の両方の達成が求められる（double bottom-line）。

❸　革新性（social innovation）：社会性と事業性は容易に結びつくわけではなく，それをつなげていくにはこれまでにないイノベーティブな仕組み，アイディアが必要である。社会的課題の解決に資する新しいソーシャル・プロダクツやサービスの開発，それを提供していく新しいビジネスの仕組みを開発することである。こういった社会的事業を通して社会的インパクトを生み出し，これまでの市場社会を変革していく可能性を示すことが期待されている。

　ソーシャル・アントレプレナーは，社会的課題の解決をわかりやすい形でビジネスモデルに現し，新しいメッセージを伝え，社会にインパクトを与える。市場社会で支持を得ることによって社会的価値を実現させることができる。

2．ソーシャル・エンタープライズの組織形態

　ソーシャル・エンタープライズは，多様な組織形態によって取り組まれている。国・地域による政府の役割，企業への期待・役割，市民社会組織の成熟度などの違いがあり，その位置づけ，形態・機能は異なってくる。制度的背景の違いによって，異なる発展の仕方，取り組みがみられる。ソーシャル・エンタープライズの基本形態は，まず営利組織と非営利組織に分けられ，その間に中間組織が存在する。営利組織は，株式会社として運営される「社会志向型企業」（socially-oriented company, mission-based company, socially responsible business

表7-1　ソーシャル・エンタープライズの組織形態

非営利組織形態	NPO法人，一般法人（一般社団，一般財団），社会福祉法人など	
	中間組織：協同組合など	
営利組織形態	新しい法人形態：Community Interest Company：イギリス 　　　　　　　　Social Enterprise：韓国 　　　　　　　　L3C，Benefit Corporation：アメリカ（州レベル） 　　　　　　　　gGmbH：ドイツ	
	株式会社	社会志向型企業（ソーシャル・ベンチャー） 新しい認証スタイル：B-Corporation：アメリカ（NPO）
		企業の社会的事業

などと呼ばれる）が典型的である。一般企業（大企業，中小企業）が社会的課題
に取り組む社会的事業も拡大している。非営利組織としては，伝統的な慈善型
NPOとは異なり，主に収益事業に取り組む事業型NPOの活動が広がっている。
中間形態には協同組合のスタイルが典型的であるが，近年多様な形態が普及し
ている。

　近年各国で社会的企業の特性に合わせた新しい法人
形態もつくられている。例えば2005年イギリスで制定
されたCommunity Interest Company（CIC），2013年

ドイツで制定されたgGmbHなどがあり，株式会社とチャリティの中間的形態
で市場での資金調達を可能にし（一定の制約はあるものの），社会的なビジネス
に取り組みやすい法人格がつくられている。これらは，公益目的を明記し，事
業収益は出資者に再配分せず，次の事業展開に投資していくことが規定されて
いる。イギリスのCICは他国にも影響を与え，2007年に韓国で，2012年にはカ
ナダで社会的事業に対する同様の法人格が制定されている。アメリカでは2008
年にバーモント州でL3C（Low-Profit Limited Liability Company），2010年にメ
リーランド州ではBenefit Corporationという法人格が制定されて以降，各州で
それぞれの法人格が採用され広がっている。Benefit Corporationは，社会・環
境に貢献する事業を目的とすること，コミュニティなどのステイクホルダーの
利益を考慮すること，そしてその成果を報告することが義務づけられている。
またアメリカ発の動きとしては法人格ではないが，世界中に広がりをみせてい
るB-Corporationがある。これはNPO法人B Labが提唱しているソーシャル・
ビジネスのスタイルであり，民間の認証として2006年にスタートしている。B-

Corporationとは，経済的利益とバランスさせながら高い社会的・環境的成果を達成し，透明性，法的アカウンタビリティをもった企業であることを目指している。アメリカでソーシャル・ビジネス第一次世代とも言えるPatagoniaやBen & Jerry's（後段参照）などが参画しており，1NPOの認証であるにもかかわらず，今や世界64カ国，2,788社，150産業に広がっている（2019年6月現在，https://bcorporation.net）。

　また後でみるように，営利組織と非営利組織を組み合わせて事業活動を展開しているケースも見られる。異なる組織形態を使い分けながら事業を行うソーシャル・エンタープライズ独特のスタイルである。さらに一般の大企業，中小企業がソーシャル・ビジネスに取り組む動きも活発になっており，環境配慮型商品や障害者・高齢者支援の商品・サービスの開発，フェアトレード事業，地域再開発などにかかわる事業が展開されている。2015年以降はSDGsのブームもあり，環境・社会の領域でのビジネスの可能性は期待され広がっている。

　イギリス政府（デジタル・文化・メディア・スポーツ省とビジネス・エネルギー・産業戦略省）は，社会的企業に関する最新動向をまとめたレポートにおいて，ソーシャル・エンタープライズのスタイルを区別する際，図7-3のようなツリーをつくって説明している。まず営利，非営利に区分し，収益性の考慮，社

図7-3 ソーシャル・エンタープライズの識別ツリー（イギリスでの例）

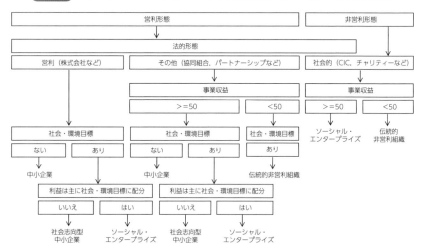

出所：UK Gov, Social Enterprise: Market Trends 2017, p.22.

会・環境目標の考慮によってどの組織形態が選択されるか示している（本書では，協同組合やCICを，機能面から営利と非営利の中間に位置づけている）。

　ローカルあるいはグローバルな社会的課題の現場は複雑に問題がからみ合い，様々な取り組みが試みられている。1つの仕組みがあらゆる問題を解決できるわけではなく，またある地域で成功したビジネスの仕組みが他の地域でも必ず成功するわけでもない。常に新たな工夫，イノベーションが試みられている。

3．ソーシャル・エンタープライズの組織戦略

　ソーシャル・エンタープライズには多様な組織形態が存在するが，企業家はどのように組織を選択しているのだろうか。図7-4を考えてみよう。縦軸に事業活動の市場性が高いか低いか，横軸に事業が社会的課題にかかわる程度が高いか低いかと設定し，事業形態を位置づけてみる。まず第2象限に一般の事業会社が，第4象限に伝統的な慈善型NPOが対照的に位置する。一般企業が少し右に寄っているのは，企業が社会的課題に取り組むようになってきた状況を示している。事業活動に市場性があり，社会的課題にかかわる程度が高い第1象限には，典型的なソーシャル・ビジネスを担う主体が位置する。事業型NPOは横軸をまたぐように位置しているのは，それは必ずしも市場性の高くない事業領域でも活動していることを意味している。

　ソーシャル・アントレプレナーは社会的な事業を行うに当たって，どのよう

図7-4　ソーシャル・エンタープライズの組織形態の位置づけ

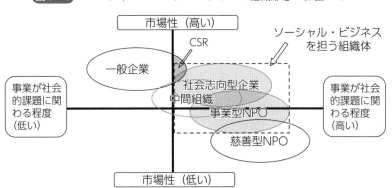

出所：谷本編（2006），p.15；谷本他（2013），p.9；谷本編（2015），p.6より。

にこれらの組織形態を選択しているのであろうか。ソーシャル・エンタープライズにとって特有の組織戦略上の課題が存在する。事業に適合した組織形態が選ばれることになるが，ソーシャル・ビジネスを立ち上げる際に基本的な制度的制約性が存在する（谷本，2005；土肥，2016）。❶市場的制約性：市場性（収益性）の有無，❷資金的制約性：資金調達の可能性，❸社会的制約性：信頼性の高さ。こういった次元とは別に，❹起業家の想いということもある。以下では「営利活動法人」株式会社を採るか，「非営利活動法人」NPOを採るかの基本的な組織選択の問題を考えておこう。

❶　市場的制約性。事業活動の社会性は高いが市場性が低い場合，つまり対象となる顧客が非常に少数である，あるいは対価があまり徴収できないような場合，NPOの形態が選択されるだろう。しかし当初市場が小さくともその事業が社会から支持を受け，市場が拡大すると新規参入が増え競争が厳しくなる，ということもある。

❷　資金的制約性。事業活動に設備投資など大きな初期投資を必要とする場合，資本市場から資金調達が可能な会社形態が選択される。NPOは出資を募ることは制度的にできないし，初めから大きな寄付や会費を得ることは困難である。一方近年NPOが金融機関から事業資金を受ける可能性は広がっている。今後の課題は，資金を提供する側の評価・支援能力，資金を受ける側の経営力，そして信用保証面の支援などを充実させていくことにある。イギリスのCICのように，一定の制約をもつものの市場から直接資金を調達することが可能な中間的組織も存在している。

❸　社会的制約性。かつてHansmann（1987）は，市場において生産者と消費者の間に情報の非対象性がある場合，NPOは非配分原則をもつが故に消費者は会社よりNPOを信頼する，あるいはHansmann（1989）では，NPOは資本所有者がいないが故にステイクホルダーから利益を搾取・占有することがなく，NPOは信頼性を担保すると主張していた。しかしながら非配分原則によってNPOはその収益を搾取しない，また組織内で私的に分配しないが故に消費者や出資者を搾取しないという考え方は，必ずしも現実的ではない。この見解はその後様々に議論・批判されているが（Ott, ed., 2001など参照），NPOの会社に対する優位性は，提供する製品・サービスの質，マネジメント，ガバナンスのあり方によって変わってくる。そもそもNPOもステイクホル

ダーに対してアカウンタビリティを明確にし支持を得ることがなければ、一般的にNPOの方が会社より優位にあるとは言えない。

❹ 起業家の想い。以上のような制度的な違いがあるにもかかわらず、あくまでNPOであるいは株式会社で起業したい、という創業者の想いというものも存在する。

日本にはソーシャル・エンタープライズ向けの法人格は存在しない。営利－非営利の法人形態によって、税制、資金調達、ガバナンス構造、評価基準など制度的な違いは多いが、社会的課題解決への実際の取り組みについては、その境界線はぼやけてきていると言える。

次にソーシャル・エンタープライズが社会的事業に取り組むに当たって、異なる組織を組み合わせる「組織ポートフォリオ戦略」についてみていこう。会社あるいはNPOが単体として社会的事業に取り組むにとどまらず、会社がNPOと、NPOが会社と連携し運営しているケースがみられる。外部に親和性のある事業体が存在する場合は戦略的な提携（alliance）を、存在しない場合は自ら会社あるいはNPOを創設し組み合わせて事業に取り組む試みがなされている。それぞれの組織がもつ制度的制約性を超えて、異なる組織形態を活用する組織ポートフォリオ戦略においては、アイディアや資源を持ち寄りソーシャル・イノベーションを生み出していく試みがなされている（谷本，2005；谷本編，2006）。組織ポートフォリオといっても、何か最適な組織の組み合わせがあるというわけではない。ソーシャル・エンタープライズが社会的課題に取り組むに当たって、戦略的な工夫として制度的に異なる組織のメリットを組み合わせ活動すること、と理解することができる。

以下では、❶NPO→会社の設立、❷会社→NPOの設立、❸ホールディング・カンパニーの傘下に会社やNPOの併置。さらに外部に親和性のある事業体が存在する場合、戦略的アライアンスや業務委託が行われていることがある。❹企業とNPOのアライアンス、とくにフランチャイズについてみておこう。

❶ NPOが会社を併設するケース

NPOがその制度的制約性を乗り越えるため、ミッションにかかわる会社を立ち上げ併設するケース。またNPOの商業化が本来のアドボカシー機能を損

ねる「アカウンタビリティのジレンマ」が存在する場合，別組織をつくり克服する組織的工夫でもある。

　例えば，（特非）北海道グリーンファンドが㈱北海道市民風力発電を設立したケース。北海道グリーンファンドは，1999年に札幌に設立された環境NPOである。市民が風力発電事業を行っていくため，風車建設に伴う資金調達・出資の受け皿として2001年㈱北海道市民風力発電を設立している。NPOは制度的な出資を受けられないので株式会社を併設し，風力発電の事業と環境アドボカシーの活動を区分けして行っている。出資者がすべて議決権をもつ株主となると組織運営が難しくなるので，事業に対して出資し監視業務のみ行う「匿名組合方式」をとっている（詳しくは谷本他，2013を参照）。

　また（任意団体）グローバルビレッジがフェアトレードカンパニー㈱を設立したケース。グローバルビレッジは，1991年フェアトレード普及や途上国支援のため東京に設立された任意団体である。1993年フェアトレード商品の通販事業を開始したことを機に，95年輸入・販売業を行うフェアトレードカンパニー株式会社を設立している。グローバルビレッジはフェアトレードの啓蒙・普及・提言活動を行いその理念を広く発信すると同時に，フェアトレードカンパニーの事業を側面から支えている。

❷　会社がNPOを設立するケース

　社会志向型企業がその社会的ミッションを広く普及・啓蒙するため，あるいは一般企業がその社会貢献活動や社会的事業を一企業の制約性を超えて広く行うための戦略である。

　例えば㈱アットマークラーニングが（特非）日本ホームスクール支援協会を設立したケース。アットマークラーニングは，不登校の子供たちのインターネットスクール事業（高校生対象の在宅学習事業）を1999年東京でスタートさせた。その翌年小中学生を含めて不登校への偏見解消やホームスクールの啓蒙活動をミッションとする（特非）日本ホームスクール支援協会を独立した組織として設立している。ホームスクール実践者に対する支援，その社会的認知の向上を目的とし，海外の関連団体とも連携を図っている。

　また一般企業がその社会貢献活動を独立させNPOや一般社団法人・公益社団法人を設置する取り組みもみられる。特定の目的をもって企業財団を立ち上

げ，支援活動を行っている企業は多い（武田薬品，ローム，出光，トヨタなど）。

❸ ホールディング・カンパニーのケース

社会志向型企業が関連事業を行う会社やNPOなどを傘下に置き，グループとして事業を展開する戦略である。広い視点からミッションの実現に向け，複合的に事業を展開するものである。

例えばThe Big Issue in Scotlandは，ロンドンでホームレスが街頭で雑誌を売るというビジネスの仕組みをつくったThe Big Issue Company Ltd.（次節参照）に影響を受け，1993年スコットランドに設立されたソーシャル・エンタープライズである。2003年図7-5のようにホールディング・カンパニーPro Poor Holdings Limitedを立ち上げ，傘下に雑誌編集・出版事業の他，テナント事業（他のチャリティ団体に空きスペースの貸与）を行うチャリティ，ストリート・ペーパー支援事業を行うチャリティ組織，雇用・教育訓練事業を行う保証有限会社を配置し，グループとして事業を行っていた（谷本編，2006）。現在はロンドンのBig Issueグループ：The Big Issue, The Big Issue Invest, The Big Issue Foundation, The Big Issue Shopに統合されている。

ソーシャル・エンタープライズは異なる組織を組み合わせる戦略をとることによって，単体ではできない新しい事業展開や資源獲得が可能になる。この組

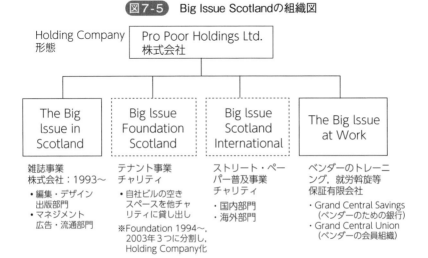

図7-5 Big Issue Scotlandの組織図

織戦略においては，グループとしての戦略・計画の立案，透明性の確保といったことが課題となる（谷本，2005）。次の3点に留意する必要がある。1）それぞれの独立性，役割分担を明確にすること。社会的ミッションを達成するに当たって，収益事業活動とアドボカシー活動をうまく組み合わせていくこと。2）グループのガバナンス体制を明確にすること，ステイクホルダーに対して透明性を確保すること。どのような目的で併設組織を立ち上げるのか，寄付や助成金で得た資金と事業活動で得た収益がグループ全体でどう配分されているか，人がどうつながっているのか，といったことが重要なポイントになる。3）組織のアイデンティティの維持・発展。NPOが収益事業を拡大していくことで，本来のミッションがブレたり，アイデンティティが変質したりすることが起こりうる（Ott, ed., 2001）。それはソーシャル・エンタープライズが複数の組織を抱え，事業活動を広げていく場合にも同じことが言える。いかにグループとして社会から支持を得るかが課題となる。

❹　企業とNPOとのアライアンスのケース

　企業とNPOが連携して事業活動にかかわるケースである。1つの事例として，ホームレス，ストリートチルドレンや元受刑者，障害者らを支援しているNPOが，フランチャイザー企業と契約を行い，彼らの就労の場，実地トレーニングの場として事業を行うこと（charity franchise）がある。フランチャイザー企業の側は，コミュニティの課題解決に本業を通して貢献しようとする取り組みとなる。フランチャイジーに対し，フランチャイズ料金の割引きや無料化，専門技術的なサポートを行っている。このケースはアメリカでよくみられ，例えばベン＆ジェリー（Ben & Jerry's），ダンキンドーナッツ（Dunkin Donuts），クリスピークリーム（Krispy Kreme），マギームー（Maggie Moo's），AIMメールセンター（AIM Mail Centers）などが行ってきた。青少年への雇用機会と訓練プログラムを行っているアメリカのJuma Ventures（NPO）は，1993年からBen & Jerry'sとのフランチャイズ契約によってアイスクリームショップを運営したり（2005年まで），スポーツ・スタジアムと連携し飲食物の販売を請け負ってきたことは，高く評価されている（https://www.juma.org，また谷本編，2006参照）。

第2節　各国ではどのように取り組み理解されているか

ソーシャル・エンタープライズは，国・地域によってその位置づけ，形態は多様である。歴史的・制度的な背景の違いや，社会から求められているものの違いがある。本節ではアメリカ，ヨーロッパ，日本における状況と課題を概観しておこう。

1．アメリカにおける背景と議論

アメリカでは第3章第2節でみたように，1970年代以降企業批判から企業に社会的責任を求める運動が広がった。大企業批判の運動にとどまらず，同時にこれまでとは異なる社会的に責任あるビジネスのあり方も求められた。従来のような大企業システムとは違い，責任ある経営を行い，社会的課題に取り組むオルタナティブな企業がその頃から現れ始めた。

当時ベビーブーマー世代が，環境保護，消費者の安全性，貧困・差別された人々への支援などをビジネスのミッションとするソーシャル・エンタープライズを立ち上げ，市場社会から支持を得ていった。この当時の第一次世代と呼ばれる代表的な企業として例えば，Patagonia：環境配慮，公正な労働をベースとして，スポーツ，アウトドア用品などの製造・販売（カリフォルニア，1965年から）。彼らの責任あるビジネスについては，Chouinard & Stanley（2012）参照。ShoreBank Corporation：十分な社会サービスを受けていないコミュニティを再開発するために資金提供を行った銀行（イリノイ，1973年から2010年まで。金融危機後破綻）。Aveda：自然保護，環境配慮をミッションとする化粧品の会社（ミネソタ，1978年から）。Ben & Jerry's Homemade：環境保護やコミュニティ支援をミッションとするアイスクリーム会社（バーモント，1978年から。現在はUnileverの傘下）。彼らの設立当初の考え方については，Cohen & Greenfield（1997）参照。Newman's Own：税引き後利益を100％寄付するサラダドレッシング・ソースの会社，故ポール・ニューマンが創業者（コネチカッ

ト，1982年から）。

　同時にアメリカでは，1980年代に入る頃から事業型NPOが台頭してきた。70年代のオイルショック後，レーガノミクスによる小さな政府化と共に，貧困など社会問題が顕在化していた。当時政府の福祉予算や補助金の大幅削減によって，多くのNPOは社会的事業に取り組むことで収益獲得を目指し，NPOの商業化が広がった（Skloot, 1987；Oster, 1995他）。先にみたJuma Venturesや後段にみるKivaなど，ユニークな事業に取り組むNPOが現れてきている。

JŪMA　　　**kiva**

　1990年代に入ると，事業型NPOの活動やそのマネジメントに関心が集まり，学界でも本格的に論じられるようになる。Emerson & Twersky（1996）やDees（1998），Dees, Emerson & Economy（2001）などは，NPOの商業化が広がりNPOが事業を運営していくに当たって，社会的ミッションの達成と事業収益獲得のダブルボトムラインの達成が求められると指摘している。

　Deesらは表7-2に示されているように，社会的企業を純粋なフィランソロピーと純粋なビジネスとの中間に位置する混合組織として特徴づけている。しかしながら，ソーシャル・エンタープライズを単に中間的な位置づけと指摘するだけでは，現実に存在する多様な社会的企業を捉えることは難しい。さらにもう一歩踏み込んで，とくにイノベーションがどこでどのように生まれ，価値を生み出していくのか，というより具体的な分析が必要である。2000年以降，社会の変化を創出する触媒的な機能に注目する議論Alvord et al.（2004）などが現れる一方で，ジャーナリスティックな紹介Bornstein（2004）やコンサルタントの視点からソーシャル・エンタープライズのマネジメントを論評するBrinckerhoff（2000）なども多くみられるようになった。

（表7-2）　ソーシャル・エンタープライズの位置づけ

純粋なフィランソロピー	混合	純粋なビジネス
慈善活動	ミックスされた動機	自己利益の活動
ミッション志向	ミッションと市場のバランス	マーケット志向
社会的価値	社会的・経済的価値	経済的価値

出所：Dees（1998），p.60，またDees, Emerson & Economy（2001），p.15より。

　会社形態によって新しい社会的課題にイノベーティブに取り組む「社会志向型企業」については，80年代からユニークな企業が台頭しているが，オルタナティブなビジネスモデルとして早くから紹介してきたのはジャーナリストであった。例えばScott & Rothman（1992），Reder（1994），Bollier（1997）など。それらは簡単な紹介にとどまっており，社会志向型企業についてのアカデミックな研究は，2000年に入る頃からである。社会志向型企業，事業型NPOによるソーシャル・ビジネスの研究は，例えばStanford Graduate School of Businessが創設したCenter for Social Innovationや，UC BerkeleyのHaas School of BusinessによるCenter for Responsible Business，Harvard Business SchoolのSocial Enterprise Initiativeなどを中心に広がっていく。そこでは学内外から関係領域の研究者や実務家が集まり，インターディシプリナリーな研究・教育が進められている。企業セクターと非営利セクターの境界が不鮮明になってきたこと，その動きの中でステイクホルダーとともに新しいビジネスモデルを生み出すソーシャル・アントレプレナーシップが求められていることが指摘され始めている。社会的課題にビジネスとして取り組み，新しいイノベーションを創出し，経済的・社会的価値を生み出すプロセスの解明が新たなテーマとなっている。CSRの議論とも絡めてソーシャル・ビジネスを考えていくためには，企業と社会という枠組みから，新しいビジネスのあり方やマクロ政策についても広く考えていくことが求められている。

　1つユニークな事例を取り上げておこう。Kivaは2005年アメリカのサンフランシスコに創設された世界の貧困を解消する目的のためマイクロファイナンスを支援するNPOである（https://www.kiva.org）。マイクロファイナンスには一般の人々は直接かかわることはできないが，Kivaのイノベーションは，誰でもが1口25＄から気軽にマイクロファイナンスに参加できる仕組みをネット上に構築し，世界中の貸し手と借り手を直接つないだところにある。このマイクロレンディングのシステムは，誰もが必要な資金を貸し付け（寄付ではなくまた投資でもなく），途上国のマイクロ・アントレプレナーが小さな事業をスタートさせる際に支援できる仕組みである。貸し手は，ウェブ上に出資を求める人々の案内をみて（事業，名前，国，必要な資金額）お金を貸し付けることができる。NPOは資金を受け入れ貸し付ける銀行業務は制度上できないので，Kivaは預かった資金を世界各地の金融機関（フィールド・パートナー）に代行

196

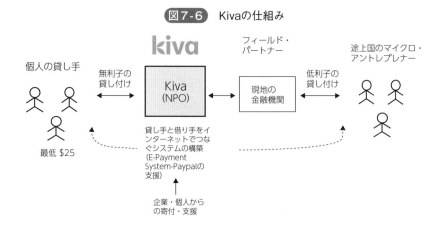

図7-6　Kivaの仕組み

してもらう。ここでは低利の金利が発生し現地銀行の収入となるが，返済され
た資金は元の貸し手に返済される。ここでは利子は発生しない（図7-6参照）。
　2005年以来，80カ国300万人を超える借り手に180万人の貸し手から13億ドル
を超える資金を貸し付けており，返済率は96.9％に上っている（2019年3月現在）。
世界中にフィールド・パートナーが7,603あり，73カ国450人のボランティアが
この活動にかかわっている。

2．ヨーロッパにおける背景と議論

　ヨーロッパ各国では，1980年代からの景気後退が90年代に入っても続き，失
業・雇用問題，貧困の問題，また多くの移民流入から差別・社会的排除の問題
に直面していた。従来型の社会政策，労働政策を維持することは難しくなって
おり，新しい対策が求められていた。地域における市民社会組織と連携するこ
とや，ビジネスによる取り組みに期待が寄せられ，90年代に入って以降，ソー
シャル・エンタープライズによる取り組みを支援する動きが広がった。ヨー
ロッパには協同組合の活動を中心として協力・連帯をキーワードとする社会的
経済（social economy）の伝統が存在する。そういった組織的取り組みによっ
て排除された人々を経済的・社会的に支援したり，環境保護，途上国支援など
のビジネスを行う様々な事業活動が展開していった。
　ヨーロッパでは，1996年欧州委員会のソーシャル・エンタープライズのプロ
ジェクトが調査・報告書をまとめた頃からこの議論が活発になっていった。こ

れまでの福祉国家政策の限界を踏まえ，また従来のサードセクターの限界を超えて，ソーシャル・エンタープライズの新しい可能性が注目されている（Borzaga et al., 2001）。図7-7にみるように，ソーシャル・エンタープライズを協同組合と非営利組織の2つが重なるところに位置づけ，その領域が広がりつつあると指摘している。その形態は国によって法的枠組みが異なるため多様であるとした上で，ソーシャル・エンタープライズを次のように定義している。経済的側面にかかわる基準として，1）財・サービスの生産・供給の継続的活動，2）高度の自律性，3）経済的リスクの高さ，4）最少量の有償労働，さらに社会的側面にかかわる基準として，1）コミュニティへの貢献という目的，2）市民グループの組織，3）資本所有に基づかない意思決定，4）活動によって影響を受ける人々の参加，5）利潤分配の制限，を挙げている。

　また1998年のOECDのLEED（Local Economy and Employment Development）プロジェクトでも，社会的に排除された人々に就労の機会を与え，再び労働市場に統合する1つの方法としてソーシャル・エンタープライズの可能性について報告書をまとめている。その概念は国によって異なることを指摘した上で，「公共的な利益の達成を目指し企業家的戦略をもって組織される私的な活動であるが，利益の最大化ではなく，経済的・社会的目標の達成を主な目的とし，社会的排除や失業の問題にイノベーティブな解決をもたらす能力をもつ」と捉えている（OECD, 1999）。ソーシャル・エンタープライズを主に労働市場から排除された人々を再訓練・再統合する事業体として捉え，その組織はマルチ・

図7-7　90年代のソーシャル・エンタープライズの位置づけ

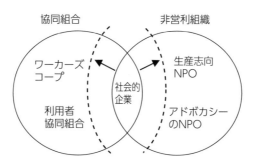

出所：Borzaga et al.（2001），p22.

ステイクホルダーから形成され，１人１票による民主的参加，民主的意思決定によって成り立つものとして理解している。これは当時の代表的な理解であり，ここではそれ以外のものはソーシャル・エンタープライズとは捉えていない。

　EUの中でも活発な支援政策を行ってきたのはイギリスであった。1990年代終わりから2000年代後半までブレア政権が掲げた「第三の道」政策において，公共サービスを官民連携（PPP：Public Private Partnership）で取り組むことが前面に出された。従来型の社会福祉システムは，長期失業，家庭崩壊，教育問題などの社会問題にもはや対応できなくなっている一方で，ボランタリー組織の多くもその期待に応えきれない。そこで政府・市場・市民の３つのセクターの重複する部分にあるソーシャル・エンタープライズが注目され，政府は支援政策を進めていった。当初ソーシャル・エンタープライズは，従来の社会的経済を重視する立場から事業指向，社会的目的，社会的所有（ステイクホルダーによる所有−管理）という特徴から捉えられていた。

　通商産業省DTI（当時）は2001年に社会的企業局を設置し，従来の公的サービス改革と，地域再生を行うソーシャル・エンタープライズに対する財政・事業支援を本格的に始めた。そこではソーシャル・エンタープライズをより広く捉えるようになっており，「社会的な目的を第一にもち，株主や所有者の利益最大化の要請に従うというよりも，その生み出した剰余金はその目的のために主にその事業やコミュニティに対して再投資されるようなビジネス」と規定していた。そして，多様な形態（コミュニティ・ビジネス，ソーシャル・ファーム，協同組合などの共益組織，チャリティ，さらに会社：保証有限会社や株式会社も含めて）で運営されていること，さらに活動領域についても社会的排除や失業等の社会問題にとどまらず，環境問題などにも注目し対象領域を広く捉えるようになっている。政府はソーシャル・エンタープライズを持続可能で社会的排除のない経済社会をつくり出すために重要な役割を果たすと捉え，啓蒙・支援・強化のための様々な施策（法整備，政府調達，マネジメント・サポート，資金援助，顕彰，教育）を実施していった。ブレア政権後も基本政策は変わらず，現在は内閣府に担当が移され，積極的な支援を行っている。

　新しい事業が次々と展開する中，研究・議論も活発になされた。ソーシャル・アントレプレナーの役割の重要性にも焦点が当てられた。例えばTompson et al.（2000）は，ソーシャル・アントレプレナーにとって必要な４

つの資本：財務資本（事業の成果である富の創造），社会資本（コミュニティ資源），環境資本（持続可能な発展），美的資本（慈善などの無形資本）を指摘している。一般企業は財務資本に焦点を当てるのに対し，ソーシャル・エンタープライズは財務資本のみならず，3つの資本のいずれかを創造する事業体であると理解する。ソーシャル・アントレプレナーは，社会的ニーズを認識すること（ビジョン），社会的資本を形成するために人々の助けを獲得すること（資源），さらに社会的課題を解決するリーダーシップ機能が重要であると指摘している。Grenier（2009）は，ソーシャル・アントレプレナーの機能としてイノベーション，不確実性とリスク，機会の発見，セクター・フィールドおよび資源間の橋渡し，リーダーシップを挙げている。ソーシャル・エンタープライズの活動を政治過程との関係性から捉え，既存の制度や社会を変革するという視点でソーシャル・イノベーションを論じている。Mort et al.（2003）は，ソーシャル・アントレプレナーがもつ機能として，まず営利企業の企業家にもあるリスク包容力をもち，前向きであり，革新的であることに加えて，社会的機会を認識し，判断能力と企業家的徳（entrepreneurially virtuous behaviour）を加えている。こういった機能をもったソーシャル・エンタープライズは，事業と社会的ミッションのバランスの上に社会的価値を生み出していくと捉えている。

　イギリスの代表的な社会指向型企業としては，例えばThe Body Shop：自然派化粧品の製造・販売会社（ブライトン，1976年から）。The Big Issue：ホームレス支援を目的とした雑誌の制作・販売会社（ロンドン，1991年から）。Cafédirect：コーヒー，紅茶のフェアトレード，NGOのOxfam，Equal Exchange，Traidcraft，Twin Tradingが共同で設立した会社（ロンドン，1991年から）。Divine Chocolate：チョコレートのフェアトレード，ガーナのカカオ農民も同社の株式を所有する（ロンドン，2000年から）。

　1つ事例を取り上げておこう。Big Issueは，ホームレスに仕事を提供することを目的に雑誌の制作・販売を行う会社である。伝統的にホームレスに対する支援策は，政府による支援（シェルターの確保，保健・医療の支援，職業訓練など），NPOによるチャリティ活動（食事・物品提供，自立支援など）であり，

図7-8 Big Issueの仕組み

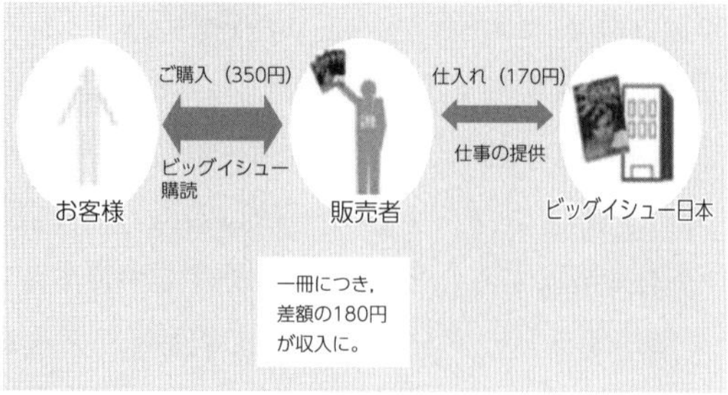

出所：https://www.bigissue.jpより（現在は掲載されていない）。

一般企業の場合は支援団体に寄付するというスタイルが主であった。そもそも
Big Issueは，Body Shopの元共同経営者Gordon Roddickが同社の社会貢献活
動の一貫としてホームレス支援を考えている中でフリー編集者John Birdと出
会い，この事業を独立した会社としてスタートさせた。この事業のイノベー
ションは，ホームレス自身が路上で雑誌を販売し，その売上を折半する仕組み
であり（図7-8），同時に人や社会との接点をもち直す機会を提供することに
もある。イギリス国内での地域版のみならず，オーストラリア，南アフリカ，
ナミビア，韓国，台湾などにも広がり，日本では2003年より㈲ビッグイシュー
日本が立ち上がっている。掲載記事は自由に使ってよいということもこのイノ
ベーションを普及させる原動力となっている。

3．日本の現状と今後の展望

　日本におけるソーシャル・エンタープライズについて概観しておこう。日本
では欧米社会と比べ未成熟であり，今後の成長が望まれている。アメリカのよ
うに活発な市民社会組織の動きやベンチャー精神から新しい事業が次々と生ま
れたり，マネジメント支援や資金的支援（ソーシャル・ベンチャー・キャピタル
など）の組織が存在しているわけではない。またヨーロッパのように，政府が
将来ビジョンをもって積極的に政策的支援を行っているわけでもない。

　伝統的に日本人は社会的・公共的課題は政府に依存し，専門家に任せる意識
が強かった。また民間企業が社会的課題にかかわることへの偏見も存在してい
た。さらにそもそも日本では新規ビジネスの立ち上げ（開業率）は低く，図7
-9にみるように4～5％で推移しており，欧米主要国との差は大きい。

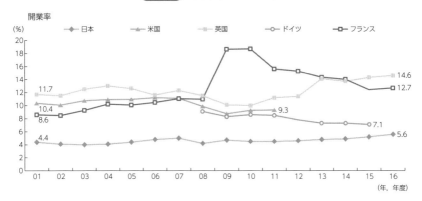

図7-9　開業率の国際比較

出所：中小企業白書（2018年度版）より。

　起業への関心は他国と比べ非常に低い。「起業したいと思う」と答える日本人は23%（グローバル平均53%）で，調査対象国37カ国中最下位である（randstad workmonitor 2017 report）。日本は「周囲に起業家がいる」，「起業するために必要な知識，能力，経験がある」といった項目をはじめ，いずれの項目においても欧米諸国に比べて極めて低く，起業に対する意識は低い。日本生産性本部の新入社員に対する意識調査（2018年度版）によると，「将来への自分のキャリアプランを考える上では，社内で出世するより，自分で起業して独立したい」と思う人は13.7%で，過去10年間の平均が13%と一貫して低い。また世界銀行のDoing Business Annual Report 2018によると，「起業のしやすさ」ランキングでは106位（調査対象190カ国中）と低位にある。randstadの調査でも，「この国は起業するには良い国だと思う」人は20%で調査国中最下位（グローバル平均56%）にとどまっている。

　市民社会意識に関しては，この数十年の間で少しずつ変化している。1980年代低成長期を経て，豊かさへの反省，1990年代バブル経済の崩壊後，企業社会の構造の変化，会社人間への反省がみられた。阪神・淡路大震災のあった1995年はボランティア元年，NPO法が成立した1998年はNPO元年と呼ばれ，市民活動への注目が広がり始めた。例えば内閣府「社会意識に関する世論調査」によると，「社会の一員として何か社会のために役立ちたい」と思っている人は，1974年の35.4%から1987年に50%を超え，2009年に69.3%となったがその後は漸

減し2018年は63.3％。とくに若い世代は，全体として社会への関心が高いとは言えない数字が出ている。人材情報会社マイナビが毎年大学生に就職観を尋ねているが，「社会に貢献したい」という答えは低く，2000年3.8％，2013年6.8％2019年5.7％と大きな変化はない。また「人のためになる仕事をしたい」は2000年の8.1％から2013年には19.2％と増えたが，それ以降は減少傾向にあり2019年は15.0％となっている。

　1970～80年代以降戦後ベビーブーマー世代による先進的なソーシャル・アントレプレナーは存在していたが，少数であった（谷本編，2006，第7章参照）。2000年前後から欧米のソーシャル・アントレプレナーの動向に触発され，新しい事業が少しずつ誕生したり，研究会，支援団体，ネットワークが立ち上がりはじめている。日本の事例については，例えば重要な社会的課題の1つである少子高齢化社会の問題に取り組んでいる5つのケースを取り上げた谷本編（2015）を参照されたい。そこでは子育て支援の（特非）フローレンス，㈱フラウ，働く女性支援の㈱キャリア・マム，高齢者支援の（特非）ケア・センターやわらぎ，中山間部支援の㈱サラダコスモのケースを分析している。

　もう1つBOP（Bottom of the Pyramid）ビジネスの事例も取り上げておこう。途上国における貧困層を支援するBOPビジネスにユニークな事例がみられる。世界には1日2ドル未満で生活する貧困層が約40億人存在すると言われている。この経済ピラミッドの底辺に位置する貧困層を慈善活動ではなく，ビジネスを通して支援していくのがBOPビジネスである。そこでは，先進国向けの製品やサービスに少し手を加えるというレベルにとどまらず，技術，製品・サービス，ビジネスモデルそのものに新しい発想，イノベーションが求められる。グローバル企業の有名な事例として，Unileverが洗剤やシャンプーの余分な香料を省き小袋にして安価に提供したり，Danoneがバングラデシュのグラミン銀行との合弁会社グラミン・ダノン食品を設立し，安価な子供用ヨーグルトを製造し流通させるシステムをつくっている。日本の中小企業では，日本ポリグルが汚れた水を簡易に安価できれいにする水質浄化剤を開発し途上国で販売している。阪神・淡路大震災の経験を踏まえ2002年に大阪で創業した小田兼利は，誰もが安全できれいな水を飲めることを会社のミッションとし，2004年以降アジア，アフリカの新興国・途上国で貧しい人々が買い求められるような販売の仕組みをつくってきた（http://www.poly-glu.com）。

　日本における課題についてまとめておこう。経済産業省が2007年度に開催した「ソーシャルビジネス研究会」の報告書では，谷本編（2006）の考え方を下敷きにして現状分析をし，政策提言をまとめている。同研究会のアンケート調査によると，当時「ソーシャル・ビジネスの事業を具体的に想起できる」人は16.4％と認知度は低いものの，ソーシャル・ビジネスは「地域や社会に貢献する」48.1％と期待されていた。事業展開上の課題としては，「認知度向上」45.7％の他，「資金調達」41％，「人材育成」36.2％が挙げられていたが，とくに「経営基盤強化」が共通の課題として理解されていた。その後日本政策金融公庫総合研究所の2014年9月の調査では，コミュニティ・ビジネスまで含めての認知度は27.3％と少し増えてはいる。しかしながら事業自体はまだまだ拡大しているわけではなく，同研究所の2014年12月の調査では，図7-10のように多くの事業体はその規模が小さいことや，赤字であることが示されている。マネジメント上の課題としては，「人手不足の解消」が49％，「従業員の能力向上」41.9％，「売上の増加」35.4％などとなっている。

　先のソーシャルビジネス研究会の報告書では，ソーシャル・ビジネスの事業展開に向けて支援策をまとめるに当たって，関係するステイクホルダーごとに課題を列挙している（表7-3参照）。次節にみるソーシャル・イノベーション・クラスターの発想から，関係するステイクホルダーがそれぞれに課題に取り組み支援・協力していくことが求められる。

　ソーシャル・ビジネス支援の政策課題としては，新たな制度をつくらずとも，

図7-10　ソーシャル・ビジネスの最近１年間の売上高と採算

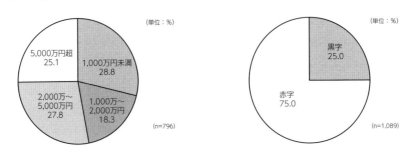

（注）ソーシャルビジネスによる売上高については，「他の事業と一体なのでわからない」とする企業が122社ある。
出所：日本政策金融公庫総合研究所「ソーシャルビジネスの経営実態」2014年，p.9.

(表7-3) 各ステイクホルダーに期待される対応（資金調達に関して）

主体			期待される対応
事業主体	ソーシャルビジネス (SB) 事業者		○ 事業資金を出したくなるような，アイディアや具体的，魅力的な事業計画の作成 ○ 融資を受ける上で必要な計画書作成，事業報告などの事務体制，運営体制，経理体制の強化 ○ 多様な資金調達ルートの開拓（融資，出資，私募債，寄付等）
支援主体	行政	国	○ 中小企業支援施策（補助金等）に関するSBのアクセス性の向上（制度面等） ○ 企業，金融機関へのCSRの動機付け（表彰等）
		自治体	○ 民間で出しにくい資金の提供（スタートアップ時資金等） ○ 行政からの業務発注（民間委託等）
	企業等	企業	○ 事業者への寄付，出資等
		商工団体 経済団体	○ 資金提供に際しての事業の目利き ○ 資金提供と連動した経営に係るハンズオン支援
	中間支援機関		○ 資金提供に際しての事業の目利き ○ 資金提供と連動した経営に係るハンズオン支援
	金融機関		○ 財務判断とニーズに合わせた資金供給（資金繰りに関するアドバイス含む） ○ 地域主体や専門家と連携した事業の目利きの実現 ○ 預金や公的資金等を活用した新しい支援金融スキームの検討，連携
	大学等		○ SBの社会性に対する評価と審査に関する研究 ○ SBを含む民間非営利セクターへの資金供給の仕組みに関する研究
	住民		○ SB事業者の財・サービスの購入 ○ 事業者への寄付，出資等 ○ ファンド等への資金提供等

出所：経済産業省「ソーシャルビジネス研究会報告書」2008，p.15.

　既存の中小企業関連施策を活用することを通して資金調達を可能にしたり，事業基盤を強化すること（事業活動評価の指標づくり，組織形態の認証づくりなど）を示している。その後10年余りを経て，そこで示された方向で制度整備が少しずつなされてきている。2010年に入って以降，国民政策金融公庫や日本政策金融公庫がソーシャル・ビジネスへの融資を行うようになったり，各地の信用保証協会がソーシャル・ビジネスへの支援を行うようになっている。さらに地域の国民政策金融公庫やNPO／ボランティア支援団体，地方自治体などが連携して支援に取り組む動きもみられる。
　またソーシャル・ビジネスが社会的にどのような影響を与えたか，社会的イ

ンパクト評価のあり方については，G8（Social Impact Investment Taskforce，2013年から）やEU（Social Impact Measurement，2012年から），OECD（Social Impact Investment Initiative，2013年から）での議論や具体的展開の影響を受けて，日本でも取り上げられるようになっている。それは社会的インパクト投資を行う側からも重要視される課題である。

第3節　ソーシャル・イノベーションは どのように創られ広がるのか

1．ソーシャル・イノベーションとは

　ソーシャル・エンタープライズの特徴は，ビジネスを通して社会的課題の解決に取り組んでいくことにあるが，そこには何か新しいアイディア，仕組みが存在する。持続可能な社会を生み出すソーシャル・イノベーションがソーシャル・エンタープライズの核心と言える（谷本他，2013；企業と社会フォーラム編，2013）。

　一般にイノベーションとは，何か新しいものを初めて取り入れること，あるいは今あるものを新しいものに変えることである。Drucker（1985）は「企業家は何か新しいもの，異なるものを創造する，また価値観を変える」と指摘している。ビジネスのイノベーションは市場から受け入れられて初めて成立し，経済的成果が求められる（一橋大学イノベーション研究センター，2001）。ソーシャル・イノベーションの場合は，経済的成果と同時に社会的成果が求められる。新しい社会的価値を創出することを通して，既存の制度を変革していくことが重要なポイントである。

　そもそもイノベーションとは，次の4つの次元から理解される（OECD，2005など）。❶新しさの度合い，❷イノベーションのタイプ，❸革新的／漸進的なインパクト，❹イノベーションの源泉（技術的，非技術的）。ここで❷のイノベーションのタイプには，新製品のみならず，新しいマーケティング手法，新しいビジネスの仕組み・組織のあり方・ステイクホルダーとの関係なども含まれる。ソーシャル・イノベーションにおいても新技術や新しいソーシャル・プロダクツのみならず，新しいマーケティングの仕組みやビジネススキーム，組織形態なども広く含まれる。ソーシャル・アントレプレナーはこの「ソーシャ

ル・イノベーションの遂行者」であり，またその機能を表すソーシャル・アントレプレナーシップは，「ソーシャル・イノベーションを生み出し，普及させるために行われる様々な活動」と理解する（谷本他，2013）。

　ところでソーシャル・イノベーションに関する研究には，広くマクロ政策，社会制度，コミュニティにおける市民活動を対象とする研究なども含まれる（谷本他，2013）。本書ではソーシャル・エンタープライズを対象としているので，ビジネスベースでの活動に焦点を当て，市場において新しいソーシャル・プロダクツの提供，ビジネスモデルの提案を通して，消費者，投資家などステイクホルダーから支持を得て，ソーシャル・イノベーションを創出・普及させていくプロセスに焦点を当てていく。

　ソーシャル・イノベーションは基本的に2つのプロセスに分けられる。❶ソーシャル・イノベーションは誰が，どこで，どのように生み出しているのか，❷それはどのように支持され広がり，社会がどのように変革されていくのか。❶のソーシャル・イノベーションの創出プロセスは，ソーシャル・アントレプレナーによる社会的課題の認知：フェーズⅠと，ソーシャル・ビジネスの開発：フェーズⅡ，に分けられる。❷の普及プロセスは，市場社会からの支持：フェーズⅢと，ソーシャル・イノベーションの普及：フェーズⅣに分けられる。この一連のプロセスは，図7-11のように示されるが，現実には必ずしもこのようなリニアなパターンをとるとは限らず，リカーシブに取り組まれている。

　フェーズⅠの「社会的課題の認知」は，ソーシャル・アントレプレナーが社会的課題に出会い，取り組んでいくプロセスである。それはミッションを生み出し，ビジネスをスタートさせるに当たって，資源がない中ステイクホルダーから支持や協力を獲得していく仕組みを形成していくことにつながる。一般にイノベーションの創出は，組織内部でクローズドになされるという視点から，オープンになされるという視点にシフトしている。von Hippel（2005）は，イノベーションはメーカーだけではなく，ユーザーとともに生み出されることを指摘し，Prahalad et al.（2004）は，インターネットの普及によって消費者が情報を得て，地理的・社会的境界を越えて企業と共に価値を創り出すと指摘している。ソーシャル・イノベーションについては，カリスマ企業家個人に注目する研究がよくみられるが，ソーシャル・アントレプレナーはユーザー／消費者のみならず，さらに様々なステイクホルダーと共に生み出している。

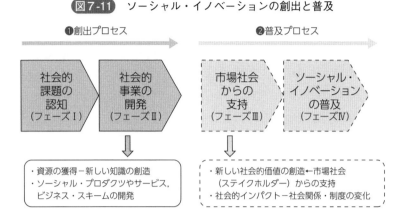

図7-11　ソーシャル・イノベーションの創出と普及

出所：Tanimoto（2012），p.279；谷本他（2013），p.19；谷本編（2015），p.4に加筆修正。

　フェーズⅡの「社会的事業の開発」は，新しいソーシャル・プロダクツや仕組み，新しいビジネスモデルを生み出していくプロセスである。それは新しい知識を創造するプロセスと言える。ソーシャル・アントレプレナーは様々な資源をステイクホルダーから獲得していく必要がある。多くの人々からそのビジネスを理解・信頼され，関与されるようミッションを伝え，支持を得る。社会的事業に対する正統性を獲得していくプロセスである。ソーシャル・アントレプレナーが様々なステイクホルダーとどのように出会い，かかわり合い，社会的課題に取り組むビジネスモデルを形にし，新たなソーシャル・イノベーションを生み出していくのかが課題となる。

　フェーズⅢの「市場社会からの支持」は，ソーシャル・イノベーションが市場社会において受け入れられるプロセスである。消費者が新しい商品・サービスを購入することは，その事業に対する支持を表すことを意味する。いわば支払った1円が，そのビジネスに対して1票投じたというように理解することもできる。もっとも，すべての人が初めからその社会性を理解しているわけではない。ソーシャル・プロダクツの品質や価格が，市場で競争力をもつものでなければ，広く支持を集めることは難しい。

　フェーズⅣの「ソーシャル・イノベーションの普及」においては，次の2点が重要なポイントとなる。新しいソーシャル・プロダクツやそのビジネスモデルがどのように普及していくかということと，ソーシャル・プロダクツを利用

したユーザー，ソーシャル・イノベーションのプロセスにかかわった人々がどのようにインパクトを受け行動が変わったのか，新しい社会的価値がどのように広がったのか，ということにある。多くのビジネス・イノベーションの研究においては，イノベーションの帰結とは経済的成果に還元されるものであったから，イノベーションの普及に注目した研究は少ない。ソーシャル・イノベーションのプロセスにおいては，消費者や投資家，地域社会といったステイクホルダーがどのように変化するのかという視点は重要である。

2．ソーシャル・イノベーションの創出

　ソーシャル・イノベーションの具体的な事例として，先に取り上げたケースからみてみよう。Big Issueでは，ホームレス自身が路上に立ち雑誌を直売りし，その売上を折半する，というこれまでにないホームレス支援のイノベーションがみられた。ホームレスをVendor（販売者）として巻き込み，ビジネスを展開する仕組みをつくっている。路上では，ホームレスが直接雑誌を売ることで収入を得るのみならず人々との接点を取り戻すきっかけになり，一方買い手は直接雑誌を買うことで働くホームレスの存在，そしてこのビジネスのスタイルを知ることにもなる。Kivaでは，一般の人々がネットから1口25＄を貸し付け，途上国の人たちの新しい小さなビジネスを支援できるというイノベーションがあった。それは寄付でも融資でもない。みんなで少しずつ貸し付けて，事業を支援しながら返済してもらうという仕組みであり，そのすべてのプロセスがウェブ上で可視化されている。このシステムで多くの人々が気軽にマイクロファイナンスの事業にかかわることができるようになった。

　また北海道グリーンファンドのケースでは，環境NPOが従来の原発反対運動の限界を実感し，風力発電を自ら取り組むに当たって株式会社を併設し事業をスタートさせたこと。2つの異なる組織を組み合わせるという組織上の工夫によって日本初の市民風力発電事業が可能となったことが指摘できる。

　こういったソーシャル・イノベーションは，誰が，どのように生み出すのか。先に指摘したように，オープン・イノベーションの発想と共通する部分が多い。Chesbrough（2003）は，企業内での研究開発（R＆D），生産流通という垂直統合モデルによるクローズド・イノベーションではなく，近年オープン・イノベーションが広がっていることを指摘している。企業は，オープンに外部の発

明家，スタートアップ企業，大学・研究機関などとかかわり，相互に技術，知識を利用していくプロセスで，新しいイノベーションの社内からのスピルオーバーをコストとしてではなく，ポジティブに捉えるようになっている。Chesbrough（2003）は，それを「企業のビジネスモデルを拡張するためのチャンス」，「異なるビジネスモデルを求めるための挑戦」としてその効果を説明している。オープン・イノベーションの視点は，従来のクローズド・イノベーションのように知的財産を一企業内に蓄積し囲い込むものではなく，課題を抱える地域において関係するステイクホルダーが問題関心を共有し，課題解決に取り組むソーシャル・イノベーションの発想と合致する。ソーシャル・イノベーションを生み出していくアイディアや知識は，1人の企業家や特定の組織内にあるわけではなく，ステイクホルダーとの協働の中で生まれ，実現していく。単一主体では解決が困難な社会的課題に対して，関係するステイクホルダーのオープンな関与と協働が不可欠であり，ステイクホルダーが自由に参入できる場からソーシャル・イノベーションが広がっていく。この場における多様なステイクホルダーとの相互行為関係性が重要である。ソーシャル・イノベーションは，1人のカリスマ企業家によって創出や普及が推進されるものではなく，様々なステイクホルダーが協力し支援しながら成立していくプロセスとして捉えることができる（マルチ・ステイクホルダーの視点）。こういった場をソーシャル・イノベーション・クラスターと呼ぶことができる。

　ソーシャル・イノベーション・クラスターとは，ある地域において社会的課題の解決のために関係するステイクホルダーが新しい事業にかかわり，イノベーションを生み出していく状態を指す。図7-12のように，社会的企業（SE），一般企業やNPO，中間支援組織，政府・行政，資金提供機関，大学・研究機関そして消費者／顧客など地理的に近接する主体が社会的ミッションに賛同して集まり，協力的かつ競争的な関係を構築している組織の集積状態を指す（谷本編，2006；谷本他，2013）。そこは社会的課題の解決を目指して，セクターや専門領域を越えて多様な主体が集まり相互に関係していくことでソーシャル・イノベーションを生み出していく場となる。クラスターというとPorter（1998）の産業クラスターの概念が知られているが，それは「ある特定の分野に属し相互に関連した企業と機関からなる地理的に近接した集団」を指し，特定の分野に属していることが特徴であった。ソーシャル・イノベーション・クラスター

210

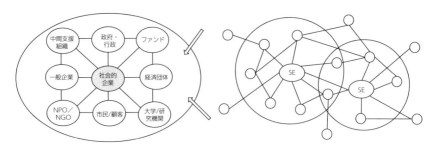

図7-12 ソーシャル・イノベーション・クラスター

出所：Tanimoto（2012），p.278；谷本（2014），p.180より。

の特徴は，1）領域を越えた関係性，2）オープンアクセス：クラスター内外
の主体との相互関係性，3）コミュニティにおける制度や規範の変化，4）ク
ラスターの動態的な変化，にある。ここでは新しいイノベーションが生み出さ
れたり，あるいは他の地域からイノベーションを導入していく場となったり，
さらにあるアイディアが他の社会的課題の取り組みに応用されるといったこと
もみられる。ソーシャル・イノベーション・クラスターは特定の分野に限定さ
れず，領域横断的な特徴もみられる。ソーシャル・イノベーションの創出や普
及において，異なる領域のビジネスモデルや仕組みが参考になったり，異なる
領域の主体が互いに協働しあう関係も存在する（谷本他，2013参照）。

3．ソーシャル・イノベーションの普及・政策

　ソーシャル・イノベーションの普及は2つの視点から捉えられる。1つは新
しいビジネスモデルが特定の地域にとどまらず，同様の課題を抱える他の地域
にも広がっていくこと。そこでは，互いに新しい情報を創造し分かち合うこと
によって伝達されていくと理解される（Rogers, 2003）。もう1つはステイクホ
ルダー自身の変化，新しい社会的価値の実現・普及である。
　ソーシャル・イノベーションが普及する大きな契機は，まず市場社会からの
支持（フェーズⅢ）である。それがなければビジネスとして成り立たない。
ソーシャル・イノベーションの普及に当たっては，地域における人々の信頼関
係やネットワークなどソーシャル・キャピタルの存在が重要である。また制度
面での違いもあり，単なる模倣（copying）ではうまく適合しない場合もある。

　ソーシャル・イノベーションを他の地域に展開していくに当たっては，同じ国内でも，新しい工夫さらなるイノベーションが必要である。国・地域が違えば，社会的・政治的構造や制度が異なり，他でのモデルが簡単にフィットしない場合が多い。また企業家がマネジメント上の資質や経験，ステイクホルダーとの協働をうまく管理できるかどうかも，重要な課題となってくる。イノベーションという場合，これまでにないイノベーション（primary innovation）を創出することだけではなく，ある国・地域から他の国・地域に移植するに当たり，異なる社会的文脈にフィットする工夫をしたイノベーションのことを派生的イノベーション（derivative innovation）と呼ぶ（Redlich, 1951）。ソーシャル・イノベーションでは，企業家がオープンソース・アプローチをとることでイノベーションの普及を容易にさせ，関連する組織（中間支援組織など）を活用して補完的資産を分配するところに特徴がある。他の地域における社会的課題の解決に当たって，協力を惜しまないケースが数多く見られる。例えばイギリスのBig Issueは，他国で同じ事業を展開する事業者を支援し，雑誌のコンテンツの転載を自由に認めている。ソーシャル・イノベーションの場合，市場を支配し，経済的成果の最大化を求めるのではなく，社会的ミッションを広げ，社会的成果を他の地域でも分かち合うことを目的としているからである。

　もう1つの視点は，ソーシャル・イノベーションによってステイクホルダーが変化していくことと，新しい社会的価値の普及である。ソーシャル・イノベーションの創出プロセスにかかわることを通して，また人々がソーシャル・プロダクツを購入・利用することを通して，ステイクホルダーの社会的・環境的問題に対する意識の変化がみられる。例えば北海道グリーンファンドの市民風力発電事業に出資した人々や，イベントでリユース食器を利用した人々は，全員が初めからグリーン・コンシューマーであったわけではなく，その活動にかかわることを通して多くの人がエネルギーやゴミなどの環境問題に関心をもつようになったという変化がみられる（詳しくは谷本他，2013参照）。

　ソーシャル・イノベーションが広く普及していくためには，アントレプレナーのみならず，関係するステイクホルダー自体も変化していく必要がある。それぞれが学習したり，意識を変えたり，また制度的な基盤や枠組みを変えていく必要がある。今後日本でソーシャル・ビジネスを広げていくための基本的課題をまとめておこう。表7-4のように，各主体にそれぞれ課題がある。政

212

表7-4 主なステイクホルダーの課題

ステイクホルダー	役割
政府／行政	支援（法整備，資金援助，教育・啓蒙活動など），中小企業支援制度の活用
一般企業	新しいソーシャル・ビジネスの展開，ソーシャル・エンタープライズとの連携
資金提供機関	金融機関：事業性―社会性の評価，資金提供 ソーシャル・ベンチャー・ファンドの拡充，政府系金融機関，信用保証協会の支援
大学，研究機関	基礎研究，教育，政策提言，NOE：Network Of Excellence
中間支援団体	ネットワークづくり，コンサルティング，啓発・教育活動
消費者・投資家	グリーン／エシカル消費・投資，寄付

府，関係機関，金融機関など取り組みが少しずつ進んでいるものもある。例えば日本政策金融公庫は，ソーシャル・ビジネス支援活動として，特別の融資枠を設けるのみならず，地域で地方自治体，地域銀行，中間支援組織，商工会，商工会議所，信用保証協会などと支援のネットワークをつくり，経営課題の解決をサポートしている。一方，大学での研究・教育はまだまだ不十分である。

　最後にSocial Innovation Indexを紹介しておこう。これはイギリスのThe Economist社のIntelligent Unit部門が2016年に発表したソーシャル・イノベーション力に関する初のインデックスとランキングである。各国の制度的支援や社会状況など次の4つの指標から45カ国を評価している（表7-5）。❶政策的・制度的枠組み：44.44%（ソーシャル・イノベーション推進政策，ソーシャル・イノベーション研究支援，ソーシャル・エンタープライズの法人格など），❷財政的支援：22.22%（ソーシャル・イノベーション推進への政府予算，資金の借りやすさなど），❸企業家精神：15%（リスク負担への意識，起業のしやすさ，クラスターの発達など），❹市民社会：18.33%（ボランティア活動のカルチャー，政治参加意識，報道の自由など）。日本は政府の支援を始め全体的にポイントが低く，とくに企業家精神は43位，市民社会38位と他の先進国と比べ際立って低い結果となっている。

表7-5 ソーシャル・イノベーション力のランキング

順位	国	スコア
1	アメリカ	79.4
2	イギリス	77.3
3	カナダ	75.7
4	デンマーク	71.2
5	ベルギー	69.2
6	ニュージーランド	67.2
7	フランス	66.4
8	ドイツ	66.0
9	スウェーデン	65.7
10	スイス	61.6
⋮		
12	韓国	60.0
⋮		
23	日本	48.0
⋮		
40	中国	33.8

出所：The Economist, Intelligent Unit (2016), Old problems, new solutions: Measuring the capacity for social innovation across the world, p.11より。

第8章

企業価値と評価

第1節　CSRはペイするのか

1．基本的な論点

　90年代から広がり始めたサステナビリティ革命の時代において，SDGsに代表される地球環境問題や労働・人権などの社会的課題に積極的な対応が求められている。この潮流の中で1997年にイギリスのコンサルタント，John Elkingtonが提唱した「トリプルボトムライン」（Triple Bottom Line：TBL）という考え方がある。財務的な収支だけを注目するのではなく（ボトムラインとは損益計算書の一番下の行，当期純利益を指す），同時に環境や社会の視点からもプラスとマイナスを考慮して企業活動をトータルに評価すべきだと主張するものである。CSRの議論が広がる中，TBLの発想をベースにGRIやSRIのインデックス（株価指数，後段にみるDJSIなど）も作成され広く定着していった。サステナビリティ関連のセクターは，世界で年間10億ドルの市場になっていると言われている。

　しかしながら，20年を経てElkingtonは2018年11月ドイツで開催された学会で，TBLはシングルボトムラインを変えていくことに成功しているとは言えないと述べた。彼は，TBLとは単に利益で測る会計ツールではなく，長期的な視点をもって地球社会を変えていく，人々の幸せや地球の健康を考慮する枠組みである，と改めて強調した。TBLの目標は従来の資本主義のシステムを変え，そこにDNAの3重らせんのごとくTBLを組み込んでいく考え方である，と述べている（Elkington, 2018も参照）。

　ここまでみてきたように，CSRを求める潮流はこの20〜30年の間，無視できないグローバルな動きになっており，企業の行動原理や経済システムが変化しつつある。市場に新しい規範が広がり，消費者意識の変化，さらに近年は法的な規制も広がり制度化が進んでいる。しかしながら，当初多くの企業はCSRという動きにどのように対応し取り組めばよいのか戸惑いがみられた。CSRを果たせば業績が上がるのか，そもそもCSRのメリットは何かといったことが問われた。大きな時代の流れは理解できていても，市場において企業は依然として短期的な視点を求められ，CSRに取り組むには躊躇がみられた。CSRに取り組むことはコストなのか，市場社会での優位を勝ち取るための投資なのか，という迷いは今でもみられる。改めて議論を整理してみよう。

- CSRは資本主義市場や従来の企業活動のあり方への批判として出てきた。
- CSRを求める声が広がることで，企業は対応を求められるようになった。当初は啓発された自己利益的発想から長期的利益，企業イメージ向上と理解されてきたが，しかしそのプロセスが明確にされたわけではなかった。
- CSRの議論がグローバルに広がり企業はその動きを無視できなくなってくる中，多くの企業は対応を迫られ，CSRに関する制度化が進んでいった。
- しかし責任ある経営を行う企業を評価するシステムが市場になければ，企業のCSRへの積極的な取り組みは進まず，受動的・形式的なものにとどまる。
- その意味で市場の進化・成熟が重要である。責任ある消費者，投資家（個人・機関）など個々の主体の価値観・行動の変化が企業に責任ある経営・イノベーションの創出を求め，市場システムを変化させていく。
- ESGの要素が市場に組み込まれてくると，従来の企業戦略，企業資産の評価のあり方なども変わってくる。

　このように企業に求められる役割や責任が変化し，企業を評価する基準も変わり始めている。資本主義の市場システムのあり方が問われているのであるが，議論のプロセスにおいてつねにCSRは利益と結びつくのかという問いがなされてきた。企業がCSRに取り組むことのメリットとして，これまで分析されてきたことをまとめてみよう。

- マネジメント：リスク・マネジメントの改善，業務効率の改善（エネルギー効率の向上など）。
- 従業員：差別のない公正な評価による働く意欲の向上が有能なスタッフを引

きつける。

●顧客：ブランド価値や評判の向上が顧客を引きつける。

●事業：グリーン・マーケットなど新しい市場機会の拡大。

●投資家／株主：株主価値の向上，資金調達力の向上。

　このように直接的にコストを下げる効果や，長期的にメリットがあるということは認識されてきた。ただそれでもCSRを果たすとどの程度収益性の向上につながるのか，という問いは絶えずなされてきた。さらに経済的価値のみならず社会的価値をも含めた企業価値を高めると言っても，どのように評価すればいいのか，さらにそのモノサシについても問われてきた。

　そもそも企業が生み出す価値をどのように理解するかというのは，企業に何を期待するのかということに依存している。企業価値を測るモノサシは，これまで時代とともに変化してきた。伝統的に会計では資産評価がベースであり，割引キャッシュフロー（将来的に見込まれるキャッシュフローにリスクを考慮して算出），株主に対するリターン（株主価値）に基づく評価として株主資本利益率（ROE：Return on Equity，純利益÷株主資本），経済的付加価値（EVA：Economic Value Added，将来どのくらい経済的付加価値を生むか，税引後営業利益－資本コスト）などがある。その上に社会的・環境的な価値を含めたTBLの発想が入ってくるようになった。社会・環境といった非財務的な価値は，財務諸表にストレートには反映されない。果たしてどのような基準で，トータルな企業価値を捉えればいいか。その前にまずCSRと財務的成果の関係性について，これまでの議論を整理しておこう。

２．市場の評価

　CSRに取り組むことで企業収益性は高まるのかという問いかけは，CSRが議論されるようになって以来変わらずあり，80年代頃からアメリカを中心に実証研究が数多くなされてきた（表8-1）。CSRのパフォーマンス（評価機関による社会的・環境的項目の評価）と，財務的パフォーマンスの関係について分析する研究をみてみよう。財務指標としては例えば，売上高，株価や利益率：ROA（総資産利益率），ROE（株主資本利益率）などが使われ，CSRパフォーマンスとの相関分析は様々に行われてきている。

　80年代当時CSRと財務的パフォーマンスの関係は，明確には示せなかった。

218

年代	議論
70年代	CSR賛成論×反対論の議論
70-80年代～	CSR×財務的パフォーマンスの相関分析： 1．正の関係，2．負の関係，3．無関係
90年代以降	CSRと財務的パフォーマンスの関係性の説明： 「スラック資源理論」×「良い経営理論」

表8-1　アメリカにおける議論

そこでは多様な結果が存在し，1）正の関係あり：代表的な研究として
Cochran & Wood（1984），McGuire et al.（1988）など，2）負の関係：Shane
& Spicer（1983），Aupperle et al.（1985）など，3）とくに無関係：Ullman
（1985）など，3つのパターンがみられた。Cochran & Wood（1984）の文献
サーベイでも，1）は9本の論文，2）は1本，3）は3本あったとしている。
　CSR，財務とも，どのような変数を使うかによって分析結果は異なってくる
し，業界による差なども存在する。さらに相関分析自体の限界も考える必要が
ある。CSRを果たしている企業の財務的パフォーマンスとの関係は説明できる
が，しかしながらその因果関係の方向性は言えない。つまり，CSRを果たして
いるから収益性が高いのか，あるいはもともと収益性に優れる企業だからCSR
に取り組む余裕があるのか，どちらなのかは説明できない。
　2000年代に入っても，この種の実証研究は積み重ねられている。Margolis
& Walsh（2003）は，1972年から2002年までに刊行された研究のうちCSRのパ
フォーマンスと財務的パフォーマンスの相関分析をしている109本をみたとこ
ろ，正の関係が54，負の関係7，明確な関係がみられなかったもの28，残り20
本は組み合わせ的な結論があったとしている。CSRと収益性には一定の正の相
関関係がみられるが，明確な統計上の有意性を見出すまでには至っていないと
いう状況がある。
　ところでCSRと財務的パフォーマンスとの関係を説明するには2つの見方が
ある。
❶　スラック資源理論（Slack Resources Theory）：余剰の資源があるからCSR
　を果たすことができるという理解（McGuire et al., 1988；1990など）。
❷　良い経営理論（Good Management Theory）：CSRを果たし，ステイクホル

ダーと良い関係を構築することで評価が高まる（Waddock et al.,1997など）。つまり「CSRへの積極的な対応」→「ステイクホルダーからの評価」→「競争優位の獲得」という理解である。

90年代以降❷の議論が増えている。例えばFombrun & Shanley（1990）は，企業が自社のCSRに関する情報を開示することでステイクホルダーとのコミュニケーションが行われ，評判を高めることになると主張する。またWeaver et al.（1999）は，トップの積極的なコミットメントによってCSRを企業経営のプロセスに組み込んでいくことで，財務的パフォーマンスの向上につながると示している。CSRはリスク対応的な戦略にとどまるものではなく，日常の経営活動のプロセスに組み込みステイクホルダーから支持を得る良い経営を行うことで競争力を高めていくと主張している。

ここで重要なことは，CSRを市場が評価するかどうかにある。もし市場がCSRを評価しないなら，CSRへの取り組みはコストにすぎず，余裕のある企業あるいは社会的ミッションをもった企業だけが対応できる課題となる。80年代までのCSRの議論は理念的なものが多く，CSRを評価する市場は成熟していなかった。したがってCSRと収益性の関係を調べても必ずしも明確な相関関係は出なかったのである。90年代後半以降，消費者行動の変化，SRIの広がりなど市場社会の変化とともに，「良い経営理論」を支持する分析結果が増えている。つまりCSRが収益性につながるのかという問いに対して，重要なことは市場のプレイヤーが責任ある企業活動を評価するかどうかにある。資本主義市場のコアには短期的な利潤の最大化を求める動きがあり，そこは容易に変わるものではないが，市場の周縁部分から少しずつCSRを求める新しい価値観が広がり，市場のルールが変わろうとしている。このグローバルな動きは2007年の金融危機を経ても変わらず，この変化は受け入れられつつある。

人々が持続可能な発展，責任ある生産−消費に関心をもつことで市場に新たな規範・制度が広がり，企業行動への制約条件として機能する，あるいは新しい機会となっていく。それを「市場の成熟」と言うことができる。市場がCSRを評価するようになれば，企業は積極的な取り組みが求められる。それは市場競争のベースになってくる。市場の成熟は，第3章第3節でもみたように，金融市場（金融機関），証券市場（投資家），労働市場（労働者／労組），製品市場（消費者），原材料市場（取引先）などでみられ，企業はそれぞれの市場におい

220

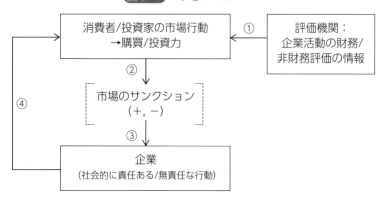

図8-1 市場のメカニズム

出所：Tanimoto（2019），p.712.

てCSRの要請を受け対応が求められる。財務指標に加え非財務指標を含めた
トータルな評価が行われ始めており，金融機関や個人／機関投資家がその投融
資に当たってCSRを考慮するようになることで，企業の行動は大きく変わって
いく。消費者も製品・サービスを購入する際に，その環境配慮度や企業経営の
あり方を考慮するようになれば，企業は対応せざるを得ない。

　図8-1にまとめておこう。①CSR活動を評価する機関の情報に基づき消費
者・投資家は消費・投資決定を行う。②市場は責任ある経営活動をしている企
業を評価し（プラスのサンクション），そうでない企業を排除する（マイナスの
サンクション）。③市場からそのメッセージが伝わり企業は対応を求められる，
④このルートができ上がってくることで，企業評価の新しい尺度が形づくられ
ていく。また企業がCSRに取り組み，ステイクホルダーに積極的に関与し，社
会に発信することで市場の変化を促進する側面もみられる。市場の成熟とは，
3重らせんのDNAを組み込んだ資本主義市場（p.215）をつくっていくことと
も言える。

3．企業評価の変化

　ここまでCSRを求める動きとともに企業に期待される役割・責任が変化し，
企業価値を測る基準が変化しつつあると指摘したが，具体的にどのようなモノ
サシが表れてきたかみてみよう。

財務的な価値：有形資産（伝統的な会計上の資産）＋非財務的な価値：無形資産（知的資産やESGへの取り組み）

　非財務の部分については，まさに企業経営のあり方そのものであり，トータルな企業価値とは，企業が市場社会から信頼を得て将来どのくらい付加価値を生み出せるか，と言うことができる。こういった点を踏まえ，かつてアメリカのコンサルタントInnovest社は，図8-2のように示していた。そこでは，企業価値を測るに当たって無形資産の部分が重要になってきたと指摘している。

　社会的に責任ある企業経営に取り組むことで，株主価値を高めることにつながる。さらに，持続可能な発展に寄与する製品やサービスを提供することで，新しい価値を生み出していく。企業価値は80年代半ばまでは財務諸表で75％把握することができたが，しかし今では15％程度しか把握できない（図中の三角形は氷山の頭部分）。つまり水面下の85％は無形資産であり，そこが決定的に重要な意味をもつようになった。ステイクホルダーとのかかわり，持続可能なガバナンス，環境マネジメント，人的資本を評価することが，新しい企業価値を測ることになるという。この図自体は概形であるが，このように企業価値を測る新しいモノサシは，財務的な部分だけでは捉えられず，非財務的な部分をどのように捉えるかが問われるようになっているという指摘は重要である。

　次にこのような財務的な価値（有形資産）＋ 非財務的な価値（無形資産）のトータルな価値を測ろうとする試みを2つみておこう。

図8-2　トータルな企業価値の評価（Innovest社）

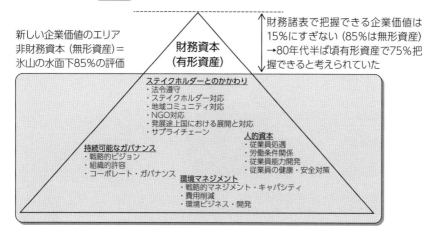

❶ 企業のレピュテーション

　ニューヨーク大学のFombrun教授が主導するReputation InstituteとHarris Interactive社が1999年に共同開発したレピュテーション指数RQ（＝Reputation Quotient）がある。この指数の考え方は，ステイクホルダーと良い関係をつくりその期待に応えることが企業のレピュテーションを高めることにつながるというものである（Fombrun, 1996）。レピュテーションとは，企業の過去の行動や将来の見通しについて，ライバル企業と比較をした際にステイクホルダーがもつイメージの総体である。ステイクホルダーからの期待に応え支持・信頼されることが，企業の戦略的資産となり，競争優位をもたらす。Fombrun（1996）は次のように指摘する。顧客の商品に対するreliability，投資家の株へのcredibility，従業員の組織に対するtrustworthiness，そしてコミュニティへのresponsibility，こういった期待を得られるよう投資を行い，価値を創造していくことが企業にとって戦略的に重要である。

　RQはグローバルに支持を得て，多くの企業が重要な指標として捉えている。次の7つの指標からステイクホルダーが企業をどうみているかを測定している（図8-3）。1）製品・サービス，2）イノベーション，3）労働環境，4）ガバナンス，5）企業市民，6）リーダーシップ，7）財務的パフォーマンス。

図8-3　Reputation Instituteのスコアカード

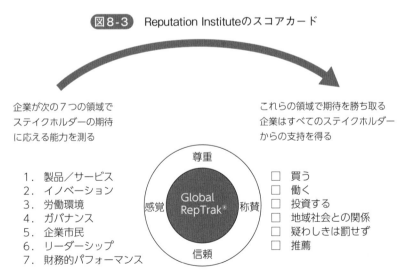

企業が次の7つの領域で
ステイクホルダーの期待
に応える能力を測る

これらの領域で期待を勝ち取る
企業はすべてのステイクホルダー
からの支持を得る

尊重

Global RepTrak®

感覚　　称賛

信頼

1．製品／サービス
2．イノベーション
3．労働環境
4．ガバナンス
5．企業市民
6．リーダーシップ
7．財務的パフォーマンス

☐　買う
☐　働く
☐　投資する
☐　地域社会との関係
☐　疑わしきは罰せず
☐　推薦

出所：https://www.reputationinstitute.comより。

最もレピュテーションの高い企業グローバル100社ランキング（2019年）は次のとおりである。1．Rolex，2．LEGO，3．Walt Disney，4．adidas，5．Microsoft，6．SONY，7．Canon，8．Michelin，9．Netflix，10．BOSCH。

❷ Fortune誌の最も尊敬される企業（Fortune World's Most Admired Companies）

　また経済雑誌を中心に，様々なメディアが新しい企業評価を行っている。その草分け的存在は1983年から始まったFortune誌の「もっとも尊敬される企業」（World's Most Admired Companies）ランキングである。調査は売上高上位のFortune1000を対象に，次の9つの指標で評価を行っている（30カ国，57の産業を網羅）。1）有能な人々を引きつける力，2）経営の質，3）地域や環境への社会的責任，4）革新，5）製品／サービスの質，6）企業資産の健全な利用，7）財務的健全性，8）長期的投資価値，9）グローバル経営の有効性。2019年トップ10は次のとおりである。1．Apple，2．Amazon，3．Berkshire Hathaway，4．Walt Disney，5．Starbucks，6．Microsoft，7．Alphabet，8．Netflix，9．JPMorgan Chase，10．FedEx。

　トータルな企業の価値を測る試みやランキングは他にもあるが，とくに80年代から90年代以降の重要な動きは，金融機関が財務指標＋非財務指標によって投資対象銘柄を決める社会的責任投資（SRI：Socially Responsible Investment）である。次節ではその動向，手法について考えていこう。

第2節　社会的に責任ある投資とは何か

1．社会的に責任ある投資とは

　企業活動を財務面のみならず，社会・環境面からも評価し投融資先を決定していく手法は，伝統的に社会的責任投資（SRI）と呼ばれてきたが，近年ではメインストリーム化する中で責任ある投資（Responsible Investment：RI），サステナビリティ投資あるいはESG投資とも呼ばれている。企業評価の視点からは，責任ある競争力をもった企業を評価する仕組みとして，RIはCSRの広がりと共に重要性を増している。

　このスタイルの投資は70～80年代から進化してきており，大きく３つのステージに分けてみることができる（図8-4参照）。それは企業にCSRを求める時代の潮流と共に進化している。1970年前後からアメリカにおいてCSRが問われ，投資がその１つの運動手段として使われ，SRIが発展していった。CSRが企業経営に組み込まれてくると，ESGを踏まえたトータルな企業評価によって投融資を行うようになっている。３つのステージを順にみていこう。

❶　第Ⅰステージ

　SRIの起源は，20世紀前半からキリスト教などの教会が資産運用するに当たって，自らの教義をベースに倫理的に問題のある事業（例えば，アルコール，タバコ，ギャンブル，ポルノなど）を行っている企業には投資をしない，排除するというスタイルにある。財務的パフォーマンスを考慮するわけではなく，当時この手法は市場に広がってはいかなかった。

❷　第Ⅱステージ

　60年代から70年代に入る頃から，SRIは第Ⅱステージに入ってくる。当初はCSRの運動が広がってきたアメリカにおいて，社会的に問題のある企業には投資しないという社会運動の一手段であった（倫理的投資）。武器製造などベトナ

図8-4　責任ある投資の進化

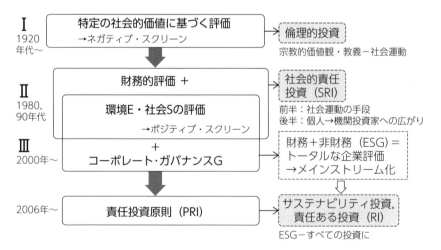

ム戦争にかかわっている企業，アパルトヘイト（人種隔離）政策をとっていた南アフリカで経済活動をしている企業，環境・消費者問題を抱える企業など。当時大学の基金などがこのSRIに積極的にかかわった。また議決権行使によって，企業にCSRを求める動きもみられた（p.70参照）。個人投資家には，SRI投資信託を求める動きも増えていった。その中で排除スクリーンのみならず，環境保全や職場の安全・健康，平等，地域貢献をしている企業を評価するポジティブ・スクリーンを行い，財務面と合わせ評価していくSRIのスタイルが広がった（図8-5）。1985年にSRI関連機関のネットワークSIF（Social Investment Forum，現Forum for Sustainable and Responsible Investment）が結成されている。1988年にSRI専門の調査機関KLDが設立され，SRIの株価指数Domini Social Indexを開発した。彼らは「あなたの投資が社会を変える」，「より良い投資が良い未来をつくる」というメッセージを発信した。90年代にはCSRの議論がグローバルに展開され，企業に積極的な対応が求められる中，SRIのスタイルはヨーロッパでも大きく発展していく。

　第Ⅱステージ後半では（90年代），年金基金を中心に機関投資家がSRIを組み入れるようになり，SRIはその規模を大きく拡大させていく。当時アメリカ市場では，機関投資家の持ち株比率は60％を超え大きな影響力をもっていた。労働者の資金を預かっている年金基金は運用益を出さねばならず，問題のある企業経営に対してはリスクを排除する必要がある。その方法にはボイス（発言）とエグジット（退出）があり，ボイスは株主として経営に口を出すこと，エグ

図8-5　SRIのスクリーニング

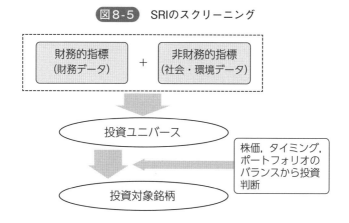

ジットは株式を売却することである。ただし株式保有数が大きいと，持ち株を売り抜くことは容易でない。したがって企業経営上リスクを抱えていれば，株主提案，議決権行使，あるいは経営者とのエンゲージメントといった方法で，積極的にかかわっていくことになる。

　機関投資家にとってこの時期，環境・社会問題も資産運用に当たって重要なポイントになってきていた。ただ機関投資家は受託者責任の面から受託者の利益のためだけに忠実に専門家としての義務を果たさなければならず，特定の価値観をベースに投資の方針を決めることはできない。しかしCSRがパフォーマンスに影響を与えることが明確になってくるにしたがい，SRIは受け入れられるようになった。例えばカリフォルニア州公務員年金基金CalPERSは発言する年金基金として有名であるが，90年代以降積極的にSRIを行っている。環境・社会問題が企業経営に大きなインパクトを与えるようになったため，運用に当たってもこれらの問題点を意識するようになっている。

　ここでSRIの3つの基本的なアプローチをまとめておこう（表8-2）。1）スクリーニング：社会的に責任ある企業を評価するもの＝ポジティブ・スクリーン，また特定の問題がある企業を排除するもの＝ネガティブ・スクリーン。2）株主行動：CSRに関する経営課題について対話・エンゲージメント，議決権行使を行うこと。3）ソーシャル／コミュニティ投資・融資：社会的に排除されてきた地域や人々に融資・投資すること。アメリカでは，差別されたり開発から取り残された地域の再開発に向けたコミュニティ投資も盛んである。低所得者層向け住宅建設への支援，マイノリティの起業支援などへの資金提供である。またヨーロッパでは，環境や地域問題の解決に取り組むビジネスやフェアトレード・ビジネスなどへの融資・投資に積極的に取り組むソーシャル・バンクも活躍している（例えば，Triodos Bankなど）。

　ところで90年代以降，SRIは財務面でもパフォーマンスは良いのかという問いがなされ，伝統的なインデックスやファンドと比較してSRIのパフォーマンスを調べる実証研究が増えていった。例えば，Waddock et al.（2000）は，SRI IndexであるDSI 400（Domini Social Index）と代表的なDow JonesのS&P500を比較し，SRIは統計的に有意とは言えないが財務的に良い結果が出ている，と指摘している。ステイクホルダーごとの項目（製品，従業員，多様性，コミュニティ関係，環境など）をみると，すべてにおいてDSI400の方がS&Pより上回っ

表8-2 SRIのスタイル

1)	ソーシャル・スクリーン ・ポジティブ・スクリーン ・ネガティブ・スクリーン
2)	株主行動 ・対話，エンゲージメント ・議決権行使
3)	ソーシャル／コミュニティ投資・融資 ・地域再開発投資／融資 ・社会的事業への投資／融資 ・社会的に責任ある公共投資・開発投資

ていると示している。同様にDS1 400を対象としたSauer（1997）は，DSIが超過リターンをあげていることを示しているが，その差は統計的に有意なものとは言えないと分析している。またStatman（2000）は，DSIをS&Pと比較した場合，直接的なリターンは高いもののリスク調整後のリターンでは若干劣るが，その差は統計的に有意なものではないとしている。さらにDSIとは異なる尺度でスクリーニングしている31のSRIファンドと62の伝統的ファンドを比較し，SRIがより良いパフォーマンスをあげてはいるがやはり統計的に有意とまでは言えないと結論づけている。UNEP FI（国連環境計画金融イニシアチブ）とコンサルティング会社Mercerがまとめた報告書（2007）では，SRIとその投資パフォーマンスの関係を調べた90年代後半から2000年代半ばまでの論文20本において，ネガティブな関係3本，ポジティブな関係10本，中立である7本としている。結論として，環境や社会の項目を投資判断に組み込むことが投資パフォーマンスにマイナスに作用する証拠はないと指摘している。

　SRIは財務的パフォーマンスを犠牲にしているわけではなく，多くの研究が必ずしも悪くない成果を示しているとしている。またコーポレート・ガバナンス，女性活用，環境など個別の課題と財務的パフォーマンスの関係を実証分析する研究でも同じような結果が出ている。もっとも国による違いはみられ，SRIのパフォーマンスは基本的にCSRを求め，そしてそれを評価する市場が成熟しているかどうか，あるいは制度的な規制があるかどうかに依存する。

❸ 第Ⅲステージ

　2000年に入って，エンロンやワールドコムなどの事件でコーポレート・ガバナンスの不全が問われ，SRIの評価基準の中に改めてガバナンス体制や組織の透明性といった要素をチェックする動きが強まってきた。ESGは重要な課題であり，企業を評価するに当たって財務的要素と非財務的要素を合わせてトータルに評価するスタイルが市場に広がっていった。第Ⅲステージは，SRIがメインストリーム化していく段階である。

　SRIがトータルな企業価値を測る手法として意味があるという認識は，ヨーロッパの一般の金融関係者の間にも広がっていた。当時ヨーロッパのメインストリームのファンドマネジャーや金融アナリストへのアンケートによると（2003年），SRIはまだニッチとして理解されているが，過半数は社会的・環境的問題は決定に当たって重要な要素であり，企業の長期的な市場価値に影響を与える，と答えている。一方アメリカの機関投資家に対するアンケートによると（2006年），「SRIは現在も将来も行わない」と72％が答えている一方で，「ESGが投資成績に影響を与える可能性がある」と75％が答えていた。つまりアメリカの金融関係者にはSRIはネガティブ・スクリーンのイメージが強く，それは行わないがESG投資は行うという理解があった。

　企業評価に当たって，社会的・環境的リスクやガバナンス体制の不備などを抱えているとすれば，中・長期的な業績に大きく影響を与えることになる。そこで重要性の高い項目を組み入れていこうというSRIのメインストリーム化の動きが広がっている。リスク要因となる非財務項目だけを組み入れるESG投資のスタイルは，従来型の社会・環境項目をすべて組み込むSRI投資スタイルとは異なる。それは運動論としてのSRIではないと批判する人もいる。しかしメインストリーム化していくということは，ESG項目を組み入れていく必要性に迫られていることであり，企業評価の基準が少しずつ変化していることと理解することができる。いずれにせよ基本的に市場社会のベースにCSRが定着し成熟していくことを抜きに，SRIだけが広がるとは言えない。新しい投資のスタイルが広がることで市場のあり方が変わっていく，ということは指摘できる。

　こういった気運がグローバルに広がってきたことを受けて，2005年国連において機関投資家の責任投資原則（Principles for Responsible Investment：PRI）が提唱され，SRIは1つの転機を迎える。第3章でみた2002年のヨハネスブル

グでの「持続可能な発展に関する世界サミット」で示された社会的に責任のある経済社会の構築に向けて，UNEP FIは機関投資家のための投資原則を検討してきた。機関投資家の投資ポートフォリオにESGが大きな影響を与えるようになっていることが指摘され，国連のアナン事務総長が責任投資原則を提唱した。これは年金基金など機関投資家が投資決定，株主行動を行う際に考慮していくべきガイドラインであり，署名を求めるスタイルをとっている。機関投資家がPRIに署名することによって，通常の投資の中にその基準が組み込まれていくことを意味する。先に指摘したように，SRIがメインストリーム化することでESGにかかわる課題はリスクの問題と捉えられ，SRIのソーシャルをとって責任ある投資（Responsible Investment）あるいはESG投資と呼ばれ大きく広がっている。ここでは多くの機関投資家は，責任投資をあくまで財務的パフォーマンスを基準として捉えている。PRIについては次項でみていこう。

2．投資行動

　まずPRIの原則をみておこう。その前文には次のように示されている。「私たち機関投資家には，受益者のために長期的視点に立ち最大限の利益を最大限追求する義務がある。この受託者としての役割を果たす上で，（ある程度の会社間，業種間，地域間，資産クラス間，そして時代ごとの違いはあるものの）環境，社会およびコーポレート・ガバナンスの問題（ESG）が運用ポートフォリオのパフォーマンスに影響を及ぼすことが可能であると考える。さらに，これらの原則を適用することにより，投資家がより広範な社会の目的を達成できるであろうことも認識している。したがって，受託者責任に一致する範囲で，私たちは以下の事項へコミットメントする。」その上で表3-4（p.67）にみた6つの原則を示している。

　PRIの対象となる機関投資家とは，年金基金など資産保有者，信託銀行や投資顧問会社など運用機関，投資情報提供者である。これまでのSRIのように個人投資家向けの投資信託，機関投資家の運用の一部にSRIファンドを組み込むというスタイルとは異なり，機関投資家は基本的にすべての資金の運用にこの原則を適用することが求められている。

　2019年には署名機関は2,372あり，その資産総額は86兆ドルを超えている。2006年4月の発足当時，20機関，総資産2兆ドルであったことと比べると大き

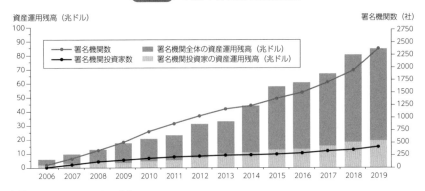

図8-6 PRIの署名数と運用残高

出所：https://www.unpri.orgより。

く発展している（図8-6）。ただ多くの場合，一部の投資に適用されるにとどまっており，その資産総額すべてでESG運用がなされているというわけではない。

　実際にどこまで組み込まれ運用されているか。署名機関による進捗状況の報告書（PRI Report on Progress）2018年版によると，90％を超える運用機関（資産保有者では80％）で何らかの形でESGの項目を組み込んでいると回答している。ほとんどの資産運用に組み込んでいる機関もある一方で，全体の１％程度しか適用していない機関も少なくない。PRIに署名していることを一般に向けて開示している機関は21％，顧客にのみ開示しているのが58％，顧客にも開示していない機関が21％もあった。大事なことはPRIに署名するだけではなく，署名を契機にその行動を変えていくことである。署名したことを契機としてESGをトータルに投資判断に組み込み，市場における企業評価のあり方を変えていくことが求められている。マテリアリティとしてESGは投資リスクを明確にすることに役立ったと理解している機関投資家は69％，新しい価値創造に役立ったと理解している機関投資家も62％あり，それが広く実際の投資に組み込まれていくことが期待される。

　また不動産業界にもPRIの発想が入り，ESGを組み込んだ投資「責任不動産投資」（Responsible Property Investment：RPI）も広がりをみせている。不動産が与える環境・社会へのインパクトを考慮すること，ステイクホルダーとの関係を見直していくこと，それが市場で評価されることで新たな競争戦略の柱と

なっていくことが期待されている（UNEP FI, 2012；2016）。

　次に責任ある投資の存在が企業価値のあり方やガバナンスのあり方，経営戦略に与える影響をみておこう。

❶　機関投資家がESG投資を行うことで直接の株式保有企業のみならず，市場に対して新しい企業評価（財務＋非財務）のスタイルが広がり影響を与える。

❷　ESGを含めたトータルなスクリーニングによるファンドやインデックスへの銘柄組み込みが，企業のレピュテーションに影響を与える。

❸　機関投資家，資産運用会社による株主行動（株主提案や議決権行使から対話，エンゲージメントまで）によって，企業のESG課題への取り組み姿勢が直接問われる。

　株主行動の影響力は大きくなっている。例えば，近年多くの機関投資家は化石燃料に関連する企業に対し経営戦略の変更を求めている。機関投資家が資源エネルギー企業に対し株主総会において気候変動対策についての決議案を提出したり，あるいはそれ以前の段階でエンゲージメントを実施し，掘削や精製時の過程で生じる温暖化効果ガスの削減策や，さらに事業転換を求める提案を行っている。電力会社に対して脱石油・脱石炭火力発電を進め，再生可能エネルギー発電への投資，建設にシフトしていくよう求めたりもしている。聞き入れられなければ株式を売却し撤退する（divestment）動きもみられる。企業に対して，短期的にはコストとなっても中・長期的な利益をもたらす新しい事業の開発，イノベーションの創出を求めているのである。気候変動にかかわる問題に対する企業の取り組みは，今後の企業価値の評価に大きな影響を与えることになる，と多くの機関投資家，評価機関が理解するようになっている。

　また機関投資家や資産運用会社は，PRIの原則3にあるように，投資対象企業のESG課題について適切な開示を求めることが明示されており，企業サイドは情報開示についてもそれらの声を無視できなくなっている。また取締役会の中立性，多様性を求める動きも活発で，投資顧問会社が投資先企業とのエンゲージメントにおいてジェンダーバランスの確保を求めている。

3．現　　状

　近年グローバルに責任ある投資は広がっている。GSIA（Global Sustainable Investment Alliance）が2018年にまとめた報告書によると，総資産残高は30.7

表8-3 世界の責任ある投資市場 (単位は兆ドル)

地域	2016	2018	割合
ヨーロッパ	12.04	14.07	46%
アメリカ	8.723	11.995	39%
日本	0.474	2.18	7%
カナダ	1.086	1.699	6%
オーストラリア/ ニュージーランド	0.516	0.734	2%
合計	22.89	30.683	

出所：GSIA, Global Sustainable Investment Review, 2018より。

兆ドルに達している。ここではサステナブル投資と呼び，スクリーニング（評価，ベストインクラス排除，ESG統合など），コミュニティ／インパクト投資，株主行動／エンゲージメントを含んでいる。表8-3にあるように，ヨーロッパ地域（46%）と北米地域（45%）の合計で90%を超え，圧倒的な割合を占めている。アメリカ，ヨーロッパ，日本の順に現況をみていこう。

　アメリカでは本節1. にみたSRIの進化のステージに沿って発展してきた。SRI調査会社KLDは，1990年に初めてのSRIのインデックスKLD400をつくり，その後大きな影響を与えてきた。インデックスは，CSRをベースに優れた銘柄群の価格水準・変動を示すものである。当初，環境，従業員，多様性，コミュ

表8-4 MSCIのESG評価項目

領域	項目
環境	気候変動
	自然資源
	公害と廃棄物
	環境的機会
社会	人的資本
	製造物責任
	ステイクホルダーとの対立
	社会的機会
ガバナンス	コーポレート・ガバナンス
	企業行動（倫理）

出所：https://msci.com/esg-ratingsより。

ニティ，製品，その他（役員報酬など），アメリカ国外での操業の7つの項目に
おいて評価を行っていた。SRI市場の広がりとともに2010年からはMSCI
（Morgan Stanley Capital International）傘下においてMSCI KLD 400 Social
Indexをつくっている。評価項目は表8-4を参照。さらに環境・社会にネガ
ティブな影響を与える事業を排除する項目もチェックしている（アルコール，
タバコ，銃，武器，原子力発電，ポルノ，ギャンブル，遺伝子組み換え作物など）。

　ESGの重要な項目ごとに，企業の取り組みに加え，地域・産業特性を踏まえ
スコアを出し，格付けを行っている（AAAからCCCまで）。MSCIは，ESG評価
で優れた企業は財務的にも良い成果を出している（収益性を高めリスクを下げ
る）と指摘している。伝統的な財務データだけでは捉えきれない企業のリスク
と新たな機会を明らかにすることができる。またアメリカでは，伝統的にCSR
課題に関して株主提案，株主行動も活発である。とくに環境，雇用，取締役会
の多様性，人権などの問題が取り上げられてきた。

　アメリカにおけるSRIの投資残高は，US SIFによって最初の調査がなされた
1984年に400億ドルであったが，1995年に6,390億ドル，2018年には約12兆ドル
に達している。これはアメリカ市場全体の投資残高46.6兆ドルのうち26％に及
んでおり，今や全体の4分の1は責任ある投資となっている（図8-7）。

　次にヨーロッパでの動きをみてみよう。ヨーロッパではCSRの議論の定着と

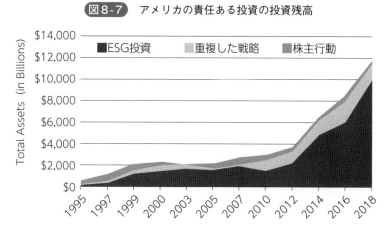

図8-7 アメリカの責任ある投資の投資残高

出所：US SIF（2018），Report on Socially Responsible Investing Trends in the United States.

ともにSRIは80〜90年代以降広がりをみせ，近年その投資残高は，14兆ドルを超え世界の市場の半分近くを占めている。ヨーロッパのSRIは，伝統的にイギリスなどで倫理的投資として武器，ギャンブル，ポルノ，たばこなどの企業への投資を行わないネガティブ・スクリーンとして行われてきた。これは今も強い支持を受けており，大きな割合を占めている。

　2000年代に入って以降，多くの年金基金など機関投資家が，通常の資産運用にESGの評価項目を組み込むようになり，責任ある投資は急速に拡大している。その流れがPRIにつながっていくのであるが，Eurosif（ヨーロッパのSRI普及機関）では，SRIが目指すことは「収益ある持続可能な発展」に寄与すると理解している。ヨーロッパでは機関投資家の積極的なエンゲージメント・株主行動も特徴的である。気候変動，労働・人権，ガバナンス，賄賂の問題などに関し，問題があれば対話・エンゲージメント，さらに株主提案を行い，聞き入れられない場合は株式の運用対象から外す動きが広がっている。p.231でみたdivestmentを仕掛ける動きは活発で，企業戦略，企業価値の捉え方は変わりつつあり，経済，環境，社会のトータルな視点からリスクと機会を評価するようになっている。またEUでは機関投資家に対して責任ある投資を行っている場合，ESG項目をどの程度組み込んでいるのか開示することを求める政策がとられている。これは先に指摘したように，PRIに署名してもほとんどESG投資を行っていない機関もあるため，いわゆるグリーン・ウォッシュを避けサステナブルに金融を広く展開していくためである。最近Eurosifでは，ESG投資と言うよりSDGsの解決に貢献する投資として理解するようにもなっている。表

（表8-5）　多様な投資の位置づけ

	伝統的投資	SRI	サステナブル投資	テーマ投資	インパクト重視投資	フィランソロピー
	収益					
		ESGリスクマネジメント				
			ESG機会			
				インパクトある取り組み		
ポイント	金融のみ	←	新しいパラダイム		→	インパクトのみ
	ESG項目は考慮しない	幅広いESGリスクからネガティブ・スクリーンまで	ESG機会	利益を生む社会・環境ニーズ	社会・環境ニーズと収益性は必ずしも一致しない	社会・環境ニーズと収益性が100%一致しない
例		ESG統合	ベストインクラスSRI投資	クリーンエネルギー，投資信託，途上国での健康ファンドなどテーマファンド	社会的企業への投資ファンド	

出所：Eurosif, SDGs for SRI Investors, 2018, p.3より。

8-5のようにSRIからインパクト重視の投資までのカテゴリーをSDG投資と捉えている。積極的に社会的・環境的課題に取り組むビジネスに投資を行うことによって，収益性についてはカテゴリーによって幅があるものの，社会的活動にサステナビリティを組み込み変革をもたらすことになる。

金融市場インデックス大手のDow Jonesが提供しているサステナビリティ・インデックスをみておこう（Dow Jones Sustainability Indices：DJSI）。これはスイスの投資運用およびアドバイス会社RobecoSAMが，アメリカのS&P Dow Jonesと共同で1999年に開発した株価指数である。2018年は世界主要企業3,500社から317社が選定されている（うち日本企業は34社）。ここでの評価項目をみておこう。経済，環境，社会の領域において，表8-6では共通の項目のみを示しているが，産業ごとに特有の項目がある。例えばエレクトロニクス業界にはサプライチェーン・マネジメントや生物多様性などについて聞いているが，銀行業には聞いていない。

最後に日本の状況をみておこう。日本では1999年に初めてエコファンドが誕生し，2002年にはSRIのインデックスMS-SRI indexも登場し，SRI投資信託も生まれた。表8-7はモーニングスターとパブリックリソースセンターが行っ

表8-6 DJSIの評価項目

経済	ウェイト付けの例
1．ビジネス行動規範，2．コーポレート・ガバナンス，3．マテリアリティ，4．リスク・マネジメント，その他産業特有の項目	銀行　43%
	エレクトロニクス　31%
	製薬　48%
環境	
1．環境政策，マネジメント・システム，2．環境報告書，その他産業特有の項目	銀行　23%
	エレクトロニクス　40%
	製薬　9%
社会	
1．企業市民・フィランソロピー，2．人的資源管理，3．労働規範・人権，4．社会報告書，5．労働者の定着率，その他産業特有の項目	銀行　34%
	エレクトロニクス　29%
	製薬　43%

出所：RebecoSAM's Corporate Sustainability Assessment Methodology, 2018, p.6より。

表8-7 MS-SRI indexにおける評価項目

ガバナンス/アカウンタビリティ	経営理念，ガバナンス，企業倫理，情報開示，コミュニケーション
マーケット	消費／顧客対応：理念・体制，商品対策，被害者対応 調達先対応：体制・方針，選択基準・支援
雇用	雇用責任，働きやすい職場，人材パフォーマンス，人材マネジメント
環境	環境マネジメント，コミュニケーション，環境パフォーマンス，環境ビジネス
社会貢献	社会貢献活動の取り組み，地域との共生，活動の評価・改善

たSRIの評価項目である（この2社による事業は2010年で終了）。

　多くの関係者は日本でもSRIの広がりを期待したが，その後SRIの市場はほとんど広がりをみせなかった。日本の市場社会の課題については次節で検討する。当時日本では機関投資家によるSRI運用はほとんどなく，個人投資家向けの公募型SRI投資信託が中心であった。その残高は2018年末で4,583億円であり，ピークであった2007年10月の1兆2,439億円から減らしている。SRIではなく，環境対策，貧困対策，社会貢献をテーマとした債券市場（グリーンボンド）は少しずつ増えている（2018年約5兆4,000億円）。SRIというより具体的なテーマファンドの方が個人投資家にはわかりやすく受け止められたと言える。2010年前後からグローバルな潮流を受けてPRIに署名する金融機関，機関投資家が増え，責任ある投資は大きく増えていく。

　2014年金融庁が「責任ある機関投資家の諸原則」（＝日本版スチュワードシップ・コード）を表明し，256の機関が署名している（2019年現在）。企業の持続的な成長を促す観点から，多くの機関投資家が適切に受託者責任を果たすための原則のあり方について検討がなされた。スチュワードシップ責任とは，機関投資家が投資先企業やその事業環境などに関する理解に基づく建設的な「目的を持った対話」（エンゲージメント）などを通じて，当該企業の企業価値向上や持続的成長を促すことにより，「顧客・受益者」（最終受益者を含む）の中・長期的な投資リターン拡大を図る責任を意味する。これは機関投資家が自らの判断でその責任を果たしていくという「プリンシプルベース・アプローチ」であり，厳格なルールを定めて規制する「ルールベース・アプローチ」ではない。ここではPRIとは異なり投資実績の比率の公表などが定められていないため，

実際各機関が責任投資をどの程度行っていくかについての縛りは非常に弱い。年金基金の署名数は39機関と全体の15％程度にとどまり，署名機関の多くは，金融庁が監督権限を持つ信託銀行，生損保，投信・投資顧問会社などとなっている。

　しかしながら2015年にGPIF（年金積立金管理運用独立法人）がPRIに署名したことから急速に風向きが変わっている。GPIFとは，日本の厚生年金と国民年金の積立金の管理・運用を一手に行っている世界最大規模の年金基金である。運用は金融機関に委託している。GPIFは，運用会社にESGを投資対象銘柄選定の条件の1つにするように指示し，運用会社がPRIに署名していない場合はその理由を問うことになったため，2016年から日本でESG投資がブームとなった。GPIFの運用資産は約159兆円あり，それがカウントされたため，責任投資の残高は2015年に26兆円であったが2018年に約232兆円と急増している（日本サステナブル投資フォーラム「サステナブル投資残高調査2018」より）。ただ実際にGPIFがESG運用しているのは3兆円程であり，全体の1.8％にとどまっている。それでも投資関係者の関心が大きく高まっていることは事実である。GPIF以外の機関投資家をみるとその総運用資産残高は小さいものの，責任ある投資の割合は41.7％に達している。機関投資家が実際の投資判断にESGをどこまで組み込み，その投資行動がどう変わっていくかは今後注視していく必要がある。さらに次節にみるように，日本での責任ある投資が広がっていくには解決しなければならない課題が多く，まだ時間がかかると言える。

第3節　トータルな企業評価は可能か

1．ステイクホルダーの役割

　財務面，非財務面から企業をトータルに評価すること。それを単なるランキングにとどめず，市場における実際の企業評価のベースになっていくには，関係するステイクホルダーがその評価の意義を理解し，それぞれの市場行動に組み込んでいくことが必要である。市場のプレイヤーが財務的基準のみならず非財務的基準を踏まえて企業をトータルに評価し，購買，投融資活動を行うことである。このようなステイクホルダーの動きの重要性を，日本における社会的に責任ある投資の動向をみることを通して考えていこう。

　前節でみたように，日本でも2000年代に入る頃からSRIが登場したが，その後ほとんど広がりを見せなかった。2010年前後からグローバルな動向に押されPRIに署名する機関投資家も増え始め，2015年にGPIFがその基金の運用の一部にESG投資を組み入れ始めたことで，投資残高は急増した。しかし日本では北米，ヨーロッパ市場に比べ，なぜSRIは広がらなかったのか，また2016年以降それまでの状況は変わっているのか，考えてみよう。

　日本で広がらなかった要因は特定のプレイヤーや特定の制度に原因が帰せられるわけではなく，関連するすべてのステイクホルダーに課題があると言える。例えば，CSRに関心のある個人投資家は少ない，政府がSRIを促進させる動きがない，機関投資家のファンドマネジャー，また投資信託の販売担当者にSRIの知識や関心が高くなかった，そしてそもそもCSRを求めるステイクホルダーの動きが弱い，といったことなどが挙げられる。各ステイクホルダーがそれぞれの立場から関心をもたないのであれば，SRIは広がらない。

　まず政府の取り組みを見ると，EU各国では2000年代からSRIを促進する法律をつくったり，公的年金にSRI運用を組み込んでいくことで投資残高が伸びてきた。イギリスなどのように年金法の改正でSRIを間接的に奨励したり，北欧諸国の公的年金のように社会的・環境的課題に対して積極的な取り組みがなされてきた。日本では支援政策はなかったが，先にみたようにGPIFの参入でようやく変化がみられ，その波及的影響力は大きい。

　年金基金など機関投資家の多くは，そのファンド運用において，SRIにほとんどコミットしてこなかった。当初「受託者責任」が足かせになっていると指摘されたが，CSR（ESG）のリスクを考慮し，パフォーマンスが出ているのであれば問題ないとする考え方が一般的に受け入れられた。PRIのグローバルな動きの中で，署名する日本の機関投資家も増えてきた。しかし課題は，機関投資家において投資のタイムホライズンの短期化がSRI導入の障害となっているという問題がある（谷本編，2007）。多くの機関投資家のパフォーマンス評価は短期的であり，中・長期的な評価への視点がないということが挙げられる。日本のファンドマネジャーはアメリカ，ドイツと比べ非常に保守的かつ短期的であり，SRIのような動きへの対応が鈍いという面も指摘されている（Suto et al., 2005）。その点，前節にみた中・長期的な視点を求める「スチュワードシップ・コード」は，変化の契機となる可能性をもっている。

　個人投資家については，中・長期の視点で企業を育てるという発想をもつ投資家は少ない。また普段から社会や環境の問題に関心のない人が，投資する時にだけ企業のCSRの側面を考慮することはない。CSRやサステナビリティを理解し，自分たちの投資を通して企業社会を変えていこうという想いをもった個人投資家が増えることで，市場の様相は変わっていくであろう。先にみたように，従来型のSRI投資信託は増えていないが，グリーンボンドは最近拡大しており，具体的な環境・社会問題への投資の方が個人投資家には受け止められているという面もある。

　もう1つ投資販売窓口の担当者の知識，ESG投資リテラシーの問題も指摘される。さらに年金加入者自身も，年金の積立金がどのように運用されているかという理解が乏しい。それは銀行の預貯金がどのように運用されているかの認識に乏しいことと同様である。巨額の資金の運用のされ方によって大きな経済的・社会的・環境的影響があることを知り，行動していくことが期待される。

　評価機関や金融情報サービス会社の調査方法にも課題があった。SRIインデックス向けの調査において，例えば特定のCSR関連の制度があれば5点，なければ0点と評価すると，制度があっても機能していない場合も満点がついてしまう。日本企業はCSR経営の制度化が進んだ結果（第5章），比較的高いポイントがついている。逆に特定の制度はなくても会社として実質的な取り組みがあるようなケースは評価されないことになる。制度の有無を確認するだけではなく，本来は企業経営上実質的にどう機能しパフォーマンスを上げているのか，あるいは機能しないことでリスクを負っていないかをチェックする必要がある。またグローバルインデックスをつくる場合，例えば人権に対する理解や働く女性の組織における地位は，国・地域によって大きく異なる。女性役員や管理職が何％いるかという質問に対しては，日本企業は現状では低くなる。もちろん日本企業はその質問の意味を理解すべきであるが，評価機関としては企業が現在どう変わろうとしているのかプロセスをみることも大事である。また評価機関は当初こうした評価の基準や方法をきちんと開示してこなかったため，SRIへの評価は不透明という印象があった。

　金融機関は，企業がCSR，サステナビリティに取り組むことを評価する市場の形成に当たって果たすべき役割は大きい。しかしながら，サステナビリティをベースに置く企業経営に移行していく障害として，金融機関の短期主義的行

動原理を指摘する声が大きい（Regeneration Project, 2012a）。そもそも金融機関のCSRには２つの局面がある（谷本編, 2007）。金融機関自体のCSR＝「金融CSR」。つまり社会的に責任ある経営，ステイクホルダーから信頼される経営を行うことは，他の事業会社と同じである。そして金融機関には，産業界のCSRを評価・支援する役割，社会的課題に取り組む事業を支援する役割が求められる＝「CSR金融」。基本的な投融資のプロセスにESGを組み込んだり，社会的事業を推進するために，投融資，貯蓄，信託の仕組みを活用した取り組みが期待される。金融CSRにしっかり取り組み，社会から信頼される金融機関であってはじめて基本業務，さらにCSR金融の仕事を行う「ライセンス」が与えられると言える。新しい事業の将来性やリスクを評価する際，その将来ビジョンやESGに関する考え方や取り組みをチェックすることも重要になっている。WBCSDのMalthew Kiernan前事務局長は，「もし資本市場がサステナビリティへの配慮が競争力，収益性，株主価値にとってどれくらい重要であるかというメッセージを送れば，ビジネスがサステナビリティに取り組むようにしていく最も強い力となる」と強調している（Regeneration Project, 2012a）。

　以上のように，市場において財務・非財務トータルな企業評価が定着していくためには，各ステイクホルダーがこの評価の意義を踏まえ，それぞれの行動基準に組み込んでいくことが求められるのである。

２．統合報告書について

　トータルな企業評価がなされるにつれ，企業はどのように対応し情報を開示しているであろうか。第４章第２節でみたように，非財務情報をまとめ，CSR報告書をつくっていくことは定着してきた。それを義務化する国も増えている。日本ではそのような動きはないが，例えば有価証券報告書において，コーポレート・ガバナンスリスクの状況や，事業リスク情報，環境・社会問題に関する事項などを書き込むことが求められるようになっている。しかしそのレベルではなく，世界的にはCSR報告書と財務報告書を１つにまとめた「統合報告書」（Integrated Report）を発行する動きも広がり，日本企業も影響を受けている。さらにSDGsのような社会的課題に本業として取り組むことがどのように企業価値に結びついていくのか，また社会にインパクトを与えていくのか，数値化しにくいこの取り組みを明確にし，開示していくことも課題となっている。

以下では，統合報告書について考えておこう。

ところで，リーマンショック後の金融危機の背景には行き過ぎた短期主義があった。これまでのビジネスモデルを見直し，コーポレート・ガバナンスを再構築し，社会的に責任ある経営体制に見直していくことが求められている。CSRの議論は，とくに金融機関において実際にそのマネジメントに組み込まれてきたのだろうか，という疑問を投げかける論者もいる。「金融危機は，CSRの重要なアジェンダがまだメインストリームに入っていないことを示した。これまではアピールしやすい部分にフォーカスしていた」と（Utting & Marques, 2010）。この反省から，「多くの機関投資家は金融危機後，ESGを適切に組み込んでいくことが投資戦略として重要であるとの認識を再確認している」とPRIの年次報告書（2009）は指摘している。中・長期の視点からリスクを回避し，新しい事業機会を的確に捉えることが重要であり，財務情報のみならず非財務情報も含め，トータルに企業の長期的な経営状態をみることが求められている。そのためには，企業の情報開示のあり方が見直されているのである。

社会的に責任ある企業経営を行い，持続可能な発展に寄与する製品やサービスを提供することで，新しい価値を生み出していくプロセスをどのように説明すれば良いか。ステイクホルダーに対して企業の目指すところ，取り組み，その成果をいかに伝えていくか。財務報告書だけではどのような経営をしているか，どのような社会的・環境的リスクや機会があるかはみえない。統合報告書を作成するに当たっても，バラバラな取り組みでは企業評価は難しい。そこで統合報告書の国際的枠組みをつくるため，2010年に国際統合報告書評議会（IIRC：International Integrated Reporting Council）が設立されている。IIRCの基本的考え方は次のとおりである。企業は社会やステイクホルダーとの広範な相互関係を通して価値を生み出しており，企業が資源を獲得し影響を与えている社会との関係を捉え直していくことが重要だ。統合報告書は，財務資本の提供者に対し，組織がどのように外部環境及び資本と相互作用し，短期，中・長期的に価値を創造するかを関係するすべてのステイクホルダーに説明するものである。

企業は長期的視点でいかに価値を創造しているか，投資家に対し企業の将来価値と成長性も説明することが求められている。IIRCでは，図8-8のように，企業が事業活動において財務資本，製造資本，知的資本，人的資本，社会・関

図8-8　価値創造プロセス

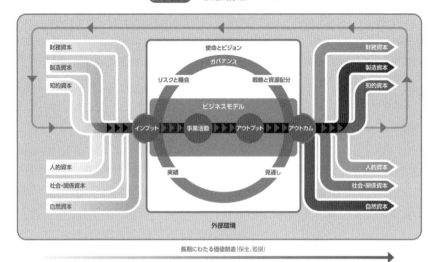

出所：IIRC「国際統合報告フレームワーク」2014年より。

係資本，自然資本をどのように利用し，長期的な価値を創出していくかを開示すべきであると指摘している。企業の将来価値は，財務資本の変化に関連づけられるだけではなく，それ以外のより広範な資本，その相互関係，活動，及び関係性に依存するものであると理解している。

　統合報告書は，次の開示方法の原則に沿って作成されるようIIRCは示している。❶戦略的焦点と将来志向：戦略とその短，中・長期の価値創造能力の開示。❷情報の結合性：長期の価値創造能力に影響を与える要因のトータルな開示。❸ステイクホルダーとの関係性：主なステイクホルダーのニーズと関心及び期待に応える開示。❹重要性：短，中・長期の価値創造能力に影響を与える事象の開示。❺簡潔性：簡潔な情報開示。❻信頼性と完全性：重要な事象の正と負両面をバランスよく開示。❼首尾一貫性と比較可能性：情報は首尾一貫し，長期にわたる価値創造能力を比較可能な方法で開示。

　そして統合報告書は，次の8つの内容要素を含むものと理解されている。❶組織概要と外部環境：どのような環境でどのように事業を行うか。❷ガバナンス：ガバナンス構造はどのように短，中・長期の価値創造能力を支えるか。❸ビジネスモデル：どのようなビジネスモデルを示すか。❹リスクと機会：短，

中・長期の価値創造能力に影響を及ぼすリスクと機会，それへの対応。❺戦略と資源配分：どこを目指し，どのように取り組むか。❻実績：戦略目標の達成，そのアウトカム。❼見通し：達成への課題と不確実性。❽作成と表示の基礎：統合報告書に何を含み，どう評価するか。

　ところで，世界では非財務情報の開示，統合報告書を義務づける動きが広がっている。例えば，EUでは2014年に非財務情報の開示に関する会計指令改定案が採択され，2017年から各国において（取締役会の多様性に関する開示も含め）開示が義務づけられている。対象は従業員500人以上の企業で，Comply or Explain（遵守しないのであれば説明する）のアプローチが定められている。

　イギリスでは，2006年会社法の改正において，戦略報告書と取締役報告書の開示を義務づけている。前者には経営戦略，業績，そして事業環境（ここに環境や人権問題に関する情報が入る）に関する情報の開示が求められている。さらに先のEU指令の国内法化によって，広く非財務情報を戦略報告書において記載することを義務づけており，遵守しなかった場合はペナルティが科される。2017年には，証券取引所がESG報告ガイダンスを公表している。

　アメリカでは，非財務については2016年SEC規則S-Kにおいて，投資家の合理的判断にとって重要なサステナビリティ関連の情報（従来からのMD&A，リスク要因，ガバナンス等の情報に加えて）を項目ごとに開示することを求めている。さらに気候変動開示ガイダンスを発行したり，ドッド＝フランク法において紛争鉱物に関する開示要請をするなど，ESGについて個別に対応している。

　南アフリカでは，2010年よりヨハネスブルグ証券取引所から上場企業に統合報告書の提出を義務づけている。インドでは，インド証券取引委員会が2012年より年次報告の一部として上場企業は非財務情報を記載した事業責任報告書（Business Responsibility Report）の提出を義務づけている（2015年には時価総額上位500社までが対象となっている）。記載内容としては，2011年に制定された「企業の社会・環境・経済責任に関するガイドライン」をベースとしている。

　政府による規制ではないが，金融安定理事会（FSB）の気象関連財務情報開示のタスクフォース（TCFD）が，2017年に財務に影響する気象関連情報を財務報告書に開示することを求めるようになった（気象変動がもたらすリスクおよび機会に対応するガバナンス，戦略，リスク管理，指標と目標）。提言ではあるが多くのグローバル企業が賛同し，企業価値評価の重要なツールとなりつつある。

　日本でも，統合報告書を作成する企業が2010年代半ば頃から急速に増えている。しかしながら，非財務情報の開示に対する政策や規制はなく，政府は海外の様々な動向をフォローし，啓蒙活動をするにとどまっている。日本企業の統合報告書の多くは，まだ財務，非財務の２つの報告書を形式的に合本したものにとどまっていると指摘されている。統合報告書を発行するようになれば，CSR経営の取り組みが企業価値の向上にどのように結びつくか，説明することが求められる。日本IR協議会の2014年の調査でも，IR活動の重点課題の第１位は「財務情報に現れにくい企業価値の説明」(56.6%)であり，過半数の企業がESGを意識したIRを中・長期的な視点をもつことの重要性を訴えたいと考えている。

　いずれにせよ，企業は社会的に責任ある経営を行い，ステイクホルダーとの相互関係を通してどのように価値を生み出していくのか，というストーリーが報告書を通して説明される必要がある。そもそもCSR，サステナビリティが経営プロセスに組み込まれ，その具体的成果が示されていなければ，形式的な報告書をつくられてもあまり意味がない。

３．企業経営の進化

　ここまで企業の財務的，非財務的価値をトータルに評価し，その結果を開示することをみてきた。そこで求められることは，単にガイドラインに沿って統合形式の報告書をつくることではない。企業はCSRを日常の経営プロセスに組み込み，持続可能な発展に貢献するビジネスを起こし，価値を生み出していくこと，そしてそれを投資家にも，その他のステイクホルダーにも理解できる形で開示し，市場の評価を獲得していくことにある。企業にとってとくにCSR，サステナビリティの課題に取り組むことがどのように経営を変え，企業価値の創出に結びついていくかを示すことは容易な作業ではない。そこで１つのユニークな事例として三菱ケミカルホールディングスを取り上げ，その取り組みをみてみよう。

　三菱ケミカルホールディングスは，2005年の発足以降サステナビリティの発想を企業活動のベースに位置づけている。単にCSR経営を謳うのではなく，サステナビリティの考え方を経営に組み込み，どのような会社になろうとしているかを示している。小林喜光社長（当時）は，「持続可能性の追求やCSRといっ

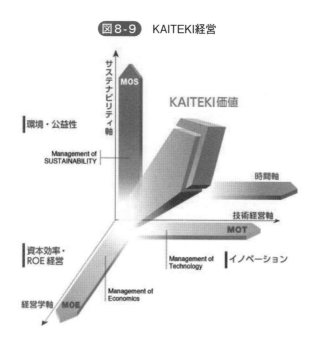

図8-9　KAITEKI経営

出所：https://mitsubishichem-hd.co.jpより。

　た公益性への取り組みは，今後，企業価値に直結していくだろう。だが数値と
してみえにくいこれらの要素は，これまでの企業経営には整理されて組み込ま
れてこなかった。そこで当社はMOS（Management of Sustainability）という新
たな指標で，持続可能性や環境などに貢献する企業活動を可視化する」と述べ
ている（日経新聞，2011年11月9日）。三菱ケミカルホールディングスは2019年
現在主要4社，関係会社国内外754社を傘下に置いている（資本金500億円，連
結売上収益約4兆円，連結従業員約7万2千人）。国内外の多様な背景をもった会
社をまとめるグループの求心力となる価値が「KAITEKI」である。これは経
済価値の向上，技術経営の深化，人・社会・地球環境のサステナビリティ向上
をトータルに目指す経営である。小林氏は，この理念を20年，30年後にも会社
のDNAとして定着させていくために，サステナビリティの考え方を明文化し，
具体的な課題を定め，数値目標を設定していった（小林，2011）。
　図8-9のように，KAITEKIという企業価値は，財務的価値と非財務的価値
をトータルに捉えている。財務的価値（売上高，営業利益，ROA）は，次の2

246

表8-8 MOS指標

MOS指標	取り組み内容
S指標	S-1 地球環境負荷削減への貢献 S-2 資源・エネルギーの効率的な利用 S-3 環境・資源の持続可能性に貢献する製品サービスの提供
H指標	H-1 疾病治療への貢献 H-2 疾患予防・早期発見への貢献 H-3 健康で衛生的な生活の実現に貢献する製品・サービスの提供
C指標	C-1 社会からより信頼される企業への取り組み C-2 ステークホルダーとのコミュニケーション・協奏の推進 C-3 より心地よい社会，より快適な社会づくりへの貢献

出所：https://mitsubishichem-hd.co.jpより。

つの柱から生み出されると理解している。1つは，経済的価値向上の軸として MOE（Management of Economics）であり，中・長期的な視点をもって経済的価値を向上させていく軸である。もう1つは，企業経営と科学技術の調和を図り，より良い持続可能な発展をするイノベーションを考えていくMOT（Management of Technology）の軸である。この2つから財務的価値を理解する。MOS指標は，地球環境問題，社会問題を解決するため目標を数値化して表している。例えば，環境改善，持続可能な資源・エネルギーをどう確保していくか，グローバルレベルでの生活水準の向上，健康推進に企業はどうかかわり，貢献できるかを考えている。

　同社はこの考え方をベースに2008年から中期経営計画「APTSIS」をまとめている（APTSISとは，Agility, Principle, Transparency, Sense of Survival, Internationalization, Safety, Security&Sustainabilityの頭文字をとったもの）。表8-8のように，企業のあるべき姿として，S：サステナビリティ，H：ヘルス（健康），C：コンフォート（快適性）を3つの判断基準として設定し，財務指標やCO_2削減量なども明示している。具体的な指標と数値を目標として示しながらサステナビリティを中期経営計画に組み込み，価値の実現に向け事業活動を行っている。

　組織的にはこれらは経営戦略部門が統括している。MOS指標，KAITEKI価値を全グループ会社に定着させるため，世界中で従業員説明会を行い，様々な意見を吸い上げる努力をしてきた。同社はあらゆる事業がMOSの3つの柱に

つながるように位置づけ，根本的目標を定め，その成果を測ることに取り組んでいる。三菱ケミカルホールディングスのように，長期的なビジョンを描き，具体的な取り組みを位置づけていく日本企業はまだ少ない。将来どのような会社を目指しているのか，何を重要な価値として追求しているのか明確なメッセージを社内外ステイクホルダーに示すことは重要である。

　CSRブームの中，UNGCやISO26000などの基準を当てはめ，さらにGRIを参照して非財務報告書を作成する企業は増えた。大切なことは形式的に当てはめるのではなく，すでに指摘してきたように，CSRやサステナビリティ概念を経営のプロセスに組み込んでいくことである。そしてESG課題への取り組みを通して，新しい価値創造のプロセスを明示していくことである。三菱ケミカルグループは，自らの言葉でビジョン（KAITEKI実現），価値（Sustainability, Health, Comfort）を定め，それらがグローバルなスタンダードや目標とどう関係しているかを示している。その上でKAITEKI価値をどのように実現し，それをどのように評価するかを積極的に示しているユニークな企業と言える。

第9章

公共政策：自発か規制かを越えて

第1節　CSRの取り組みは持続可能な発展に貢献するのか

1．CSRの失敗？

　ここまでみてきたように，経済社会が持続可能に発展していくためには，各セクターはそれぞれの役割と責任を果たしていくことが求められる。企業には社会的に責任ある経営に取り組み，その資源やノウハウを活用して社会的課題に取り組むことが期待されるようになっている。

　ところで，個々の企業がそれぞれ自由にCSRの課題に取り組むことで，社会全体の持続可能な発展や社会的課題の解決につながっていくであろうか？　一般的に，社会を構成する個々の主体が自由に合理的な活動をすれば，その集合として社会全体の合理性が自動的に高まるか，というと必ずしもそうならない。個別の合理性と全体の合理性が一致しないという社会的ジレンマの問題が存在する。個別の企業が自社にとってベネフィットとなるCSR活動をそれぞれに果たせば，市場社会全体としての厚生が高まる，あるいは持続可能な発展を達成できるとは単純に言えない。個々の企業のCSR活動が持続可能な経済社会の建設につながっていかないのであれば，それは「CSRの失敗」と言えるかもしれない。CSRは基本的に個々の企業が自発的・自主的に取り組むべき課題と捉えられている。しかしながら様々な経済的・社会的・環境的課題に個々の企業がそれぞれにやれること，やりたいことを自由に行うだけでは，持続可能な社会の建設につながっていくわけではない。とくに企業イメージを高めるために，専ら社会にアピールする社会貢献活動に力点を置いたり，横並び的にCSR関連

の制度を立ち上げるだけでは，機能しない。

　例えば，第5章第2節でみたように，日本では2000年代半ば以降急速にCSR経営の制度化が進んだ。それから10年経過し，75％もの企業はCSR部署を設置し，70％近くがCSR担当役員を置き，85％もの企業がCSR報告書を発行している。しかしこの新しい制度が機能するように旧来の組織も同時に変えてきているであろうか。CSRの制度を整えてランキングで上位になっても，それらが経営プロセスに組み込まれず，社内で機能していないのであれば意味がない。

　また第5章第3節で取り上げたCSR報告書の例を改めてみてみよう。多くの企業がCSR報告書を発行するようになり，それぞれの企業活動の方針や現状を伝えている。それらの目的は，事業活動のアカウンタビリティを果たし，トータルな企業価値の評価に役立ち，市場の透明性を向上させるのに役立っていくことにある。しかし，各企業が思い思いに報告書を発行し，出せる情報，みせたい情報を自由に公表しているだけでは，企業のアカウンタビリティや市場の透明性の向上につながらない。各企業がそれぞれに国際基準などを参考にしながらも，独自のやり方で報告書を作成しているだけでは，公開された情報の有用性は高まらない。日本企業のCSR報告書について，これまでの状況をまとめると表9-1のようになる。

　従来の報告書のスタイルでは，アカウンタビリティや透明性の向上，トータルな企業価値の評価に必ずしも寄与できているわけではない。情報の正確性や信頼性を保証するシステムは弱く（第三者による審査・保証の問題），比較可能性にも問題がある。もちろん非財務情報の比較可能性を高めることは容易では

（表9-1） これまでのCSR報告書の問題点

1．共通の明確な基準はない：対象領域，算定基準（単位），期間
2．出せる情報／みせたい情報に偏る傾向
3．ネガティブ情報・リスク情報が不十分
4．ステイクホルダー・エンゲージメントが貧弱
5．横並び的な政策
6．誰に対する報告書か明確でない
7．報告書を発行しなくてもペナルティはない
8．情報の正確性を保証する仕組みが弱い

ない。産業，企業規模，事業形態などの違い，本社のみか企業グループ全体で
みるのか計算対象の範囲（バウンダリー）の違いを揃えることは容易ではない。
しかしながら，正確で信頼のおける方法でデータを開示し（そしてそれを第三
者が保証し），企業価値にどうつながっていくのか，企業側は丁寧に説明する
努力が求められる。そしてそれが企業の自主的な取り組みだけでどこまで可能
なのかが課題となる。

2．社会的ジレンマの解決

　各企業のCSR活動の方向性や目的がばらばらであれば，システム全体の持続
可能な発展につなげていくことは難しい。個別的合理性とシステム全体におけ
る集団的合理性が一致しないという社会的ジレンマの問題を解決するにはどう
すればよいか。一般には，❶一定のルールや評価基準を設定し，個々の企業行
動に規制を与えることあるいは奨励すること，また❷市場での評価システムを
確立することが有効である。❶は公共政策によって企業行動を規制するルール
を設け，監視・罰則のシステム，あるいは評価・奨励のインセンティブ・シス
テムを構築することである。❷は市場が成熟することによって，CSR活動が積
極的に評価され，企業にとって新しいインセンティブが生み出されることが期
待される。市場にCSRを評価する仕組みや制度がつくられることで，企業は受
身ではなく積極的にCSRに取り組む環境がつくられ，個々の企業の活動が社会
全体の持続可能な発展につながっていくことが期待される。企業行動にポジ
ティブあるいはネガティブなサンクションを与えることによって，CSRの取り
組みの向上に向けて変化するよう促すことになる。このスタイルについては後
段詳しく考えていく。

　企業がサステナビリティの課題に取り組んでいくに当たって，個々の企業努
力のみならず，政府の支援，市場の成熟も必要であるという声は，企業の
CEOからも出ている。UNGC とAccentureによる調査CEO Study on Sustainability
2013によると，

❶　政府は企業がサステナビリティの課題に取り組めるよう環境を整えていく
　　べきである：83%。多くのCEOは，政府の支援が必要であると考えている。
❷　さらに消費者に関しては，企業のサステナビリティ活動にかかわる評判は，
　　消費者の購買行動に依存する：81%。多くのCEOは，消費者が社会的課題を

知り，企業の活動を知ることが大事であると考えている。この点，アメリカでの調査では（Cone Communications CSR Study 2017），多くの消費者（43%）がサステナビリティ課題は自らがかかわるべき課題であると答えるようになっている。

❸ 続けて投資家に関しては，投資家がサステナビリティに関心を持つことが重要だ：69%。

サステナビリティの活動の影響を大きくしていくには，長期的な投資活動に投資家や株主から理解を得ていくことが必要である，と考えている。持続可能な発展の課題にビジネスとして取り組み，中・長期的にも，短期的にも，新しい価値を生み出していくことが期待されている。こういった新しい市場を創出する動きを，消費者や投資家に積極的に受け入れられることが重要なポイントとなる。

さらに政府の規制によるのではない中間組織のイニシアチブとも言えるスタイルも広がっている。政府の権力によらず，個々人が自発的に合意形成し，自らモニタリングやサンクションシステムを構築する取り組みが注目されている。これは公共経済学者Elinor Ostromが言う自己組織的協同選択（self-organized collective choice）の戦略である。共有資源を適切に管理する仕組みについて，関係するステイクホルダーが自主的にルールを定め，統治していくスタイルである。そこでは，集団的行為の自己組織的，自己統治的（self-governance）なスタイルがみられる。各プレイヤーが自らの意思によって共通のプラットフォームを形成し，行動規範やガイドラインなどを策定し，自律的にそのルールに従って行動する。近年多くの分野で，国際機関，NGO，企業など異なるセクター間での自発的な協働によって新しいCSRのイニシアチブが生まれており，そこで行動規範やガイドラインがつくられるようになっている。この点については第3節で詳しく検討していくことにする。

公共政策について考えていく前に，CSRは規制すべきか自発的に取り組むべきかについての伝統的な議論を確認しておくことにしよう。

3．自発的取り組みと強制的取り組み

CSRは任意で自発的に行うべきものか（voluntary approach），法的規制によって強制すべきものか（regulatory approach），という議論がある。CSRの課

題に積極的に取り組む企業もあればそうでない企業もある。CSR経営の制度化が進んでも，CSRが経営プロセスに組み込まれていなければ機能しない。そこでCSR活動の自発性の限界から法的な規制を行うべきであるという考え方がある一方，法的規制の限界からCSR活動はあくまで自発的に行うべきだという反対論が存在する。この対立する議論は，国・地域によっても異なってくる。それは政府の位置づけ，市場構造，市民社会組織の発達の度合いなど制度的な違いによってCSRに対する考え方，取り組み方は異なってくるからである（Jackson & Apostolakou, 2010；Jackson & Bartosch, 2017；Jackson et al., 2019）。

　Matten & Moon（2008）は，アメリカ社会にみるような「顕在的（explicit）なCSR」と，ヨーロッパ社会にみるような「潜在的（implicit）なCSR」を区分している。アメリカでは，個人主義・自由主義が強いため政府の権限が相対的に弱く，企業の自由裁量が重視される。したがって，自発的にCSRに取り組み，ステイクホルダーへの期待に応えるものだと理解されてきた。実際，アメリカ政府はCSRに関して積極的な政策はとっておらず，個別の課題について取り組むスタイルであるし，市民社会組織が積極的に発言・行動を行い，企業に対する対抗力（countervailing power）となり，企業はそれに応えるというスタイルが基本であった。

　一方ヨーロッパでは，集団主義，連帯主義の伝統が強く，また政府の権限が相対的に強いため，政策的に企業に義務を課すスタイルがとられてきた。そこではCSRは社会的価値を実現するため企業もその枠組みの中で役割を果たすものとして理解されてきた。さらに次節でみるように，欧州委員会（EC）はマルチ・ステイクホルダーで持続可能な発展に関する政策を示し，CSRについても基本方針を示し，各国レベルで具体的に議論し，取り組みを進めている。

　また新興国では欧米とは異なる環境において，CSRの法制化が進んでいる。地域の自然環境や労働環境の悪化，教育・福祉などの基本的なインフラ不足といった問題に直面して，政府が企業に強制的にCSR活動を推進させる動きである。例えばインドでは，前章で取り上げたように，一定規模以上の企業にはCSR活動の支出を義務づけ（純利益の平均２％以上），さらに上場企業に非財務報告書を義務づけたり，2013年の改正会社法では取締役会にCSR委員会をつくることを義務づけたりしている（設置しない場合はその理由を開示しなければならない）。

　さて，自発的取り組みか強制的取り組みかについて，そもそもの問題点を確認しておこう。まず法的規制は，強制力をもったルールによって（許認可，禁止，罰則など）当該領域の活動を一律に管理することができる。ただし規制には限界もある。各企業が責任ある競争力を備えた経営体制をつくっていくことや，様々な社会的・環境的課題にイノベーティブなビジネスを起こし新しい価値を生み出していくことを，法律で定めることはできない。そもそもCSRの領域は広く，1つの法律によってカバーすることは現実的ではない。また，規制を設定するとその最低限だけを行えば良いということにもなりかねない。あるいはみんな同じような取り組みになってしまう可能性もある（強制による同型化）。さらに厳しい規制を設定すると，規制の弱い国に逃避し操業する（コスト削減）企業も出てくる（Muller, 2006）。責任ある経営を行い，社会的課題に建設的に取り組むに当たって，ユニークでイノベーティブなアイディアが期待されており，規制ではなく自発的な取り組みを支援する施策も求められる。

　任意にCSR課題に取り組むことは，法的規制を嫌う多くの企業が求めていることでもあるが，すべてを企業の自発性に依存することにも限界がある。企業活動を通して意図的にあるいは意図せざるとも環境や社会に与えるネガティブな影響に対して，企業がすべて事前に自主的に対処し得るのであれば，これまで多くの企業犯罪や不祥事も起こらなかったであろう。

　このようにCSRは法律で規制するだけで，また逆に自発的な取り組みだけですべて解決できるというものではない。先に指摘したように，産業・企業によって課題は異なるし，さらに国・地域によって政府や市民社会セクターの役割は異なるため社会的・環境的課題への取り組み方も異なってくる。

　CSRの議論が広がっていくことで，現実的には企業は単に批判に応える，あるいは政策の枠組み内で対応するということにとどまるのではなく，責任ある競争力を高め新しい価値を生み出していく戦略的な取り組みが求められるようになっている。同時に，労働・人権や環境問題，さらに情報開示については，法的な規制を行う方向も必要になっている。

　自発か規制かについて，実際にあった討議をみておこう。EUではCSRの政策議論が本格的に始まった2000年代前半，企業側とNGO側で対立があった。ECにおいて開催されたMulti-Stakeholder Forum（2002-2004年）において（p.76参照），産業界はCSRを自発的な取り組みと捉え，CSRに関する規制的政策は

取られるべきではないと主張した。一方NGOや消費者団体は，企業の環境・
消費者・人権問題に対して法的規制が必要であると反論した。続くその後の
フォーラムEuropean Alliance for CSRにおいても，両者の対立は続く。フォー
ラムでの代表的な意見をまとめてみよう（谷本編，2004）。

- ■　NGO側は，CSRには規制が必要と主張している。

> Amnesty International（人権NGO）：「人権の問題に関しては強い規制的アプ
> ローチが必要である。とくに第三国での活動に責任をもち人権問題について情
> 報を明らかにしていくことが求められる。」
> BEUC（欧州消費者連合会）：「消費者問題について言えば，企業の透明性をい
> かに確保するか報告書など情報開示に関しては法的規制が必要である。」

- ■　それに対し企業側は，CSRに一律の規制を設けることを批判している。

> EuroChambres（欧州商工会議所）：「CSRについて社会的な基準を設けるのは難
> しい。法規制を設けるとそれ以上のことはしなくなり，企業の創造性を損なう。
> 企業を規制する法令化の動きにはあくまで反対だが，CSRを普及させるために
> 企業を教育・支援するような法令については歓迎する。」「ヨーロッパには中小
> 企業が多いということも考慮する必要がある。」
> CSR Europe（CSRのビジネスネットワーク）：「ECや政府の役割は，何かを課
> すことではなく支援することだ。」

その後，この対立は解決したというわけではないが，潮流としてはテーマに
よって規制を行う方向に進んでいると言える。例えば非財務情報の開示，動物
実験規制，サプライチェーンにおける労働・人権の保護など。同時に後でみる
ように，ソフトローによる取り組みも増えている。

最後に日本では，日本経済団体連合会が一貫してCSRは任意で取り組むべき
ことであり，企業行動に対する規制には反対するとの立場をとっている。「企
業の社会的責任（CSR）推進にあたっての基本的考え方」と題する声明（2004
年）で次のように示している。「本来，社会的責任に配慮した経営や，その情
報発信，コミュニケーション手法等は，企業の自主性，主体性が最大限に発揮
される分野であり，民間の自主的かつ多様な取り組みによって進められるべき
ものである。また，官主導の取り組みは，簡素で効率的な政府づくりにも反す
る。よって，CSRの規格化や法制化に反対する」。その後も日本では政策立案，
法制化に向けた具体的議論はなされていない。

第2節　CSRは自発的なものか規制すべきものか

1．公共政策の類型

　本章のテーマは，個々の企業がそれぞれにCSR活動を行ったとしても，システム全体として社会的・環境的課題が解決するとは限らないこと，またCSR活動に取り組む企業が増えても社会的・環境的な課題に取り組む方向性がばらばらであれば，自動的に社会の持続可能な発展につながっていくとは限らないということであった。それぞれの企業が意味のある活動を行ったとしても，個々の企業のベネフィットとシステム全体のそれは一致するとは限らない。

　またこの問題は，政府の失敗，限界という面からも考えておく必要がある。これまでも指摘してきたように，一国政府が対応するには大きすぎる課題あるいは小さすぎる課題が存在する。経済，社会，環境にかかわる様々な課題は，これまで政府が取り組んできた課題と重なるものも多いが，対応しきれない課題も増えている。政府の財政上の制約や政府機能の非効率性のみならず，グローバル化，価値観の多様化，社会的課題の広がりあるいは問題が複雑にからみ合うことで，これまでの一国政府の政策的取り組みだけでは対応しきれなくなっていることが挙げられる。従来のような政府の国内規制では，例えば国境を越えて広がる地球温暖化問題や，多国籍企業が進出先国で引き起こす社会・環境問題の解決は難しい。また貧困問題と環境問題などは相互に関連し合っている。こういった課題は多く，従来の縦割り行政では対処できない。そういった課題の解決に近年NGOや企業がかかわるようになってきたことで，それぞれの取り組み方や，パートナーシップのあり方，そのガバナンスの仕組みが新たに問われるようになっている。企業がステイクホルダーとともに新たな対応を検討したり，イノベーションを生み出したりすることが期待されている。一定のルールを共に設定し，自らの活動をコントロールすることは重要な方策である。また関係するステイクホルダーが，ビジョンや目標を共有することも重要である。

　企業のCSR活動を促し，社会の持続可能な発展につなげていくような公共政策が求められる。市場社会においてCSRを促進するために必要な政策を3つのレベル，❶マクロレベル（政府），❷中間レベル（中間組織），❸ミクロレベル

（表9-2）公共政策の３つのレベル

❶	マクロレベル	政府
	・持続可能な発展へのビジョン・戦略の策定	
	・CSR活動を促進する公共政策	
❷	中間レベル	NGO，経済団体，労働組合，国際機関他
	・協働プラットフォームの創設	
	・行動規範・基準の策定	
❸	ミクロレベル	個別の企業
	・CSRマネジメント	
	・社会的課題への取り組み―サステナブル・イノベーションの促進	

出所：谷本（2014），p.150，一部修正。

（個別企業）から整理しておこう（谷本，2014他）。**表9-2**を参照。

❶　マクロレベル：政府は，伝統的に統制と管理（command and control）による規制を行ってきたが，近年はCSR活動を促進するためのインセンティブを設定している。規制，支援／奨励，協働といった基本的な方策については後段みていくことにしよう。そこでは，関連するステイクホルダーと連携した枠組みづくりが試みられている。さらにこういった政策を実行するに当たって，持続可能な社会づくりに向けたビジョンを策定し，共有していることが必要である。そのために政府が関係するステイクホルダーに呼びかけプラットフォームを構築し，議論し，モニターしていくことは重要な政策である。ステイクホルダーが共に議論していくプロセスが新たなガバナンスのスタイルとなっている。

❷　中間レベル（NGO，経済団体，労働組合，消費者団体，経営者グループ，大学・研究機関，国際機関など）：中間組織は，市場社会におけるCSRの進展や社会の持続可能な発展において重要な役割を果たしており，社会的課題に取り組むために企業や政府との連携を行っている。さらに複数の組織による集団的選択として，CSRの取り組みを促すプラットフォームを自発的・協働的に形成する動きがみられる。政府を含め，複数の組織が協力して，プラットフォームを構築し，共同のガイドラインやモニタリング・システムづくりを行っている。このようなスタイルについては，後段で詳しく検討していく。

❸　ミクロレベル：これは企業レベルにおいてCSRや，社会的課題に取り組む

ことを指す。企業がCSRやサステナビリティ概念を経営プロセスに組み込み，新しい組織をつくっていくにはイノベーティブなアプローチが求められ，また環境的・社会的課題への取り組みに当たってもソーシャル・イノベーションを促進する必要がある。本章では，個々の企業の力をどのようにシステム全体の持続可能な発展につなげていくかを検討している。

以下では，マクロレベルと中間レベルの政策についてみていくことにしよう。

2．マクロレベルの政策

政府は，持続可能な発展を目指し，基本的な経済・環境・社会のフレームワークを策定していく役割を担っている。持続可能な社会の構築のため，公共政策を策定し実行していくには，政府がイニシアチブを発揮し，ステイクホルダーと共に将来ビジョンを設定し，省庁横断的な枠組みをつくっていくことは必要である。共通のビジョンをもつことなく，各省庁がそれぞれの権限の範囲内で取り組むならば，ばらばらな政策が行われることになる。それでは取り組みが重複したり，予算の無駄づかいにもつながり，全体として良い結果を生み出せないことになる。そこで関係するステイクホルダーの参加を通じて，持続可能な発展のためのビジョンとそれに基づいた政策方針をつくることが求められている。

例えばEUでは，1990年代の後半から以下のような動きがみられる。2000年のミレニアムの年に，2020年までにEU経済をどのように再構築していくかについてビジョンを提起する「リスボン戦略」を発表した。「より良い雇用と社会的統合を伴う持続可能な経済成長を可能にし，より安心で健全な環境をつくり，競争的でダイナミックな知識ベースの経済を目指す，社会経済の持続可能な発展のための枠組みをつくる」ことを宣言している。

EUで持続可能な発展を進める政策の発端となったのが，1992年にリオデジャネイロで行われた地球サミットである。その際採択された，「アジェンダ21」の中で，今後各国は持続可能な発展のための国家戦略づくりと，持続可能な発展委員会を設置することを求めている。これを受けてECは，マルチ・ステイクホルダーで構成され運営される「持続可能な発展委員会」を設置し，持続可能な発展に向けた国家戦略の策定作業を進めた。ここでは，関係するステイクホルダーが一堂に会し，多様なテーマを含む持続可能な発展について議論

を行い，理解を深め，どのように社会・環境問題にコミットしていけば良いか
を考えてきた。政府にとっては，新しい政策策定のプロセスになったのみなら
ず，他のステイクホルダーがどのように考えているのか，政府が果たすべき新
しい役割を学ぶ機会となった。2001年に「EU持続可能な発展戦略」を発表し，
経済的発展，社会的平等，環境保護をトータルに捉えること（p.10の図1-2参
照），その原則と目標，国際的な責任が宣言されている。政府，企業，労組，
そして市民セクターが協働し，イノベーティブな方策を議論している。日本で
はこういった議論はなされてこなかった。

　ところで，CSRを促進する政府の役割，公共政策については，様々に議論さ
れている（Fox et al., 2002；McBarnet, 2007；Gond, Kang & Moon, 2011など）。
Fox et al.（2002）は，次のように説明している。1）命令：いわゆる管理・統
制を目的とした法律制定，規制と監視，法的および財政的な懲罰と報償を行う
こと。2）促進：取り組みを促進させる法律制定，資金的支援，インセンティ
ブづくり，意識啓発，キャパシティ・ビルディング，そして市場を刺激するこ
と。3）協働：資源を結びつけること，ステイクホルダー・エンゲージメント
を行い，対話を進めること。4）承認：政治的な支援，広報と顕彰。ここでの
承認とは，政策によって市場におけるCSRを支援することを指す。例えば市場
を通してCSRを促進していく公的調達基準の策定や，CSR活動の顕彰制度など。
ただこれらの活動は機能的に2）の促進と類似しており，その一方策とも言え
る。したがって，ここでは基本的な公共政策として次の3つのカテゴリー，❶
規制，❷支援／奨励，❸協働，に分けて考えていこう（表9-3）。

❶　規制（regulation）：これは企業の事業活動を管理・促進するための枠組み
　　づくりである。それには2つの基本的なアプローチがある。1）政府の法的
　　規制に基づく管理・統制（command and control），ハードローによるもの，
　　2）法的な強制力よりは弱い拘束力をもった諸規範，ソフトローによるもの。

（表9-3）政府の公共政策の3つのカテゴリー

❶ 規制	ハードロー，ソフトローの設定
❷ 支援／奨励	財政政策，基準づくり，啓発活動，広報
❸ 協働	ビジョン／政策の策定，実施における協働

出所：谷本（2014），p.152.

１）は，例えば有害物質などの規制によって消費者の安全を守る場合不可欠なアプローチである。また上場企業に非財務情報の開示を求める法律も，EU諸国や南アフリカなどで広くみられるようになっている。2）は，強制執行力はないものの一定の拘束力をもつルール・規範であり，企業がCSR課題に取り組むよう促進するアプローチである。中でも国際機関やNGOなどが定める企業行動規範やガイドラインが市場取引の条件に入ってくると，その企業に対する拘束力は強まる。例えば，ISO26000やUNGC，また業界やテーマごとの自主的なガイドラインなど。サプライヤーは親会社との取引契約において調達基準にそれら国際的な行動規範が組み込まれると，無視することはできず対応に迫られる。事前に組織に対するマイナスの影響を回避・軽減するために，その立場に相当な注意を払うこと，その仕組みを経営プロセスに組み入れていくこと＝デュー・ディリジェンスが要請される。近年「法の支配の限界から契約による支配へ」という理解も広がっている。このようにCSR条項が取引契約に入ってくることによって，各企業はその要請に対応せざるを得なくなっている。

　また政府がその調達基準にCSRの項目を入れたり，公的年金の運用基準にESGを組み入れたりすること自体が市場にメッセージを与え，企業のCSR活動を促進していくことになる。典型的な事例として，イギリスでは2000年に年金法の改正において，年金基金は投資判断およびその方針において社会的・環境的・倫理的配慮を行っている場合は，どの程度行っているか開示することが求められるようになった。これはSRI運用を義務づけるものではなく，ソフト規制のスタイルの1つである。

❷　支援／奨励（facilitation）：これはCSRを促進するための制度的支援策づくりである。このアプローチには財政的枠組みづくり（資金的支援）に関するものや，社会的に責任ある企業への顕彰制度，CSRの啓発活動の促進，広報，CSRに関する調査や，研修・教育（キャパシティ・ビルディング），教材の開発などがある。規制ではなく，財政的・非財政的方策によって，直接的・間接的にCSRに取り組む環境を整えることが課題となる。CSRの啓発活動も各国で取り組まれている。大企業のみならず，中小企業に対する支援も求められる。CSR研修，ネットワーキング，新しいテーマや規範に関する情報提供やアドバイスを行うことも重要である。

❸　協働（collaboration）：これは政府，企業，NGO，経済団体，労働組合，消費者団体など関係するステイクホルダーが協力し，社会的・環境的課題に取り組んでいくことである。CSRを市場社会に組み入れていくためには，政府だけでは能力的にも実務的にも難しい。それは国際機関においても同じである。他のセクターとの連携は，適切なCSR基準を策定したり，ローカルあるいはグローバル・コミュニティで実行していく際にも必要である。政府主導ではなく，関係するステイクホルダーが連携し，CSRの課題に取り組むスタイルは次の3.でみていく。

ところで実務的な観点からすると，政府はCSR課題に対し1つの政策で取り組むというよりも，いくつかの政策を組み合わせることが有効である。例えば，企業にCSRの情報開示を促すために，義務化（法律の制定），支援／奨励（ガイドラインの設定や顕彰，啓発活動），協働（ガイドラインの作成，または開示情報の検証，評価などにおいてステイクホルダーと連携）といった方法を組み合わせていくことで，実現可能性を高めることができる。また一律の基準を決めることが政治的に難しいような場合，より柔軟に対応することが求められる。国・地域によっては，市場社会の構造やルールが異なる。さらに法的な基準を決めた場合，その最低ラインを守りさえすればいいとなってしまう場合も少なくない。企業の持続可能な発展への貢献は，法的規制を守れば達成されるものではなく，イノベーティブな取り組みによって成し遂げられることが重要で，そこに企業ならではの可能性がある。政府は持続可能な発展に向けた国としてのビジョンを示し政策を立てることで大きな方向性を示したり，企業の取り組みを財政的・非財政的に支援したりすることが期待される。

3．中間レベルのプラットフォーム

　単一組織では対応しない複雑なCSR課題に取り組むため，1990年代以降関係するステイクホルダーが協働してプラットフォームを構築し対応する動きが広がっている。政府，国際機関，NGO，企業などマルチ・ステイクホルダーによるイニシアチブは，共にスタンダードをつくり，モニターし，認証する新しい可能性を展開している。マルチ・ステイクホルダーによるCSRイニシアチブの取り組みについてみていこう。このスタイルは，表9-4のように分類でき

表9-4 CSRイニシアチブ

```
┌ ・単一組織（国際機関，政府，NGOなど）
│ ・組織間協働 ┌ ・単一セクター内（ビジネス・イニシアチブ：BI）
└           └ ・複数セクター間（マルチ・ステイクホルダー・イニシア
                チブ：MSI）
```

る（Tanimoto, 2019）。

　単一セクター内の協働は，例えば，同一産業内でのビジネス・イニシアチブ（BI）が挙げられる。代表的なものとしては，第4章で取り上げたエレクトロニクス関係の企業によるEICC：（Electronic Industry Citizenship Coalition, 2017年RBAに改称）がある。

　複数セクター間の協働は，マルチ・ステイクホルダー・イニシアチブ（MSI）と呼ばれる。例えば，1）国連が中心になったUN Global Compact，2）ISOにおけるISO26000，3）NGOが中心になったForest Stewardship Council（FSC, 1993），Global Reporting Initiative（GRI, 1997），Social Accountability International（SAI, 1997），Fair Labor Association（FLA, 1999）など。

　まず単一セクターによるビジネス・イニシアチブの意義と課題についてみていこう。EICC（第4章第2節）は，エレクトロニクス関係の企業による責任あるサプライチェーン・マネジメントをサポートし，持続可能な社会づくりを目指すCSR調達システムのプラットフォームである。参加企業は，自発的にプラットフォームを形成し，外部権力から独立して共に管理運営，モニター，サンクションのシステムをつくっている。これは私的な合意であるが，影響力あるメンバーが参加し実効性を高めていくことで，参加企業が増えていった。

　背景を再確認しておこう。EICCはHewlett-Packard（HP）が中心となって2004年にICT業界で構築されたCSR調達の共同管理システムである。HPはその前年の2003年，イギリスの貧困・人権NGOであるCAFODからサプライチェーンにおける労働条件の改善に関する批判・要求を受けたことへの対策として，Social and Environmental Responsibility Supplier Code of Conductを策定し（コンプライアンス，環境経営，従業員の健康・安全，人事管理の4項目に関して），すぐに実行に移した。この動きは直ちに同業他社に影響を与えた。

Dell, IBM, Cisco Systems, Microsoft, Intelなどが追随し，すぐに協働してエレクトロニクス産業の行動規範：Electronic Industry Code of Conductを策定した。そこでは，労働，安全・衛生，環境，倫理，マネジメント・システムの5つの項目について調達基準が設けられている（p.107）。このシステムのメリットは，協働して管理しモニターを行うことで，メーカーとサプライヤー両方にとってプラスになるところにある。つまり1つの企業がサプライチェーンにおけるCSR調達の基準・仕組みをつくり，数多くのサプライヤーへの指導・管理・モニターをしていくには膨大なコストと手間がかかる上に，その実効性・信頼性をどう担保するかという問題も出てくる。また企業側は法的規制を避けるためにも，複数企業が協力して共同システムをつくることにメリットを見出している。さらにサプライヤー側からしても，複数の企業から異なる基準を要求されると対応に苦慮することになるので，できれば手間とコストを削減したいという思惑とも合致する。

　図9-1を参照。まず1）企業ごとにサプライチェーンにおけるCSR調達の基準・仕組みをつくり，サプライヤーへの指導・管理を徹底しモニターをしていくには膨大なコストと手間がかかるため（図9-1のA），できれば避けたい。あるいは個々に実効性・信頼性を担保するために法的規制が求められる可能性が出てくると，企業側はできればそれは避けたい。そして2）サプライヤー側からすれば，複数の企業からそれぞれに異なる基準を要求されると大変な作業になるためできれば避けたい。そこでEICCのような共通のプラットフォームがあれば（図9-1のB），これらの問題を解決することが可能になる。

　しかしながらデメリットもある。単一セクター内で企業が協働してつくったプラットフォームでは，定期的な監査・モニターや情報開示がどこまで強制できるのか，コンプライアンスのあり方に問題がある。また途上国のサプライチェーンにおける労働条件や賄賂などに関する問題を，どこまで自律的にチェックできるのかという問題もある。解決しなければならない点があるという「診断」ができたとしても，その「治療」はなかなかしにくいという批判もある。ビジネス・イニシアチブではセルフチェックにとどまり，第三者機関による監視，規制ができていないということである。NGOなど外部の第三者がこのプラットフォームに参加し，協働していくことが必要だと言える（Tanimoto, 2019）。

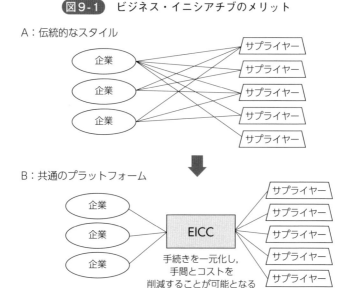

図9-1 ビジネス・イニシアチブのメリット

A：伝統的なスタイル

B：共通のプラットフォーム

　複数のセクター間でのマルチ・ステイクホルダー・イニシアチブ（MSI）については，次節で考えていこう。

第3節　マルチ・ステイクホルダー・イニシアチブとは何か

1．マルチ・ステイクホルダー・イニシアチブの取り組み

　MSIの典型的な事例として，ここでは第3章でみたSAIの規格SA8000とISOの規格ISO26000を取り上げよう。

　SAIは1997年セクターを越えた協力によって設立されたNGOであり，働く現場における人権を守るため社会的に責任あるビジネスを構築していくことに特化したスタンダードSA8000を策定している。SAIの特徴は，図9-2のように，企業，政府，NGO，労組，学界など，関係するステイクホルダーが協働してこのプラットフォームをつくっているところにある。スタンダードの策定プロセスから，実施プロセスにおいても，ステイクホルダーが協働して取り組んでいる。さらに他の倫理規定とは異なり，構築されたマネジメント・システムを独立した第三者機関が認証するシステムとなっている。

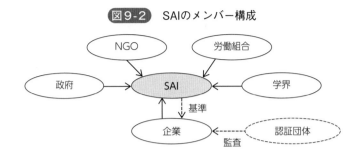

図9-2　SAIのメンバー構成

　SA8000は国連やILOの人権・労働に関する規約をベースに9つの項目から構成されている（p.68参照）。1998年以来，認証された組織は徐々に増え，2019年12月時点で4,300を超えている。UNGCと同様，2000年代後半以降参加企業が急増している。SA8000は，労働者にとってはトレーニングによる技能の向上，労働災害の減少，職場におけるコミュニケーションの向上，労働組合を組織する機会を得ること，サプライヤーにとっては欠勤や転職率の減少，コスト効果的で信頼できる操業が可能になっている。企業は，他のステイクホルダーと共に協働的なイニシアチブによって策定された基準を組み込んでいくことによって，サプライチェーンと共に責任ある調達体制を整えアカウンタビリティを高めていくことができる。そのことで消費者や投資家から支持を得て，企業価値を高めていくことができる。

　もう1つの例として，2010年に施行された社会的責任の規格ISO26000がある。ISO26000は，主な5つのステイクホルダー：産業界，政府，消費者団体，労働組合，NGO，それにその他の専門家の代表が，先進国，途上国から参加して策定された（図9-3参照）。さらに450のエキスパート，210のオブザーバー，世界99カ国からの代表，42の関係機関が加わった。ISO史上最大規模のプロジェクトとなった。

　注：日本からは5つの主要ステイクホルダーのうち，当初経団連，主婦連，連合の3つの代表の参加にとどまった。政府はオブザーバーとしての参加にとどまり，NGOからの参加はなく，終盤のステージになって参加したが，主導的な役割を果たせたわけではない。経団連は，当初はCSRのISO化に反対していたが，規格化への強い流れに呼応して，規格化決定以降は策定作業にかかわってきた。

266

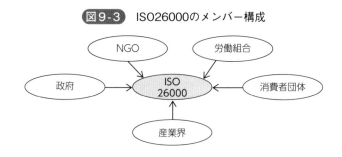

図9-3 ISO26000のメンバー構成

NGO

労働組合

政府

ISO 26000

消費者団体

産業界

　ワーキンググループ構成に当たっては，基本的に先進国・途上国，そして各
ステイクホルダーの代表が入るように調整された。各代表は同じレベルで意見
を交換し，議論を重ね，単純な多数決はとらないように取り組んできた。政府
代表は自国の利害を主張するが，彼らが全体調整をリードするわけではない。
また各国から参加するステイクホルダーは，自国の利益を最大化するために交
渉するわけではない。国境や国益にとらわれず，その領域の専門家として参加
してきた。ISO26000策定の最後の会議が2010年コペンハーゲンで行われた際，
オランダの経済ビジネス大臣は次のようにスピーチをしている。「ISO26000は
グローバルな協働の画期的な出来事であった」，「ISO26000はマルチ・ステイ
クホルダーの試金石であった」と。ISOにおけるこの規格は，マルチ・ステイ
クホルダーの枠組みによって規格づくりをするという，これまでになかった実
験であり，また社会的課題に取り組む新しい試みでもあった。ISO26000には
7つの原則と7つの主題が示されている。詳しくは第3章（pp.64-66）参照。

2．グローバル・ガバナンスの変化

　マルチ・ステイクホルダーによってCSRイニシアチブがつくられてきた背景
には，すでにみたように，1990年代以降国際関係が複雑化し，個々の問題を切
り離して議論できなくなっていることが挙げられる。国境を越えて広がるグ
ローバルな課題に対する議論の仕方，取り組み方が変化している。一国政府，
1つの組織では解決しきれない地球温暖化問題への対策のように，先進国，新
興国，途上国各国の利害がぶつかり合い対立する課題が増えている。また課題
そのものが複合的で，経済，環境，社会の諸要素は切り離せず，トータルに捉
えて解決策を考えていかねばならないことが増えている。既存の制度的枠組み，

境界線を越えた議論が必要になってきているのである。

　これまでグローバルな課題には，主に国連を中心とする国際機関がかかわり議論してきた。そもそも国連は，第二次世界大戦以降の国際社会の平和で安全な秩序を維持させるため戦勝国を中心につくられた組織であるが，その後拡大し2019年現在193カ国の代表が参加している。国際環境が大きく変化する中，国連は設立当初とは性格を変えてきている。安全保障の問題のみならず，経済，環境，社会などの問題についても，各国間の調整を行う役割を期待されるようになっている。戦後，それぞれの課題について，専門の補助機関をつくってきた（国連ファミリー）。例えば，UNDP（国連開発計画），UNEP（国連環境計画），UNICEF（国連児童基金）など。さらにUNEPfi（国連環境計画・金融イニシアチブ）やUNGC（国連グローバル・コンパクト），PRI（責任投資原則）などのイニシアチブもつくられている。そこに政府代表のみならず，近年NGOや企業など関係するステイクホルダーの代表も参加するようになっている。グローバル・ガバナンスのあり方は大きく変わり，多くの国際的な経済会議や国連の関係機関の会議にも，ステイクホルダーの代表が参加するようになっている。

　政府，企業，NGOなどが協働するマルチ・ステイクホルダー・イニシアチブが，市場社会から受け入れられるようになるには何が必要か。多様なメンバーをどのように選出し参加のシステムをいかにつくり，運営・統治し，活動のアカウンタビリティを明らかにしていくか。ベストのガバナンス・モデルというものがあるわけではない。これまでのISO26000のようなマルチ・ステイクホルダーによる取り組みにおいても，具体的な議論を行っていくプロセスの中で，議論の仕方やルールも考えられてきた。マルチ・ステイクホルダー・プロセスは民主的ではあるが，非常に複雑なプロセスである。単純な多数決はとりにくく，時間と手間がかかる。協議の内容は透明性を確保し，誰でもがアクセスできるようにすることが求められる。アカウンタビリティを欠くと，マルチ・ステイクホルダーによる議論の正統性が成り立たなくなり，ガバナンスが機能しなくなる。協議，透明性，説明責任という原則に基づく協働の精神をベースに置くことが重要である（Commission on Global Governance, 1995）。

　共通のプラットフォームにおいて関係するステイクホルダーが協働しコミットするようになることで，これまでとは統治の仕方が変わってきたと言える。様々なステイクホルダーがグローバルな課題の解決に関するビジョン，指針，

戦略について議論，決定，実施していくプロセスに参画するようになっている。Hirschland（2006）は，従来のような政府の代表がリードする制度的枠組みと，マルチ・ステイクホルダーによる実際の取り組みの間には，ガバナンス・ギャップ（governance gap）が存在すると指摘する。グローバル・ガバナンスとは，「一組織だけでは解決が困難なグローバルな課題に対し，政府のみならずNGOなど多様なステイクホルダーが協働して取り組み，解決を図る枠組み」である（Tanimoto, 2012）。マルチ・ステイクホルダーによって意思決定していくプロセスは新しい民主主義のスタイルであり，ガバナンスのルールを共につくり共有していく必要がある。マルチ・ステイクホルダーによって持続可能な発展にかかわる諸課題を議論していくためには，「良いガバナンスが必要である」と言われる。OECD（2007）のレポートでは，「良いガバナンスと健全な管理が持続可能な発展政策を実施する際の前提」であると指摘している。

3．マルチ・ステイクホルダー・イニシアチブのデザイン

　マルチ・ステイクホルダー・イニシアチブ（MSI）をデザインする際のポイントをまとめておこう（Hemmati, 2002；谷本，2013；Tanimoto, 2019他参照）。

- 課題に関係するステイクホルダーが共通の目標に向かってMSIに参加すること。その際，誰がどのように参加するのか，ルールを共有する必要がある。
- MSIにおいては，メンバーの多様性，継続的コミットメントが重要である。
- 持続可能な発展にかかわる課題（SDGs）の解決に向けた政策の策定・実施において，各ステイクホルダーは他の参加者の立場・役割を学習する（相互理解）が必要である。
- 透明性とアカウンタビリティを確保すること。誰もがアクセス可能であることは，MSIの正統性にかかわる。
- MSIにおけるリーダーシップは，p.145でみたように，次の4点にまとめられる。1）ヴィジョナリー，2）エンパワリング，3）コラボラティブ，4）イノベーティブ。
- MSIは政府に取って代わるわけではない。あくまで政府も共にMSIにかかわり，共同してサステナビリティ，CSRを促進させていくことが期待される。
- MSIが持続可能な発展にかかわる課題の解決にどの程度貢献できるのか，その有効性の評価もイニシアチブの正統性にかかわる。

　以上のように，グローバル・ガバナンスのスタイルが変わる中，MSIにおける議論は新しい民主主義の動きといえる。ISO26000などは，マルチ・ステイクホルダーで社会的な規範を策定し共有していく新しいモデルの可能性を示したと言える。「ISOでの取り組みは，国連のシステムと同じ位，今日のグローバルな政治秩序にとって重要になっている。それは，グローバルな産業，経済のガバナンスに対して，非常に重要なものとなってきた」と指摘されている（Murphy & Yales, 2009）。さらにISO26000の「自発的合意プロセスは，品質管理システム（ISO9000）や環境管理システム（ISO14000）での経験と合わせて，他のNGOや国連がやってきた努力よりも，CSRの問題に対してより良いアプローチをすることができ，より良い成果をあげられる」と指摘されている。

　もっともISO26000やUNGCには第三者認証もモニタリングの仕組みもない。そこが批判される部分ではあるが，市場取引の中に組み込まれ，多くのステイクホルダーから支持を得ることで，ソフトローとして機能することができる。

　CSR政策についてこれまでは，政府による規制か企業の自発的取り組みかの二分法で議論されてきた。しかし，それだけではCSRという課題には対応しきれないことを考えてきた。責任ある経営それ自体を法的に義務づけ管理することは現実的ではない。また個々の企業が思い思いに取り組むだけでは限界がある。この単純な二分法を越え，中間レベルで関係する主体が公共政策やルールを共につくっていくMSIのプロセスが大きな役割を果たすようになってきた（図9-4）。個々の企業がただ自由に取り組むのではなく，課題ごとに関係するステイクホルダーが自主的に協働してプラットフォームをつくり，そこで決めたルールを共に遵守しチェックしていく。そういった取り組みを各ステイクホルダーが理解し，そしてそのことを市場が支持し評価することで，企業はCSRに戦略的にコミットしていくことになる。今後こうした仕組みを定着させていくことが，持続可能な発展に取り組んでいくに当たって重要な課題と言える。

図9-4　企業とマルチ・ステイクホルダー・イニシアチブ

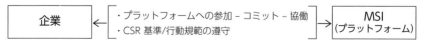

出所：Tanimoto（2019），p.712より。

文献リスト

［参考書］

■基本用語を解説した辞典および辞書

Idowu, S. O., Capaldi., N, Zu, L. & Das Gupta, A. (eds.) (2012) *Encyclopedia of Corporate Social Responsibility*, Heidelberg, Springer.

Idowu, S. O., Capaldi, N., Fifka, M., Zu, L. & Schmidpeter, R. (eds.) (2015) *Dictionary of Corporate Social Responsibility*, Heidelberg, Springer.

■代表的なテキスト

Bhattacharya, CB, Sen, S. & Korschun, D. (2011) *Leveraging Corporate Responsibility: The Stakeholder Route to Maximizing Business and Social Value*, Cambridge, Cambridge University Press.

Blackburn, W. R. (2007) *The Sustainability Handbook*, Environmental Law Institute, Washington D. C., ELI Press.

Carroll, A. B., Brown, J. & Buchholtz, A. K. (2017) *Business & Society: Ethics, Sustainability, and Stakeholder Management*, 10th ed., Boston, South-Western Cengage Learning.

Lawrence, A. T. & Weber, J. (2017) *Business and Society: Stakeholders, Ethics, Public Policy*, 15th ed., New York, McGraw-Hill.

Molthan-Hill, P. (ed.) (2014) *The Business Student's Guide to Sustainable Management: Principles and Practice*, Sheffield, Greenleaf.

Moon, J. (2014) *Corporate Social Responsibility*, A Very Short Introduction, Oxford, Oxford University Press.

Rasche, A., Morsing, M. & Moon, J. (eds.) (2017) *Corporate Social Responsibility: Strategy, Communication, Governance*, Cambridge, Cambridge University Press.

Robertson, M. (2014) *Sustainability Principles and Practice*, Abingdon, Routledge.

Steiner, J. F. & Steiner, G. A. (2012) *Business, Government, and Society: A Managerial Perspective Text and Cases*, 13th ed., New York, McGraw-Hill Irwin.

Waddock, S. (2008) *Leading Corporate Citizens: Vision, Values, Value Added*, New York, McGraw-Hill Irwin.

■関連主要論文を収録した読本 (reader)

Crane, A., Matten, D. & Spence, L. J. (eds.) (2008) *Corporate Social Responsibility: Readings and Cases in a Global Context*, Abingdon, Routledge.

Crane, A., McWilliams, A., Matten, D. & Siegel, D. (eds.) (2008) *The Oxford Handbook of Corporate Social Responsibility*, Oxford, Oxford University Press.

Matten, D. & Moon, J. (eds.) (2013) *Corporate Citizenship*, Cheltenham, Edward Elgar.

Wasieleski, D. & Weber, J. (eds.) (2017) *Stakeholder Management*, Bingley, Emerald.

Weber, J. & Wasieleski, D. (eds.) (2018) *Corporate Social Responsibility*, Bingley, Emerald.

［本書で参照した文献］

AccountAbility (2011) *AA1000 Stakeholder Engagement Standards*, London, AccountAbility.

AccountAbility (2018) *AA1000 Accountability Principles*, London, AccountAbility.

Adkins, S. (1999) *Cause Related Marketing*, London, Routledge.

Alcaraz, J. M. & Thiruvattal, E. (2010) "An Interview With Manuel Escudero The United Nations' Principles for Responsible Management Education: A Global Call for Sustainability", *Academy of Management Learning and Education*, Vol. 9, No. 3, pp.542-550.

Alvord, S. H., Brown, D. & Letts, C. W. (2004) "Social Entrepreneurship and Societal Transformation: An Exploratory Study", *The Journal of Applied Behavioral Science*, 40(3), Sep., pp.260-282.

Andreasen, A. R. (1996) "Profits for Nonprofits: Find a Corporate Partner", *Harvard Business Review*, Nov-Dec.

Arnott, N. (1994) "Marketing with a Passion", *Sales and Marketing Management*, Vol. 146, No. 1, pp.64-71.

Arya, B. & Salk, J. E. (2006) "Cross-Sector Alliance Learning and Effectiveness of Voluntary Codes of Corporate Social Responsibility", *Business Ethics Quarterly*, Vol. 16, Issue 2, pp.211-234.

Ashman, D. (2001) "Civil Society Collaboration with Business: Bringing Empowerment Back in", *World Development*, Vol. 29, No. 7, pp.1097-1113.

Aupperle, K. E., Carroll, A. B. & Hatfield, J. D. (1985) "An Empirical Examination of the Relationship between Corporate Social Responsibility and Profitability", *Academy of Management Journal*, Vol. 28, No. 2, pp.446-463.

Austin, J. E. (2000) *The Collaboration Challenge: How Nonprofits and Business Succeed Through Strategic Alliances*, Harvard Business School, San Francisco,

Jossey-Bass Publishers.

Barney, J. B. (1996) *Gaining and Sustaining Competitive Advantage*, Boston, Addison-Wesley.（岡田正大訳『企業戦略論－競争優位の構築と持続』ダイヤモンド社, 2003年）

Bazerman, M. H. & Tenbrunsel, A. E. (2011) *Blind Spots: Why We Fail to Do What's Right and What to Do about It*, Princeton, Princeton University Press.（池村千秋訳『倫理の死角』NTT出版, 2013年）

Berle, A. A. & Means, G. C. (1932) *The Modern Corporation and Private Property*, New York, Macmillan.（北島忠男訳『近代株式会社と私有財産』文雅堂書店, 1958年）

Blair, M. M. & Stout, L. A. (2001) "Corporate Accountability: Director Accountability and the Mediating Role of the Corporate Board", *Washington University Law Quarterly*, Vol. 79, Part 2, pp.403-448.

Bollier, D. (1997) *Aiming Higher: 25 Stories of How Companies Prosper by Combining Sound Management and Social Vision*, New York, Amacom.

Bornstein, D. (2004) *How to Change the World: Social Entrepreneurs and the Power of New Ideas*, Oxford, Oxford University Press.

Borzaga, C. & Defourny, J. (2001) *The Emergence of Social Enterprise*, New York, Routledge.（内山哲朗, 石塚秀雄, 柳沢敏勝訳『社会的企業』日本経済評論社, 2004年）

Brinckerhoff, P. C. (2000) *Social Entrepreneurship: the Art of Mission-Based Venture Development*, New York, John Wiley and Sons.

Bustamante, S. (2011) *Localization vs. Standardization: Global Approaches to CSR Management in Multinational Companies*, Working Paper of HWR Berlin, No. 6.

Cadbury, A. (2000) "The Corporate Governance Agenda", *Corporate Governance: An International Review*, Vol. 8, No. 1, pp.7-15.

Carroll, A. B. (1979) "A Three-Dimensional Conceptual Model of Corporate Performance", *Academy of Management Review*, Vol. 4, No. 4, pp.497-505.

Chesbrough, H. (2003) *Open Innovation: The New Imperative for Creating and Profiting from Technology*, Boston, Harvard Business School Press.（大前恵一朗訳『OPEN INNOVATION－ハーバード流イノベーション戦略のすべて』産業能率大学出版部, 2004年）

Chouinard, Y. & Stanley, V. (2012) *The Responsible Company: What We've Learned from Patagonia's First 40 Years*, Ventura, Patagonia Books.（井口耕二訳『レスポンシブルカンパニー』ダイヤモンド社, 2012年）

Cochran, P. L. & Wood, R. A. (1984) "Corporate Social Responsibility and Financial Performance", *Academy of Management Journal*, Vol. 27, No. 1, pp.42-56.

Cohen, B. & Greenfield, J. (1997) *Ben Jerry's Double Dip: Lead With Your Values and Make Money, Too*, New York, Simon & Schuster.

Commission on Global Governance (1995) *Our Global Neighborhood*, Oxford, Oxford University Press. (京都フォーラム監訳『地球リーダーシップ－新しい世界秩序をめざして　グローバルガバナンス委員会報告書』日本放送出版協会, 1995年)

Crane, A., Palazzo, G., Spence, L. & Matten, D. (2014) "Contesting the Value of 'Creating Shared Value'", *California Management Review*, Vol. 56, No. 2, pp.130-153.

Davidson, D., Tanimoto, K., Jun, L., Taneja, S., Taneja, P. & Yin, J. (2018) "Corporate Social Responsibility across Asia", in Weber, J. and Wasieleski, D. (eds.), *Corporate Social Responsibility*, Bingley, Emerald.

Davis, K. & Blomstrom, R. L. (1971) *Business, Society and Environment: Social Power and Social Response*, 2nd ed., New York, McGraw-Hill.

Dees, J. G. (1998) "Enterprising Nonprofit", *Harvard Business Review*, Jan.-Feb. Vol. 76, Issue 1, pp.54-67.

Dees, J. G., Emerson, J. & Economy, P. (2001) *Enterprising Nonprofits: A Toolkit for Social Entrepreneurs*, New York, John Wiley and Sons.

Devinney, T. M., Auger, P. & Eckhardt, G. M. (2010) *The Myth of the Ethical Consumer*, Cambridge, Cambridge University Press.

de Wit, M., Wade, M. & Schouten, E. (2006) "Hardwiring and Softwiring Corporate Responsibility: a Vital Combination", *Corporate Governance: The international journal of business in society*, Vol. 6, No. 4, pp.491-505.

DiMaggio, P. J. & Powell, W. W. (1983) "The Iron Cage Revisited: Institutional Isomorphism and Collective Rationality in Organizational Fields", *American Sociological Review*, Vol. 48, No. 2, pp.147-160.

Dore, R. P. (1993) "What Makes Japan Different?", in Crouch, C. & Marquand, D. (eds.), *Ethics and Markets: Cooperation and Competition within Capitalist Economies*, Oxford and Cambridge, MA, Wiley-Blackwell.

Dore, R. P. (2000) *Stock Market Capitalism: Welfare Capitalism: Japan and Germany versus the Anglo-Saxons*, Oxford, Oxford University Press. (藤井眞人訳『日本型資本主義と市場主義の衝突』東洋経済新報社, 2001年)

Drucker, P. F. (1985) *Innovation and Entrepreneurship: Practice and Principles*,

New York, Harper and Row. (上田惇生，佐々木実智男訳『イノベーションと企業家精神』ダイヤモンド社，1985年)

Edwards, A. R. (2005) *The Sustainability Revolution: Portrait of a Paradigm Shift*, Gabriola Island, New Society Publisher.

Elkington, J. (1997) *Cannibals with Forks: the Triple Bottom Line of 21st Century Business*, North Mankato, Capstone Publishing.

Elkington, J. (2018) "25 Years Ago I Coined the Phrase 'Triple Bottom Line'. Here's Why It's Time to Rethink It", *Harvard Business Review*, June 25.

Emerson, J. & Twersky, F. (1996) *New Social Enterprise*, San Francisco, REDF.

Fombrun, C. J. (1996) *Reputation: Realizing Value from the Corporate Image*, Boston, Harvard Business School Press.

Fombrun, C. J. & Shanley, M. (1990) "What's in a Name? Reputation Building and Corporate Strategy", *Academy of Management Journal*, Vol. 33, No. 2, pp.233-258.

Fox, T., Ward, H. & Howard, B. (2002) *"Public Sector Roles in Strengthening Corporate Social Responsibility: A Baseline Study"*, Washington DC, The World Bank.

Freeman, R. E. (1984) *Strategic Management: A Stakeholder Approach*, Marshfield, Pitman Publishing.

Freeman, R. E. & Gilbert, D. R. (1988) *Corporate Strategy and the Search for Ethics*, Englewood Cliffs, Prentice Hall.

Friedman, M. (1962) *Capitalism and Freedom*, Chicago, University of Chicago Press. (熊谷尚夫，西山千明，白井孝昌訳『資本主義と自由』マグロウヒル出版，1975年)

Gable, C. & Shireman, B. (2004) "The Stakeholder Imperative", *Environmental Quality Management*, Vol. 14, Issue 2 pp.1-9.

Gatersleben, B. & Vlek, C. (1997) "Understanding Household Metabolism in View of Environmental Quality and Sustainable Development", in Antonides, G. et al (eds.), *Advances in Economic Psychology*, pp.145-168, Chichester, John Wiley and Sons.

Gond, J. P., Kang, N. & Moon, J. (2011) "The Government of Self-Regulation: on the Comparative Dynamics of Corporate Social Responsibility", *Economy and Society*, Vol. 40, No. 4, pp.640-671.

Grenier, P. (2009) "The Social Entrepreneurship in the UK: from Rhetoric to Reality?", Ziegler, R. (ed.), *An Introduction to Social Entrepreneurship*, pp.174-

206, Cheltenham, Edward Elgar.

Hansmann, H. (1987) "Economics Theories of Nonprofit Organizations", in Powell, W. W. (ed.), *The Nonprofit Sector*, New Haven and London, Yale University Press.

Hansmann, H. (1989) "The Two Nonprofit Sectors: Fee for Service Versus Donative Organizations", in Hodgkinson and Lyman (eds.), *The Future of The Nonprofit Sector*, Independent Sector.

Hanson, N. R. (1958) *Patterns of Discovery*, Cambridge University Press. (村上陽一郎訳『科学的発見のパターン』講談社, 1986年)

Hayek, F. A. (1960) "The Corporation in a Democratic Society", in Anshen, M. & Bach, G. L. (eds.), *Management and Corporations 1985*, New York, McGraw-Hill.

Hemmati, M. (2002) *Multi-stakeholder Processes for Governance and Sustainability: Beyond Deadlock and Conflict*, London, Earthscan.

Henisz, W. J. (2014) *Corporate Diplomacy, Building Reputations and Relationships with External Stakeholders*, Sheffield, Greenleaf.

Henriques, A. (2010) *Corporate Impact: Measuring and Managing Your Social Footprint*, London, Earthscan.

Himmelstein, J. (1997) *Looking Good and Doing Good: Corporate Philanthoropy and Corporate Power*, Bloomington and Indianapolis, Indiana University Press.

Hirschland, M. J. (2006) *Corporate Social Responsibility and the Shaping of Global Public Policy*, New York, Palgrave.

Hodgkinson, V. A. & Lyman, R. W. (eds.) (1989) *The Future of The Nonprofit Sector*, Independent Sector.

Jackson, G. & Apostolakou, A. (2010) "Corporate Social Responsibility in Western Europe: An Institutional Mirror or Substitute?", *Journal of Business Ethics*, Vol. 94, Issue 3, pp.371-394.

Jackson, G. & Bartosch, J. (2017) *Understanding Corporate Responsibility in Japanese Capitalism: Some Comparative Observations*, INCAS DP series 2017 #4, halshs-01680432.

Jackson, G., Bartosch, J., Avetisyan, E., Kinderman, D. & Knudsen, J. S. (2019) "Mandatory Non-financial Disclosure and Its Influence on CSR: An International Comparison", *Journal of Business Ethics*, (first online).

Jamali, D., Safieddine, A. M. & Rabbath, M. (2008) "Corporate Governance and Corporate Social Responsibility Synergies and Interrelationships", *Corporate*

Governance: An International Review, Vol. 16, No. 5, pp.443-459.

Keasey, K. & Wright, M. (1997) *Corporate Governance: Responsibilities, Risks, and Remuneration*, New York, John Wiley & Sons.

Kolb, M., Fröhlich, L. & Schmidpeter R. (2017) "Implementing Sustainability as the New Normal: Responsible Management Education-From a Private Business School's Perspective", *The International Journal of Management Education*, Vol. 15, pp.280-292.

Laszlo, C. (2008) *Sustainable Value: How the World's Leading Companies are Doing Well by Doing Good*, Stanford, Stanford University Press.

Letts, C., Ryan, W. & Grossman, A. (1997) Virtuous Capital: What Foundations Can Learn from Venture Capitalists, *Harvard Business Review*, Vol. 75, No. 2, pp.1-7.

Levermore, R. (2014) "Organizational Geographies and Corporate Responsibility: A Case Study of Japanese Multinational Corporations Operating in South Africa and Tanzania", *Journal of Corporate Citizenship*, Issue 56, pp.67-82.

Lin, I. L. (2006) *Profit through Goodwill: Corporate Social Responsibility in China and Taiwan*, Ann Arbor, UMI.

Louche, C. & Lydenberg, S. (2011) *Dilemmas in Responsible Investment*, Sheffield, Greenleaf.

Margolis, J. D. & Walsh, J. P. (2003) "Misery Loves Companies: Rethinking Social Initiatives by Business", *Administrative Science Quarterly*, Vol. 48, Issue 2, pp.268-305.

Matten, D. & Moon, J. (2008) "Implicit and Explicit CSR: A Conceptual Framework for a Comparative Understanding of Corporate Social Responsibility", *Academy of Management Review*, Vol. 33, No. 2, pp.404-424.

McBarnet, D. (2007) "Corporate Social Responsibility Beyond Law, Through Law, for Law: The New Corporate Accountability", in McBarnet, D., Voiculescu, A. & Campbell, T. (eds.), *The New Accountability: Corporate Social Responsibility and the Law*, pp.9-56, Cambridge, Cambridge University Press.

McGuire, J. B., Sundgren, A. & Schneeweis, T. (1988) "Corporate Social Responsibility and Firm Financial Performance", *Academy of Management Journal*, Vol. 31, No. 4, pp.854-872.

McGuire, J. B., Schneeweis, T. & Branch, B. (1990) Perceptions of Firm Quality: A Cause or Result of Firm Performance", *Journal of Management*, Vol. 16, Issue 1, pp.167-180.

Melucci, A.（1989）*Nomads of the Present: Social Movements and Individual Needs in Contemporary Society*, Hutchinson.（山之内靖他訳『現在に生きる遊牧民 - 新しい公共空間の創出に向けて - 』岩波書店, 1997年）

Michell, R. K., Agle, B. R. & Wood, D. J.（1997）"Toward a Theory of Stakeholder Identification and Salience", *Academy of Management Review*, Vol. 22, No. 4, pp.853-886.

Molthan-Hill, P.（ed.）（2014）*The Business Student's Guide to Sustainable Management: Principles and Practice*, Sheffield, Greenleaf.

Mort, G. S., Weerawardena, J. & Carnegie, K.（2003）"Social Entrepreneurship: Towards Conceptualization", *International Journal of Nonprofit and Voluntary Sector Marketing*, Vol. 8, No. 1.

Muller, A.（2006）"Global Versus Local CSR Strategies", *European Management Journal*, Vol. 24, No. 2-3, pp.189-198.

Muniapan, B. & Dass, M.（2008）"Corporate Social Responsibility: a Philosophical Approach from an Ancient Indian Perspective", *International Journal of Indian Culture and Business Management*, Vol. 1, No. 4, pp.408-420.

Murphy, C. N. & Yales, J.（2009）*The International Organization for Standardization: Global Governance through Voluntary Consensus*, New York, Routledge.

Myrdal, G.（1972）"Response to Introduction", *American Economic Review*, Vol. 62, No. 2, pp.456-462.

Nader, R., Green, M. & Seligman, J.（1976）*Taming the Giant Corporation*, New York, Norton & Company.

OECD（1999）*Social Enterprise*, OECD.

OECD（2005）*Oslo Manual : Guidelines for Collecting and Interpreting Innovation Data*, 3rd ed., OECD.

OECD（2007）*Institutionalizing Sustainable Development*, OECD Sustainable Development Studies.

Oster, S. M.（1995）*Strategic Management for Nonprofit Organization*, pp.140-142.

Ott, J. S.（ed.）（2001）*The Nature of the Nonprofit Sector*, Boulder, Westview.

Page, J. P.（2005）*Corporate Governance and Value Creation*, University of Sherbrook, Charlottesville, Research Foundation of CFA Institute.

Petit, T. A.（1967）*The Moral Crisis in Management*, New York, McGraw-Hill.（土屋守章訳『企業モラルの危機』ダイヤモンド社, 1969年）

Porter, M. E.（1980）*Competitive Strategy: Techniques for Analyzing Industries and*

Competitors, New York, Free Press. (土岐坤, 中辻萬治, 服部照夫訳『競争の戦略』ダイヤモンド社, 1995年)

Porter, M. E. (1990) *The Competitive Advantage of Nations*, New York, Free Press. (土岐坤, 中辻萬治, 小野寺武夫, 戸成富美子訳『国の競争優位』(上)(下) ダイヤモンド社, 1992年)

Porter, M. E. (1995) "The Competitive Advantage of the Inner City", *Harvard Business Review*, Vol. 73, Issue 3, pp.55-71.

Porter, M. E. (1998) "Clusters and the New Economics of Competition", *Harvard Business Review*, Vol. 76, Issue 6, pp.77-90.

Porter, M. E. & Kramer, M. R. (2002) "The Competitive Advantage of Corporate Philanthropy", *Harvard Business Review*, Vol. 80, Issue 12, pp.56-69.

Porter, M. E. & Kramer, M. R. (2006) "Strategy and Society: The Link Between Competitive Advantage and Corporate Social Responsibility," *Harvard Business Review*, Vol. 84, Issue 12, pp.78-92.

Porter, M. E. & Kramer, M. R. (2011) "Creating Shared Value: How to Reinvent Capitalism and Unleash a Wave of Innovation and Growth," *Harvard Business Review*, Vol. 89, Issue 1-2, Jan-Feb.

Porter, M. E. & Van der Linde, C. (1995) "Green and Competitive: Ending the Stalemate", *Harvard Business Review*, Vol. 73, Issue 5, pp.120-133.

Post, J., Preston, L. & Sachs, S. (2002) *Redefining the Corporation: Stakeholder Management and Organizational Wealth*, Redwood, Stanford University Press.

Powell, W. W. (ed.) (1987) *The Nonprofit Sector*, New Haven and London, Yale University Press.

Prahalad, C. K. & Ramaswamy, V. (2004) *The Future of Competition: Co-Creating Unique Value with Customers*, Boston, Harvard Business School Press. (有賀裕子訳『価値共創の未来へ－顧客と企業のco-creation』ランダムハウス講談社, 2004年)

Ravetz, J. R. (1971) *Scientific Knowledge and its Social Problems*, Gloucestershire, Clarendon Press. (中山茂訳『産業化科学の批判のために』秀潤社, 1977年)

Reder, A. (1994) *In Pursuit of Principle and Profit: Business Success Through Social Responsibility*, New York, Tarcher/Putnam.

Redlich, F. (1951) "Innovation in Business: A Systematic Presentation", *American Journal of Economics and Sociology*, Vol. 10, No. 3, pp.285-291.

Regeneration Project (2012a) *Unfinished Business, Perspectives from the Sustainable Development Frontier*, GlobeScan and SustainAbility.

Regeneration Project (2012b) *Re: Thinking Consumption, Consumers and the Future of Sustainability*, BBMG, GlobeScan and SustainAbility.

Reincke, W. H. & Deng, F. (2000) *Critical Choice: The United Nations, Networks, and the Future of Global Governance*, Ottawa, IDRC.

Rogers, E. (2003) *Diffusion of Innovations*, 5th ed., New York, Free Press. (三藤利雄訳『イノベーションの普及』翔泳社, 2007年)

Sagawa, S. & Segal, E. (1999) *Common Interest, Common Good*, Boston, Harvard Business School Press.

Salamon, L. M. (1987) "Partners in Public Service: The Scope and Theory of Government-Nonprofit Relations", in Powell (ed.), *The Nonprofit Sector*, New Haven and London, Yale University Press.

Salamon, L. M. (1997) *Holding the Center: America's Nonprofit Sector at a Crossroads*, New York, Nathan Cummings Foundation. (山内直人訳『NPO最前線』岩波書店, 1999年)

Salamon, L. M. (2014) *Leverage for Good: An Introduction to the New Frontiers of Philanthropy and Social Investment*, Oxford, Oxford University Press. (小林立明訳『フィランソロピーのニューフロンティア』ミネルヴァ書房, 2016年)

Sauer, D. A. (1997) "The Impact of Social-responsibility Screens on Investment Performance: Evidence from the Domini 400 Social Index and Domini Equity Mutual Fund", *Review of Financial Economics*, Vol. 6, Issue 2, pp.137-149.

Savage, G. T., Nix, T. W., Whitehead, C. J. & Blair, J. D. (1991) "Strategies for Assessing and Managing Organizational Stakeholders", *Academy of Management Executive*, Vol. 5, No. 2, pp.61-75.

Schumpeter, J. A. (1926) *Theorie der Wirtschaftlichen Entwicklung* 2., neu bearbeitete Aufl., Duncker & Humblot. (塩野谷祐一, 中山伊知郎, 東畑精一訳『経済発展の理論』(上)(下), 岩波書店, 1977年)

Scott, M. & Rothman, H. (1992) *Companies with a Conscience*, New York, Birch Lane Press.

Shane, P. B. & Spicer, B. H. (1983) "Market Response to Environmental Information Produced outside the Firm", *The Accounting Review*, Vol. 58, No. 3, pp.521-538.

Skloot, E. (1987) "Enterprise and Commerce in Nonprofit Organizations", in *The Nonprofit Sector*, ed. by Powell, W. W., New Haven and London, Yale University Press.

Sloan, P. (2009) "Redefining Stakeholder Engagement: From Control to

Collaboration. *Journal of Corporate Citizenship*, Issue 36, pp.25-40.

Smith, N. C. & Jarisch, D. (2019) "GSK: Profits, Patents and Patients: Access to Medicines", in Lenssen, G. G. & Smith, N. C. (eds.), *Managing Sustainable Business*, Dordrecht, Springer, pp.145-170.

Social Enterprise London (SEL) (2001) *Introducing Social Enterprise*, London, SEL.

Statman, M. (2000) "Socially Responsible Mutual Funds", *Financial Analysts Journal*, Vol. 56, Issue 3, pp.30-39.

Steiner, J. F. & Steiner, G. A. (2012) *Business, Government, and Society*, 13th ed., New York, McGraw-Hill Irwin.

Stiglitz, J. E. (1986) *Economics of the Public Sector*, New York, W.W. Norton. (ス ティグリッツ, J. E.『公共経済学』第 2 版, 東洋経済新報社, 2003年)

Suchman, M. C. (1995) "Managing Legitimacy: Strategic and Institutional Approaches", *Academy of Management Review*, Vol. 20, No. 3, pp.571-610.

Suto, M., Menkhoff, L. & Beckmann, D. (2005) *"Behavioural Biases of Institutional Investors under Pressure from Customers: Japan and Germany vs the US"*, Working Paper, W1F-05-006.

Suzuki, K., Tanimoto, K. & Kokko, A. (2010) "Does Foreign Investment Matter? The Effects of Foreign Investment on the Institutionalization of Corporate Social Responsibility by Japanese Firms", *Asian Business & Management*, Vol. 9, No. 3, pp.379-400.

Tanimoto, K. (2004) "Changes in the Market Society and Corporate Social Responsibility", *Asian Business & Management*, Vol. 3, No. 2, pp.151-172.

Tanimoto, K. (2009a) *"The Failure of CSR and Public Policy"*, *Proceedings of Economic Crisis and CSR*, CSR International Workshop, Korea, Kosif and Adenauer Foundation.

Tanimoto, K. (2009b) "Structural Change in Corporate Society and CSR in Japan", in Fukukawa, K. (ed.), *Corporate Social Responsibility in Asia*, London, Routledge, pp.45-65.

Tanimoto, K. (2012) "The Emergent Process of Social Innovation: Multi-stakeholders Perspective", *International Journal of Innovation and Regional Development*, Vol. 4, Nos3/4, pp.267-280.

Tanimoto, K. (2013) "Corporate Social Responsibility and Management Process in Japanese Corporations", *World Review of Entrepreneurship, Management and Sustainable Development*, Vol. 9, No. 1, pp.10-25.

Tanimoto, K. (2019) "Do Multi-Stakeholder Initiatives Make for Better CSR?",

Corporate Governance: The international journal of business in society, Vol. 19, No. 4, pp.704-716.

Tanimoto, K. & Doi, M. (2007) "Social Innovation Cluster in Action: A Case of San Francisco Bay Area", *Hitotsubashi Journal of Commerce and Management,* Vol. 41, No. 1, pp.1-17.

Tanimoto, K. & Suzuki, K. (2005) *"Corporate Social Responsibility in Japan: Analyzing the Participating Companies in Global Reporting Initiative"*, EIJS, Stockholm School of Economics, Working Paper Series, No. 208.

Tashman, P. & Raelin, J. (2013) "Who and What Really Matters to the Firm: Moving Stakeholder Salience beyond Managerial Perceptions", *Business Ethics Quarterly,* Vol. 23, Issue 4, pp.591-616.

Tompson, J., Alvy, G. & Lees, A. (2000) "Social Entrepreneurship-a New Look at the People and the Potential", *Management Decision,* Vol. 38, Issue 5, pp.328-338.

Tricker, R. I. (1994) *International Corporate Governance: Text, Readings, and Cases,* New York, Prentice Hall.

Tsai, T. & Child, J. (1997) "Strategic Responses of Multi-national Corporations to Environmental Demands", *Journal of General Management,* Vol. 23, Issue 1, pp.1-22.

Ullman, A. A. (1985) "Data in Search of a Theory: A Critical Examination of the Relationships Among Social Performance, Social Disclosure, and Economic Performance of U.S. Firms", *Academy of Management Review,* Vol. 10, Issue 3, pp.540-557.

UNEP FI (2012) *Responsible Property Investment What the leaders are doing,* 2nd ed., UNEP FI.

UNEP FI (2016) *Sustainable Real Estate Investment: Implementing the Paris Climate Agreement: An Action Framework,* UNEP FI.

Utting, P. & Marques, J. C. (eds.) (2010) *Corporate Social Responsibility and Regulatory Governance: Towards Inclusive Development?,* Hampshire, Palgrave Macmillan.

von Hippel, E. (2005) *Democratizing Innovation,* Cambridge, MA, MIT Press. (サイコムインターナショナル監訳『民主化するイノベーションの時代－メーカー主導からの脱皮』ファーストプレス, 2006年)

Waddock, S. A. (1991) "A Typology of Social Partnership Organizations", *Administration & Society,* Vol. 22, No. 4, pp.480-515.

Waddock, S. A. & Graves, S. B. (1997) "The Corporate Social Performance-Financial Performance Link", *Strategic Management Journal*, Vol. 18, No. 4, pp.303-319.

Waddock, S. A., Graves, S. B. & Gorski, R. (2000) "Performance Characteristics of Social and Traditional Investments", *The Journal of Investing*, Vol. 9, Issue 2, pp.27-38.

Wang, L. & Juslin, H. (2009) "The Impact of Chinese Culture on Corporate Social Responsibility: The Harmony Approach", *Journal of Business Ethics*, Vol. 88, Issue 3 Supplement, pp.433-451.

Weaver, G. R., TreviÑo, L. K. & Cochran, P. L. (1999) "Integrated and Decoupled Corporate Social Performance: Management Commitments, External Pressures, and Corporate Ethics Practices", *Academy of Management Journal*, Vol. 42, No. 5, pp.539-552.

Webb, D. J. & Mohr, L. A. (1998) "A Typology of Consumer Responses to Cause-Related Marketing: From Skeptics to Socially Concerned", *Journal of Public Policy & Marketing*, Vol. 17, Issue 2, pp.226-238.

Westall, A. (2001) *Value Led Market Driven: Social Enterprise Solutions to Public Policy Goals*, London, IPPR.

Weybrecht, G. (2017) "From Challenge to Opportunity-Management Education's Crucial Role in Sustainability and the Sustainable Development Goals-An Overview and Framework", *The International Journal of Management Education*, Vol. 15, Issue 2, pp.84-92.

Wokutch, R. E. & Shepard, J. M. (1999) "The Maturing of the Japanese Economy: Corporate Social Responsibility Implications", *Business Ethics Quarterly*, Vol. 9, Issue 3, pp.527-540.

Zadek, S. (2001) *The Civil Corporation: the New Economy of Corporate Citizenship*, London, Earthscan.

Zadek, S. (2006) "Responsible Competitiveness: Reshaping Global Markets through Responsible Business Practices", *Corporate Governance: The international journal of business in society*, Vol. 6, No. 4, pp.334-348.

阿部謹也 (1995)『「世間」とは何か』講談社。

上村達男 (2009)「日本に公開会社法がなぜ必要なのか」上村達男編『企業法制の現状と課題』日本評論社。

大倉邦夫 (2009)「企業の社会的事業における協働戦略」『社会・経済システム』（社会経済システム学会），第30号，pp.109-120。

大平修司（2019）『消費者と社会的課題』千倉書房。

大平修司，薗部靖史，スタニロスキースミレ（2012）「消費を通じた社会的課題の解決：日本におけるソーシャルコンシューマーの発見」（JFBS Working Paper 1）。

奥村宏（1984）『法人資本主義』御茶の水書房。

香川孝三（2002）「パキスタンインドにおけるサッカーボールの生産と児童労働」『国際協力論集』第10巻第2号，pp.31-57。

企業と社会フォーラム編（2012）『持続可能な発展とマルチステイクホルダー』（企業と社会シリーズ1）千倉書房。

企業と社会フォーラム編（2013）『持続可能な発展とイノベーション』（企業と社会シリーズ2）千倉書房。

企業と社会フォーラム編（2014）CSR and Corporate Governance,（企業と社会シリーズ3）千倉書房。

企業と社会フォーラム編（2015）『持続可能な発展と戦略』（企業と社会シリーズ4）千倉書房。

企業と社会フォーラム編（2016）『企業家精神とサステナブルイノベーション』（企業と社会シリーズ5）千倉書房。

企業と社会フォーラム編（2017）『社会的課題とマーケティング』（企業と社会シリーズ6）千倉書房。

企業と社会フォーラム編（2018）『サステナブル・エンタープライズ：企業の持続性と社会性』（企業と社会シリーズ7）千倉書房。

企業と社会フォーラム編（2019）『企業と社会の戦略的コミュニケーション』（企業と社会シリーズ8）千倉書房。

小林喜光（2011）『地球と共存する経営－MOS改革宣言』日本経済新聞社。

古村公久（2018）「日本のコーポレートガバナンス改革の現状と課題」『企業と社会フォーラム学会誌』（企業と社会シリーズ7）千倉書房，pp.15-32。

佐和隆光（1982）『経済学とは何だろうか』岩波書店。

世良耕一（2014）『コーズリレーテッドマーケティング』北樹出版。

谷本寛治（1987）『企業権力の社会的制御』千倉書房。

谷本寛治（1993）『企業社会システム論』千倉書房。

谷本寛治（2002a）「企業とNPOのフォアフロント」奥林康司，稲葉元吉，貫隆夫編『NPOと経営学』中央経済社。

谷本寛治（2002b）『企業社会のリコンストラクション』（2008年，新装版）千倉書房。

谷本寛治（2004）「CSRと企業評価」『組織科学』Vol. 38, No. 2, pp.18-28。

谷本寛治（2005）「企業とNPOの組織戦略－ソーシャルエンタープライズの組織ポートフォリオ－」『組織科学』Vol. 38, No. 4, pp.53-65。

谷本寛治（2006）『CSR – 企業と社会を考える』NTT出版。

谷本寛治（2013）『責任ある競争力』NTT出版。

谷本寛治（2014）『日本企業のCSR経営』千倉書房。

谷本寛治（2017）「『企業と社会』研究の広がりと課題」（学界展望）『企業と社会フォーラム学会誌』（企業と社会シリーズ６）千倉書房，pp.144-152。

谷本寛治（2018a）「持続可能な発展とビジネス教育 – 期待される研究教育の課題」『人間会議』夏号，pp.172-177。

谷本寛治（2018b）「どのようにアカデミックコミュニケーション能力を高めるか（学界展望）」『企業と社会フォーラム学会誌』（企業と社会シリーズ７）千倉書房，pp.68-77。

谷本寛治，大室悦賀，大平修司，土肥将敦，古村公久（2013）『ソーシャルイノベーションの創出と普及』NTT出版。

谷本寛治編著（2004）『CSR経営』中央経済社。

谷本寛治編著（2006）『ソーシャルエンタープライズ – 社会的企業の台頭』中央経済社。

谷本寛治編著（2007）『SRIと新しい企業金融』東洋経済新報社。

谷本寛治編著（2015）『ソーシャルビジネスケース – 少子高齢化時代のソーシャルイノベーション』中央経済社。

谷本寛治，田尾雅夫編（2002）『NPOと事業』NPOシリーズ第４巻。

ドーア，ドナルド（2006）『誰のための会社にするか』岩波書店。

土肥将敦（2016）「ソーシャルビジネスにおける組織戦略 – 選択と認証をめぐる考察」『企業と社会フォーラム学会誌』（企業と社会シリーズ５）千倉書房，pp.19-36。

土肥将敦，味水佑毅（2012）「ケーススタディ：震災と企業」企業と社会フォーラム編『持続可能な発展とマルチステイクホルダー』（企業と社会シリーズ１）千倉書房。

一橋大学イノベーション研究センター（2001）『イノベーション・マネジメント入門』日本経済新聞社。

水口剛（2013）『責任ある投資』岩波書店。

村上陽一郎（1979）『新しい科学者』講談社。

横山恵子（2003）『企業の社会戦略とNPO』白桃書房。

索　引

[著者紹介]

谷本 寛治（たにもと　かんじ）

早稲田大学商学学術院教授。一橋大学名誉教授。
神戸大学大学院経営学研究科博士課程修了。経営学博士（神戸大学）。
一橋大学教授大学院商学研究科教授などを経て，2012年より現職。
ベルリン自由大学，国立台北大学，ケルンビジネススクール客員教授。
学会「企業と社会フォーラム」（JFBS）理事（前会長）。
近書に『責任ある競争力』（NTT出版 2013），『ソーシャル・イノベーションの創出
と普及』（共著，NTT出版 2013），『日本企業のCSR経営』（千倉書房 2014），『ソー
シャル・ビジネス・ケース』（編著，中央経済社 2015），Stages of Corporate Social
Responsibility: From Ideas to Impacts（共著，Springer 2016），Corporate Social
Responsibility（共著，Emerald 2018），『経営学者のドイツ』（クロスメディア・パ
ブリッシング 2019, Amazon, POD）など。
研究室HP　https://tanimoto-office.jp/

企業と社会
サステナビリティ時代の経営学

2020年 3 月30日　第 1 版第 1 刷発行
2024年 9 月15日　第 1 版第 4 刷発行

著　者　谷　本　寛　治
発行者　山　本　　　継
発行所　㈱中　央　経　済　社
発売元　㈱中央経済グループ
　　　　パ ブ リ ッ シ ン グ

〒101-0051　東京都千代田区神田神保町 1 - 35
電話　03 (3293) 3371(編集代表)
03 (3293) 3381(営業代表)
https://www.chuokeizai.co.jp

印刷／東光整版印刷㈱
製本／誠　製　本　㈱

© 2020
Printed in Japan

＊頁の「欠落」や「順序違い」などがありましたらお取り替えいた
しますので発売元までご送付ください。（送料小社負担）
ISBN978-4-502-33101-5　C3034

ベーシック＋プラス
Basic Plus

Let's
START!
学びにプラス！
成長にプラス！
ベーシック＋で
はじめよう！

いま新しい時代を切り開く基礎力と応用力を兼ね備えた人材が求められています。
このシリーズは，各学問分野の基本的な知識や標準的な考え方を学ぶことにプラスして，一人ひとりが主体的に思考し，行動できるような「学び」をサポートしています。

教員向けサポート
も充実！

ベーシック＋専用HP

中央経済社